KB143055

미하일 체홉의
배우에게

미하일 체홉의
배우에게
TO THE ACTOR

김선 · 문혜인 옮김

도서출판 ┃동인

조지 쉬다노프(George Shdanoff)에게

그는 체홉 시어터(Chekhov Theater)의
밀도 있는 작업과 흥분, 기쁨을 나와 함께 나누었다.
조지 쉬다노프의 연출적 능력과
이 책에 소개된 방법론을 적용해 본
그의 교육적 실험들이 큰 자극제가 되었다.

『배우에게』의 새로운 출판본은
베아트리스 스트레이트(Beatrice Straight, 1918-2001)를 추억하며,
그녀에게 바친다.
이 책의 초판본에 중대한 역할을 했던 그녀에게
존경과 감사를 전한다.

T O T H E A C T O R   차례

도움 주신 분들 • 9
추천사 │ 율 브린너 • 11
책머리에 • 14
독자에게 전하는 글 • 16
서문 │ 사이먼 캘로우 • 17
미하일 체홉의 과거와 현재와 미래 │ 말라 파워스 • 33

1. 배우의 신체와 심리   63

2. 이미지의 통합과 상상   85

3. 즉흥과 앙상블   99

4. 분위기와 개인의 느낌   112

5. 심리 제스처   128

6. 인물과 성격 부여   149

7. 창조적 개성   158

8. 공연의 구성   168

9. 공연의 유형   201

10. 역할에 접근하는 방법   210

11. 즉흥의 예시   232

12. 맺는말   256

부록 | 미하일 체홉 심리 제스처 테크닉의 실제적인 적용 지침   •   263
찾아보기   •   296
기획의 글 | '상상력과 영감'은 언제든지 훈련으로 불러올 수 있다
                  ─그 달고도 쓴 명제   •   306

도움 주신 분들

말라 파워스Mala Powers, 『미하일 체홉의 과거와 현재와 미래』The Past, Present and Future of Michael Chekhov의 저자로, 체홉 생애의 마지막 6년 동안 체홉과 함께 밀도 있는 연구를 했으며, 그의 문학적 유산을 관리한 사람이다. 배우로 브로드웨이와 다수의 텔레비전 작품들에 참여했고, 「시라노 드 베르주라크」에서 호세 페레Jose Ferrer의 상대로 록산느를 인상 깊게 연기한 것을 포함해 26개가 넘는 영화에 출연했다. 체홉 테크닉의 고급 과정을 가르쳤고, 어플러즈 시어터 북스Applause Theatre Books 출판사의 오디오 테이프 세트인 『미하일 체홉: 연극과 연기술에 대해』Michael Chekhov: On Theatre and the Art of Acting를 기획했다. 미국 캘리포니아에 있는 할리우드의 명예의 거리에 이름이 올려 있으며, 노스 할리우드 지역에 거주했다.•

안드레이 말라에프 바벨Andrei Malaev-Babel, 모스크바에 있는 유명한 박탄고프 극장의 슈우킨 스쿨Schukin School에서 실기석사MFA 학위를 받았다. 러시아 최대 사립 레퍼토리 극단 중 하나인 <모스크바 시어터 폼스 시어터>Moscow Theatre Forms Theatre의 공동 설립자다. 미국 가톨릭 대학교Catholic University of America에서 근무했으며, 현재는 매년 <국제 미하일 체홉 컨퍼런스>International Michael Chekhov Conference에서 교육과 연출을 담당하고 있다. 수상 실적이 있는 레퍼토리 극단이자 학교인, 워싱턴 DC의 <스타니슬랍스

• 말라 파워스는 2007년 11월에 작고했다. —옮긴이 주

키 시어터 스튜디오>Stanislavsky Theatre Studio의 공동 설립자이자 예술 감독이다. 2000년에는 헬렌 헤이즈 시상식Helen Hayes Awards에서 연출상을 수상했다.

부록을 집필하는 데 값진 도움과 조언, 영감을 준 말라 파워스, 조안나 멀린Joanna Merlin, 네오디자인Neodesign의 푸-메이 렁Pu-Mei Leng과 스티븐 이브랜드Steven Eveland, 리사 이브랜드 말라에프Lisa Eveland Malaev에게 말라에프 바벨이 감사를 전한다.

니콜라이 라미소프Nicolai Remisoff(삽화가 - 1884, 상트페테르부르크 - 1975, 캘리포니아), 러시아에서 '레-미'Re-My라는 필명으로 명성을 얻었다. 『사티리콘과 노비 스티리콘』Satiricon and Novy Stiricon 잡지의 설립자이자 주요 기고가로 활동했다. 1920년대에 러시아를 떠난 후 발리에프Balieff의 캬바레 극단 <쇼브-수리>Chauve-Souris, 파리/뉴욕의 무대 디자이너로 활동했다. 또한 미국에서 제작된 막스 라인하르트Max Reinhardt의 「파우스트」에서 무대 및 의상을 디자인했으며, 「생쥐와 인간」Of Mice and Men, 1939년 할리우드 작품을 포함한 31편의 영화에서 예술감독이자 제작 디자이너로 참여했다. 1946년에는 미하일 체홉을 위해 LA의 <액터스 랩>The Actor's Lab에서 고골의 「검찰관」의 무대 및 의상을 디자인을 했다.

창조적인 예술가의 연기 안내서가 될 책을 기리며

율 브린너

친애하는 체홉 선생님께,

선생님과 마지막으로 만나서 이야기를 나눈 지 거의 십 년이 다 되어 갑니다. 제가 선생님과 함께 작업하는 영광을 누렸던 시기에, 선생님의 연기 이론을 배우려 애썼던 이야기를 그동안 한 번도 말씀 드린 적이 없는 것 같습니다.

제가 20대 후반이었을 때, 파리에서 선생님께서 연기하시는 「검찰관」, 「에릭 14세」, 「십이야」, 「햄릿」 등의 레퍼토리 공연을 보기 시작했습니다. 저는 흔히들 연기 테크닉이라고 부르는 환상을 쫓고 있었고, 오직 선생님을 통해서만 연기 테크닉을 섭렵할 수 있는 구체적이고 실질적인 방법을 얻을 수 있겠다는 강한 확신을 갖고 극장을 빠져나왔습니다.

여러 해 동안 선생님께 배우고자 했지만 번번이 기회가 오지 않았습니다. 선생님께서 영국의 달팅턴 홀에서 <체홉 시어터>를 처음 시작하셨을 때, 저도 그 그룹에 참여하려고 했습니다. 그런데 그 때 선생님께서 미국으로 이주하셨고, 코네티컷에서 기존의 멤버들과 함께 작업을 계속하신다는 얘기를 들었습니다. 그런 다음 몇 년이 지난 후에 세계대전을 겪으면서 선생님과 함께 작업하고 싶다는 유일한 목표를 가지고 마침내 미국에 가게 되었습니다.

지금, 저는 그 목표를 완수했고, 제 손에 『배우에게』의 원고를 들고 있습니다. 『배우에게』 안에서, 그 당시 제가 갈구했던 것들과 스스로 찾아내려 했던 것들을 발견했습니다. 그것은 바로 짧지만 감사하게도 선생님과 함께 작업했던 시기부터 제가 작업에 적용해 왔던 것이었습니다. 저는 많은 학교와 아주 유명하고 창조적인 배우들, 감독들, 선생님들을 찾아 다녀 봤지만, 연기 테크닉에서 정말 중요한 부분을 가르치는 사람은 만나지 못했습니다. 그분들은 발음과 큐 사인을 익히는 법을 잘 가르쳤지만, 결국 연기에서 가장 핵심적이고 중요한 부분은 스스로 발견하도록 남겨뒀습니다. 제 생각에는 그저 용어에 불과하고 실질적으로 도움이 되지 않는 모호하게 언급된 '규칙들'을 통해서 말입니다.

피아니스트는 신체 바깥에 있는 악기인 피아노를 잘 다루기 위해 손가락을 연마하고 성실하게 연습하며, 이로써 창조적인 예술가로서 연주하고 자신만의 예술을 표현할 수 있게 됩니다. 배우는 가장 마스터하기 힘든 악기를 사용해서 연기해야 합니다. 그 악기는 바로 자기 자신, 즉 자신의 신체적인 존재와 정신적인 존재입니다. 그 지점에서 각기 다른 연기 학파에서 가르칠 때 혼란이 빚어진다고 생각합니다. 또한 그렇기 때문에 『배우에게』는 배우들을 비롯한 모든 창조적인 예술가들에게 금보다 더 값진 원고입니다.

앞에서 말씀 드린 것처럼, 선생님께 배운 모든 것을 여러 해에 걸쳐서 제가 했던 모든 작업에 적용해보았습니다. 배우로서 뿐만 아니라 연출자로서, 연극만이 아니라 텔레비전에서도, 영화촬영기법이나 무대 디자인, 복잡한 TV 드라마 제작에도 적용해보았습니다.

저에게 『배우에게』라는 책은 지금까지 나온 연기서들 중에서 최고의 책이며, 이 분야에서 나온 다른 자료와도 비교할 수 없을 것입니다. 개인적인 생각이지만, 제가 읽은 어떤 좋은 소설보다도 재미있게 읽히는 책입니다.

이제 끝으로, 저와 다른 예술가들이 선생님께서 말씀하신 '창조적인 과정'을 완성할 수 있는 귀중한 지름길을 걸어갈 수 있게 해주신 선생님께 감사의 마음을 전합니다.

뉴욕 세인트 제임스 시어터에서

1952년 7월 23일

책머리에

이 책은 창조적인 과정의 커튼 뒤에서 밝혀낸 결과물이다. 여러 해 전에 나는 16년 동안 몸담고 있었던 러시아의 모스크바 예술극장의 커튼 뒤에서 연구하기 시작했다. 그 시기에 나는 스타니슬랍스키, 네미로비치 단첸코, 박탄고프, 술레르지츠키Sulerjitsky와 함께 작업했다. 배우이자 연출가, 교육자, <제2 모스크바 예술극장>의 단장으로서 나는 연기와 연출 방법론을 발전시키고, 이를 확실한 테크닉으로 공식화할 수 있었다. 이 책은 그 성과물이다.

러시아를 떠난 후에 나는 여러 해 동안 라트비아, 리투아니아, 오스트리아, 프랑스, 영국의 극장들과, 막스 라인하르트가 있었던 독일에서 작업했다. 모든 유형과 전통에서 이름 난 배우와 연출가들을 알게 되고 관찰할 수 있어서 행운이었으며, 영광이었다. 여기에는 샬리아핀Chaliapin, 메이어홀드, 모이시Moissi, 주베Jouvet, 길구드Gielgud 등 기억할 만한 인물들이 포함된다.

유럽에서 히브리인 극단인 <하비마>Habima에서 「십이야」를 연출하고, 또 리가에서 오페라 「성배전설의 기사」, 뉴욕에서 오페라 「소로친스크 시장」을 연출하는 동안 아주 유용한 지식을 심화해갔다. 뉴욕에서 작업하던 중에 세르게이 라흐마니노프와 함께 했던 논쟁들이 테크닉의 발전에 영감을 더해주었다.

1936년에는 L.K. 엘허스트 씨와 엘허스트 부인, 베아트리스 스트레이트가 <체홉 시어터>를 설립하기 위해 영국의 데본셔에 있는 달팅턴 홀에 연극 학교를 열었다. 이 연극 학교의 교장으로서 나는 테크닉과 관련된 귀중한 실험들을 아낌없이 할 수 있었다. 이때 했던 실험들은 2차 세계대전 직전에 학교가 미국으로 이전한 뒤에도, 또 그 이후에 이 학교가 프로 극단인 <체홉 플레이어스>Chekhov Players로 발전하는 동안에도 계속되었다.

<체홉 플레이어스>는 고전을 레퍼토리로 순회공연 하면서 새로운 연극의 원리 몇 가지를 계속 탐구할 수도 있었을 지도 모른다. 그러나 남자 단원 대부분이 군대의 부름을 받았기에 극단 활동에 타격을 입었다. 한동안 브로드웨이 배우들의 지원으로 실험을 힘겹게 이어나갔지만, 끝내는 그들 역시 군 복무하러 떠났기에 실험은 무기한으로 연기되었다.

이제, 시험적으로 검증하고 증명했던 모든 시간을 지나서, 개념들을 글로 옮겨 내 일생의 작업을 동료들에게 넓게는 독자들에게 보여주고 평가받을 때가 온 것 같다.

책을 내는 과정에서 도움을 준 사람들 중에서, 이 책의 초기 버전에 도움을 준 폴 마샬 앨런Paul Marshall Allen에게 먼저 감사를 표한다. 또한 베티 래스킨 애플턴Betty Raskin Appleton, 세르게이 브르텐손 박사Dr. Sergei Bertensson, 레오니다스 두다류 오세틴스키Leonidas Dudarew-Ossetynski, 허드 햇필드 그리고 특히 나의 제자였으며, 이 방법론의 훌륭한 교육자인 데어드레 뒤 프레이의 기여에 대해 감사를 전한다.

극작가이자 제작자, 연출가인 찰스 레오나드Charles Leonard에게 특별한 감사의 말을 전한다. 그가 이 방법론에 관한 온전한 지식을 바탕으로 무대와 스크린, 라디오, 텔레비전 등 다양한 매체에 적용하는 모습을 보고 그에게 최종 원고의 감수를 부탁했다. 그의 소중한 장인정신에 큰 빚을 졌다.

캘리포니아 비버리 힐즈에서
미하일 체홉

독자에게 전하는 글

독자의 협조를 부탁합니다.

책 내용이 난해하기 때문에 집중해서 읽고 분명히 이해하는 것에 그치지 않고 저자와 **공동 작업**을 해야 합니다. 직접 만나서 증명해 보인다면 쉽게 이해될 수 있는 것들이지만, 단순히 단어와 지적인 개념들에 의지해야 하기 때문입니다.

각 장을 읽는 동안이나 읽은 후에 수많은 질문들이 떠오를 텐데, 그에 대한 답은 이 책에서 제시하는 훈련들을 실제로 적용해보면서 찾을 수 있을 것입니다. 안타깝지만, 달리 도와줄 방법이 없습니다. 연기의 테크닉은 절대로 **실행에 옮기지** 않고서는 잘 이해할 수 없습니다.

미하일 체홉

배우의 창조성 회복을 위하여

사이먼 캘로우

21세기 초에 우리는 연극 연기의 극심한 위기를 겪고 있다. 그것은 분명 재능의 위기가 아니다. 배우들은 이전과 마찬가지로, 어쩌면 전보다도 더 열정적이고, 재능도 있고, 매력적이다. 스타들은 더 젊고, 신체 조건도 더 좋으며, 직업과 관련해서 필요한 모든 신체적인 측면에서 열정적으로 정진하고 있다. 그러나 어떤 무언가가 발생하지 않고 있다. 관객들이 그렇게 느끼고, 배우들도 마찬가지다. 실망의 분위기가 감돈다. 연극은 전달하지 못하고 있다. 관객들은 몇 세대를 거치면서 배우들이 진짜 배우였던 황금기를 그리워하기 시작했고, 배우들 쪽에서는 관객의 수준이 떨어지고 있다는 불평을 하기 시작했다. 연기에 초점을 맞춘 연극보다도 그 밖의 모든 공연 장르들이 더 흥미로워졌다. 예를 들어, 뮤지컬은 스펙터클과 소리, 리듬, 순수한 에너지들이 한데 섞여 적절하게 구성됐을 때 관객들을 정신없는 흥분 상태로 몰아갈 수 있다. 또는 신체극physical theatre(이 명칭 자체에 신체가 들어가 있어서, 정작 연극에는 몸이라는 요소가 빠져 있는 것처럼 여겨진다!)은 춤과 아크로바틱, 서커스의 요소를 극 안에 도입해서 대사와

17

인물에 집중되어 있던 스포트라이트를 무용의 영역으로 옮겨간다. 새로운 극 형식에 대한 탐색은 쉬지 않고 계속되고 있다. 그런데 의아한 점은 이런 맥락에서 아무도 연기에 대해 논하지 않는다는 것이다.

영국 연극계에서 연기에 관해 열띤 논쟁이 있었던 마지막 시기는 1950년대 말부터 1960년대 초까지였다. 그 논쟁의 결과로 무엇이 나왔는지 살펴보면 흥미로울 것이다. 이 논쟁은 로열코트극장Royal Court Theatre에서 있었던 희곡 혁명에서 유발되었고, 그로 인해 새로운 연기 방법이 시급하게 필요해졌다. 전후의 극장을 지배했던 기존 연기의 옹호자들은 우아한 객실희극drawing room comedy의 대표자들이거나 또는 고전극의 주창자들이었다(이 둘은 종종 겹치기도 했다). 그런데 이들이 이제는 부르주아에, 개인주의, 엘리트주의이며, 얄팍하고, 기술적이라는 비난을 받았다. 그렇다면 새로운 연극을 위한 새로운 배우는 어디 있었을까? 거기서 숨죽여 기다리면서 행동에 돌입할 준비를 하고 있었던 배우들은 왕립연극학교RADA에서 존 퍼널드John Fernald에게 훈련 받은 세대였다. 노동자 계급에 지방 출신이었고, 거침없고, 진실했다. 그들은 당대의 좌파 연출가이자 선동가였던 자신의 멘토들과 함께 한동안 연기의 가능성을 열성적으로 탐구했다. 또한 베르톨트 브레히트의 이론을 받아들여서 때로는 미학적인, 때로는 정치적인 관점에서 가면 작업과 즉흥, 연극 놀이들을 연구했다. 가끔씩 시선을 돌려 런던 이스트 엔드의 <시어터 워크샵>Theatre Workshop에서 조안 리틀우드Joan Littlewood가 했던 선구적인 작업에 관심을 가졌다. 조안 리틀우드는 독특하게 혼합된 이론과 완전한 반항기로, 새로운 연극과 고전 연극 양쪽 모두에 대한 접근법을 제시했는데, 그 접근법은 거의 중세시대와 같은 생명력과 뻔뻔함을 갖추고 있었고, 그녀는 자기 배우들에게 일종의 장대하고 거친 시적 정서poetry를 요구했다.

1960년대 초에 이런 실험적 작업의 결과는 주류 연극에 편입되기도 했다. 올드 빅Old Vic에 새로 개관한 <내셔널 시어터>National Theatre의 올리비에Oliver와, 그보다 좀 더 일찍 자리 잡은 <로열 셰익스피어 컴퍼니>의 피터 홀Peter Hall은 둘 다 실험적인 연출가 및 배우들의 작업을 흡수했다. 이 두 극단에서는 완전히 실험적인 연기를 선보인 작품들을 종종 발표했다. 이를테면 피터 셰퍼의 「태양 탐험대」에서 로버트 스티븐Robert Stephen은 태양의 아들 아따후알파Attahualpa 역으로 기가 막힌 연기를 선보였고, 이안 리차드슨Ian Richardson이 「마라/사드」에서 보여준 헤럴드 연기도 손에 꼽을 수 있다. 그런데 논란이 곧 잠잠해지고, 일종의 새로운 사실주의라는 공동의 합의점이 도출되기 시작했다. 새로운 사실주의는 현대극과 고전극 모두에서, 실제 삶처럼 믿을 수 있게 표현되고, 있는 그대로 드러내며, 감성적이지 않은 방식으로 나타났다. 무엇보다도, 이러한 접근법은 연극성theatricality과 거리가 멀었다. 배우가 비범하거나 특수한 인간이라는 생각은 받아들여지지 않았다. 배우의 일이 이제는 최대한 관객을 닮거나, 혹은 관객들이 되고 싶어 하는 모습이 되는 것이었다. 무대 위의 인간은 이제 길거리의 인간과 다름없어졌다.

혁신이 실질적으로 이룬 성과는 연출가의 절대적인 존재감이었다. 실험들은 연출가의 통제 하에 디자인과 컨셉트에 집중되었다. 환상과 제스처에 대한 본능 같은 배우의 창조적인 상상력은 관심을 받지 못했다. 창조적인 상상은 연출가와 디자이너 선에서 이미 이루어졌다. 배우가 할 수 있는 최선은 무대 위에 서서 그냥 존재하는 것이었다. 배우들은 새로운 규칙을 받아들이면서, 연출이라는 자신의 대리인이 표현하는 대로 희곡의 필요에 맞춰 움직이는 것에 적응해갔다. 물론 배우들은 이 상황에 반발했다. 자기 작업에 즐겁고 매력적이고 독창적인 요소들을 슬쩍 집어넣어보기도 했다. 그러나 배우들은 연기에 대한 통제권을 잃어버렸다. 배우들이 무대를 떠나기 시작했다. 연극의 경제적인 보상은 텔레비전과 영화와 비교할 수준이 아니었다. 창조성이라는 보상이 없다면 무슨 소용인가? 그건 굉장히 고된 일의 대가로 아주 적은 보상을 받는 것과 다름없었다. 개혁의 시기를 거치면서 인기 있는 배우들은 대부분 영화계로 사라졌다. 그러다가 가끔 잠깐씩 돌아오기도 했지만, 연극은 이제 더 이상 배우의 본거지가 아니었다. 그건 단순히 돈과 명성의 문제가 아니었다. 배우들은 무대에 흥미를 잃었다. 더 이상 관객들의 호응을 얻을 수 없었기 때문이다. 이전 세대의 배우들은 원초적인 영역을 경험함으로써 객석에 강력한 에너지를 불러일으켰다. 그러나 배우들은 이제 이전 세대에서처럼 장엄하지도 화려하지도 않고, 고양된 정서의 힘도 존재하지 않는 활동에 만족하지 못했다. 관객들도 똑같이 느끼고 있었다. 극작가와 디자이너, 연출가가 도전적이고 독창적인 작품을 종종 내놓는 데도 불구하고, 연기분야에서 배우들의 기여도는 제한적이었다. 연기는 모두 꽤 합리적이고 객관적이고 믿을 수 있는 것이었지만, 영화나 TV에서 이용되는 손쉽고 값싼 연기와 큰 차이가 없었다.

물론, 에반스Evans와 애쉬크로프트Ashcroft, 올리비에, 길구드Gielgud, 리차드슨, 레드그레이브, 기네스와 같은 전설적인 이전 세대 배우들은 절대 포기하지 않았다. 올리비에와 애쉬크로프트의 경우에는 로열코트극장의 활발한 작업들을 알고 있었음에도 불구하고 거의 개혁 이전의 연극을 고수했다. 특히 길구드Gielgud와 리차드슨은 고령의 나이로 데이비드 스토리David Storey와 해롤드 핀터의 작품에 도전해서 큰 사랑을 받았다. 그러나 더 이상 살아 있는 국보급 배우들을 대체할 사람이 없다는 공감대가 형성되었다. 다시 뜬다는 기대 없이 우리는 멋지게 지는 태양을 지켜보고 있을 수밖에 없었다. 단지 개인의 죽음에 관한 문제라기보다 연기와 배우라는 전체적인 차원의 문제였다. 무엇보다도, 배우가 사건의 중심에 있어야 한다는 인식과, 또 배우의 연기가 그 사건의 핵심이라는 생각이 사라지고 있었다. 배우들은 배우라는 직업에 대해 당혹감이 들었다. 연기의 복잡한 과정에 대해 대중 앞에서 말하는 배짱을 가진 배우나, 연기가 훌륭하고 중요한 예술이라고 주장하는 사람은 가차 없이 조롱을 받았다. 배우병에 걸린 사람luvvie이라는 말은 배우들이 분수를 지키라고 영국 잡지에서 만들어낸 말이다. 연기는 그저 대사나 외우고 가구를 피해 다니는 것에 지나지 않는다는 주장이 동조를 받았다.

이와 같은 발전의 바탕에는 깊은 뿌리가 있다. 이쯤에서 콘스탄틴 스타니슬랍스키Konstantin Stanislavsky를 언급해야겠다. 그는 20세기 연극사의 거장이며, 직간접적으로 연기를 대하는 태도에 지대한 영향을 주었다. 스타니슬랍스키가 가진 연기에 대한 생각은 첫째로는 1980년대와 1890년대 러시아 극장의 엉성하고, 게으르고, 상투적인 작품들에 대한 반동에서 출발했고, 둘째로는 자기 자신이 배우로서 가진 결점, 특히 자의식과 자기애에서 비롯되었다. 그는 아마추어 배우들과 함께했던 작업에서, 연기라는 일을 체계화된 활동으로 정립하고자 했으며, 연극의 표준을 새 기준에 맞춰 끌어올리려고 했다. 마침내 극작가이자 연출가인 블라디미르 네미로비치 단첸코Vladimir Nemirovich-Danchenko와 함께 프로 극단인 <모스크바 예술극장>Moscow Art Theatre을 설립해서 작업을 강화해나갔다. 또한 스타니슬랍스키는 연기라는 예술 그 자체의 발전에 깊이 관심을 가졌고, 이른바 창조적인 연기를 위해 필요한 조건들을 규명하려 노력했다. 그러기 위해서 자신이 존경했던 배우들의 작업을 연구했고, 자신이 관찰한 내용에서 이론을 도출하기 시작했다. 그는 자신의 훈련과 분석내용이 담긴 문집들을 차츰 정리해갔고, 이것이 스타니슬랍스키 시스템으로 알려지게 된다. 시스템의 중심 이론은 대단히 단순하면서도 설득력이 있다. 행동actions에 관한 이론에서, 연극은 계속해서 맞물려서 일어나는 행동들 또는 배우의 극을 관통하는 선을 구축하는 목표들objectives로 구성된다. 정서 기억emotional memories에 관한 이론에서, 배우는 자기 자신의 경험을 사용해서 역할의 진실을 찾아야 하고, 따라서 그저 연극적이기만 한 연기와 대비되는 사실적인 연기를 하게 된다. 이 두 가지 개념은 **나는 무엇을 원하는가**와 **나는 누구인가**라는 두 가지 강력한 질문으로 표현할 수 있다. 이 질문들은 스타니슬랍스키가 배우가 빠질 수 있는 최악의 함정이라고 정의한 **일반적으로** 연기하는 것에 대항하는 강력한 도구가 된다.

스타니슬랍스키는 왕성한 지적 욕구를 타고 났기에 자신의 단순한 공식들에 안주하지 않았다. 자신의 통찰력이 발전함에 따라 시스템이 더 분명해지고, 확장되고, 다양해지고, 풍부해지도록 노력했다. 자기가 죽는 날까지 연기의 핵심에 도달하는 데 필요한 과업을 집요하게 이어갔다. 한편, 리차드 볼레슬랍스키Richard Boleslavsky와 마리아 우스펜스카야Maria Ouspenskaya와 같은 초기 제자들 중 일부는 시스템의 형성기에 그를 떠나서 그의 이론 중 가장 초기의 형식을 퍼뜨린다. 특히 미국에서는 정서 경험과 결정론적 행동에 기반을 둔 테크닉이 열렬하게 수용되었다. 영국 연극계에서도 그 영향력이 덜하긴 했지만, 그의 주요 이론이 나름의 실용적인 방식으로 수용되었다. 동시대에 맞지 않는 빅토리아 시대 후기와 에드워드 7세 때의 제스처와 음성의 매너리즘을 개혁하고, 또한 배우의 개성에 의존하는 연기에 대항하는 대안을 스타니슬랍스키의 가르침에서 찾을 수 있다고 조용히 인정했다. 영국의 연극 학교들에서는 그의 가르침을 단순화한 형식으로 가르쳤고, 이것이 자연스럽게 일반 극장에까지 침투하게 되었다. 1920년대부터, <모스크바 예술극장>은 서유럽에 순회공연을 갔는데, 이때 관객들은 이들 작품의 섬세한 사실주의와 정서의 깊이에 깜짝 놀라게 된다. 스타니슬 랍스키 이론의 영향력은 점점 더 커져갔다. 그의 이론은 배우들 사이에서 뿐만 아니라, 일반 국민들 사이에서도 마치 프로이트의 심리이론처럼 빠르 게 상식으로 입지를 굳혀서 일반화되었으며, 영어를 사용하는 국가에서 다 소 희석된 형태로나마 연극 연습의 지배적인 방법으로 자리매김한다. 모든 배우들은 정서적으로 진실하고, 관찰에 기반을 둔 다층적인 연기와 자기 삶을 연기의 재료로 사용하는 것을 동경했다. 무엇보다도 이들은 믿을 수 있는 연기를 목표로 삼았다. 자신이 역할에 접근할 때 내면에서부터 외면 으로 갈지, 아니면 외면에서부터 내면으로 갈지에 대해서는 각자가 익숙한 방식을 사용하더라도, 결국 그들이 원하는 결과는 늘 같았다. 진실성이 드 러나는 것, 그것 말고 또 뭐가 있겠는가.

러시아에서 스타니슬랍스키의 개념은 다소 다른 노선으로 발전되어 갔 다. 처음에는 <모스크바 예술극장>의 동료들이 시스템을 거부했다. 그러 나 차츰 스타니슬랍스키가 자신의 시스템을 지지해달라고 그들을 설득했 고, 이를 위해 경우에 따라서는 이런 저런 역할을 주겠다고 약속함으로써 동료들을 매수했다. 그는 기성 배우들에게는 전혀 인기가 없었다. 늘 회의 적인 네미로비치 단첸코도 마찬가지였지만, 끝내 단첸코와 <스튜디오 극 장과 학교>Studio Theatre and School를 공동으로 운영하는 동반자가 되었다. 바로 이 교육기관에서 비범한 젊은 배우－이론가 그룹이 나타나서 스타니 슬랍스키의 개념을 통째로 흡수했다가 완전히 다른 형식으로 뱉어냈다. 메 이어홀드와 박탄고프 둘 다 급진적인 연출가로 빠르게 성장했다. 이 둘은 스타니슬랍스키 영향을 공유했지만 그만큼 또 서로 달랐다. 한편, 미하일 체홉Mikhail Chekhov; 극작가인 안톤 체홉의 조카이 <모스크바 예술극장>을 찾아왔 을 때 그는 이미 상트페테르부르크의 <말리 극장>Maly Theatre에서 유명한 배우였으며, 스튜디오에서 놀랍도록 창조적인 연기를 계속해서 선보였다. 스타니슬랍스키가 어느 시점에 '과열된 상상력'이라는 이유로 그를 자기 수업에서 퇴출시키기는 했지만, 자신이 그동안 작업했던 배우 중에서 가장 재능 있는 배우로 미하일 체홉을 꼽으며 그를 전적으로 인정했다. 두 사람은 스타니슬랍스키의 작품 「검찰관」에서 엄청난 성공을 함께 거두었고, 체홉은 인물에 신비하고 이상한 요소를 입히고, 인물을 기괴하고 위협적인 존재로 설정해 강조했다. 만족스런 공동 작업에도 불구하고, 연기를 바라보는 두 사람의 관점은 전적으로 달랐다. 체홉은 직관적이고, 대담하고, 한없이 유연하며, 자신이 원하는 어떤 형태로도 변신할 수 있는 배우였고, 어떤 면에서는 조심스럽고 신중한, 스타니슬랍스키가 되고 싶어 하는 형태의 배우였다. 체홉의 사생활은 끔찍할 정도로 불안정했고, 알코올 중독자였고, 피해망상이 있었으며 완전히 예측할 수 없는 인물이었다. 그러나 체홉도 스타니슬랍스키 만큼이나 절실하게 자기만의 탐색을 하고 있었다. 첫째로는 자신의 삶 속에서 자기 자신의 의미를 발견하기 위해서, 둘째로는 자기 예술의 원천을 이해하기 위해서였다.

체홉은 삶의 의미를 찾고 예술을 이해하는 과정에서 먼저 요가를 공부했고, 다음으로 루돌프 슈타이너Rudolf Steiner의 인지학Anthroposophy을 연구했다. 그는 가르치는 일과 연출 작업을 시작했고, 마침내 제2 모스크바 예술극장 학교The Second Moscow Art Theatre School의 연출가가 되었다. 체홉의 공식들은 스타니슬랍스키와 근본적으로 달랐다. 체홉의 공식들은 '이상주의적'이고 '신비주의적인' 측면으로 인해 일부 배우들과 당국으로부터 극심한 반발을 샀다. 러시아 혁명기의 초기에는 모든 종류의 실험과 급진주의가 장려됐지만, 러시아 혁명의 첫 번째 소요사태 이후에 관료제가 경직되면서 예술은 엄격하게 정치적인 조건에 구속받았다. 결국 '불건전한 예술가'로 고발당한 체홉은 러시아에서 쫓겨나서 평생에 걸친 긴 모험을 시작했다. 체홉은 오레스테스처럼 운명을 받아들임으로써 때로 자기가 추구하는 여정을 보내는 듯 했다. 그는 리가에서 베를린으로, 파리부터 달팅턴으로, 코네티컷에서 뉴욕으로 옮겨갔다. 내전과 세계대전이 끊임없이 체홉과 그의 학교와 극단을 계속해서 더 먼 곳으로 몰아갔고, 그는 마침내 할리우드에서 정착했다. 여기에서 체홉은 이른 죽음을 맞이하기 전까지 계속해서 가르쳤고 다양한 영화에서 매력적인 카메오 연기를 선보였다. 그 중 스펠바운드Spellbound로 아카데미 시상식에서 후보로 지명되기도 했다.

체홉은 여러 해 동안 다양한 저작활동을 하면서 자신의 연기 훈련 방법을 압축했고, 이는 그의 본질을 담고 있는 책『배우에게』의 출판으로 이어졌다. 『배우에게』의 더 정교한 버전인 『연기 테크닉에 대하여』On the Technique of Acting가 최근에 나왔다. 두 책의 복잡한 관계는 데어드레 허스트 뒤 프레이Deirdre Hurst Du Prey의 『연기 테크닉에 대하여』의 서문에 설명되어 있다. 두 책 모두 체홉의 작업에 대해 구체적이고 실용적인 가이드를 제공하는 필수 안내서다. 그런데 체홉이 처음 출판한 책은 따로 있다. 러시아에 있을 때 그는 『배우의 길』The Path of the Actor에 자신의 젊은 시절과 생각의 발전 과정을 담았다. 미국에 간 뒤 체홉은 마찬가지로 인생 여정을 다루되, 이전보다 훨씬 더 예지적인 자서전『삶과 만남』Life and Encounters을 썼다. 영적이고 예술적인 이 자서전에서 그는 자신의 생각을 성장시킨 심리적인 갈등과 고민을 다루고 있다. 체홉은 불필요한 제약과 억압이 배우의 창조성을 망치고 결국에는 파괴한다고 깨닫게 했던 자신의 좌절을 생생하게 묘사한다. 체홉은 이러한 제약과 억압의 많은 부분이 직접적으로 스타니슬랍스키 시스템에서 생겨났다고 생각했다.

연기를 좋아하는 사람이라면 누구든 그렇듯이 체홉은 스타니슬랍스키를 한 인간으로서 존경했으며, 또한 그가 일생에 걸쳐 연기 법칙을 발견하려 했던 깊고 진실한 탐구를 존중했다. 하지만 체홉은 스타니슬랍스키와 연기에 대한 인식을 달리 했고, 두 사람의 다른 성격만큼이나 차이가 났다. 스타니슬랍스키의 깊은 진지함과 고집, 개인적인 죄의식, 본질적으로 가부장적인 천성, 통제에 대한 욕구, 본능에 대한 의심, 이 모든 성질이 그의 시스템에서 드러난다. 근본적으로 스타니슬랍스키는 배우들 또는 배우의 충동을 믿지 않았다. 이런 것들이 배우 자신이나 스승, 연출가에 의해 조심스럽게 통제되지 않았을 때, 이상하게 과장된 연기나 그저 기계적인 반복에 빠질 것이라고 믿었다. 그에 반해 체홉은 배우가 자기 자신을 신뢰하고 신뢰 받았을 때 더 특별한 작업을 해낸다고 믿었다. 체홉에게는 아이들이 배우의 패러다임이었다. 아이들은 유모 앞에서 놀이하고, 감정을 즉흥적으로 얼마든지 쉽게 불러일으키며, 자기 환상에서 생겨난 충동에 따라 형상을 바꾼다. 스타니슬랍스키에게는 어린애 같은 노력에 의지한다는 것은 당황스러운 일이었다. 스타니슬랍스키는 연기에서 유일하게 받아들일 수 있는 진실은 배우 자신의 경험에서 발견된다고 믿었고, 반면에 체홉은 상상력이 모든 예술의 핵심이라고 깊이 확신하게 됐다. 체홉은 연기가 자전적이어서는 안 된다고 말했다. 사적인 경험이라는 자원에 계속해서 의존하다 보면 '재능의 퇴보'로 이어진다고 생각했다. 상상력은 일단 한 번 걸리게 되면 절대 신선함과 힘을 잃는 법이 없지만, 개인의 경험이라는 한정된 재료는 빠르게 침체될 수 있다. 체홉은 배우가 해야 하는 자기 자신에 대한 작업은 무의식에서 무언가를 건져 올리려 하기보다는 의식적으로 발명하고 환상을 가짐으로써, 자신의 상상력을 자극하고 자유롭게 하는 데 초점이 맞춰져야 한다고 주장했다. 체홉의 연기 훈련에서 이상적인 재료는 동화였다. 그는 모든 희곡들이 동화 속의 조건들을 갈망한다고 여겼다.

텍스트에 관해서 체홉은 언어와 거의 신비주의적인 관계를 맺었고, 이는 슈타이너의 오이리트미Eurythmy를 접한 후에 구체화된 것이다. 체홉은 소리가 핵심적인 요소이며, 자음, 모음에 의해 배우 안에서, 또 관객 사이에서 퍼지는 진동의 중요성을 주장했다. 스타니슬랍스키는 완전히 다른 접근 방식을 갖고 있었다. 흥미롭게도, 스타니슬랍스키는 심각한 난독증이 있었고, 항상 서브텍스트를 추측해냈고, 대사 그 자체와 관계하는 것보다 대사 이면의 정서적 삶을 더 중요시했으며, 대사를 다른 말로 바꿔서 하는 버릇으로 유명했다. 인물 작업에 관해서, 스타니슬랍스키는 고통스러울 만큼 철저하게 디테일로 인물을 구축해야 한다고 믿었다. 그러나 체홉은 여기에 절대로 반대했다. 『배우의 길』에서 그는 "사람들은 이걸 작업이라고 부릅니다."라고 썼다. "작업이 맞죠. 괴롭고 어려운 작업이지만, 꼭 그렇게 할 필요는 없어요. 배우의 작업이란 상당 부분 '작업하지 않고' 차분히 기다리는 것입니다." 그에게 있어서 모든 중요한 전제조건은 '전체에 대한 감각'이었다. 체홉은 자연 현상에서 적합한 비유를 가져왔다. 인물 안에는 씨앗이 있어서, 거기에 한 식물의 미래의 삶 전체가 담겨있다. 따라서 인물의 한 마디 말이나, 제스처 하나를 잡아내면 인물의 나머지 전체에 접근할 수 있다. 모든 것은 조화롭게 제자리를 찾아갈 것이다. 그의 유명한 "심리 제스처"의 기원이 여기 있다. 심리 제스처는 인물에 내재된 본질이자, 존재를 변형시키고 자유롭게 하는 원칙이며, 이것이 인물의 본능과 완전한 삶을 일깨우며, 그런 다음 수 천 가지 디테일들로 확장되고, 또 상호작용을 하면서 조화롭게 진화해간다. 한편, 스타니슬랍스키는 배우가 자신이 맡은 인물에 전적으로 몰입해야 한다고 믿었으며, 이때 인물은 제 2의 '나'가 된다. 이에 비해 체홉은 성공적인 연기를 할 때, 배우는 언제나 인물을 바라보며, 인물에 의해 움직이되, 절대로 "자신의 개인적인 감정을 침해하지" 않는다고 했다. 이러한 거리 두기를 통해 "배우가 자신이 연기하는 인물과 본래의 성격이 다르더라도 자유롭게 작업할 수 있고, 이로써 인물을 정화하고 인물에 고귀함을 부여하는 방식으로 접근하게 된다."고 했다.

마지막으로 결정적인 차이는, 체홉은 연극 경험의 핵심이 배우와 관객 사이의 관계에 있다고 믿었고, 이러한 믿음이 점점 더 강해졌다. 한편, 스타니슬랍스키는 관객이 배우에게 겁을 주는 존재이자, 변질을 가져오는 존재라고 여겼다. 그는 '객석의 기침소리'the black hole of the auditorium를 두려워했고, 그보다도 더 두려워했던 것은 관객에 영합하려는 자신의 욕망이었다. 이 문제를 해결하기 위해서 그는 유명한 가상의 **제 4의 벽**을 만들었다. 체홉의 의견은 달랐다. 관객 한 명 한 명에게 접촉하고, 그들과 창조적인 활동을 나누기 위해서 이른바 '객석의 의지'와 필수적으로 관계를 맺어야 한다고 말했다. "관객들은 각자 공연 중에 배우에게 영향을 줄 권리가 있고 배우가 이걸 막아서는 안 된다고 생각한다."고 하며, 배우는 자신을 관객에게 신비주의적으로 헌신하는 것이라고 표현했다.

스타니슬랍스키의 작업은 그 자체의 목적에 충실했다. 그에 반해 체홉은 극장의 위기에 대해 이야기했다. 관객은 외면당했다고 느꼈다. 관객에게 제공된 것은 자신의 상상력도, 배우의 상상력도 자극하지 않는 자연주의적인 작품이었다. 체홉은 자연주의에 관해 예언같은 말을 남겼다. "자연주의 이후에 남는 유산은 예술적 취향을 잃고, 신경쇠약에 걸린 관객이 될 것이다. 이들의 건강을 회복하기 위해서는 많은 시간이 필요할 것이다." 체홉은 "병리 현상의 사슬을 끊을 수 있는 충격요법으로 '강력한 감각들'을 관객에게 던져야 한다."고 말했다. 배우들은 스스로 창조적인 예술가라는 생각을 더 이상 하지 않았고 자신감을 잃었다. 배우가 단순히 종이에 적힌 글의 해설자가 된다는 것은 일부 작가나 연출에게는 충분했을지 몰라도, 배우 자신과 대중에게는 충분하지 못했다. 관객들이 갈수록 소위 '퍼포먼스 아트'라고 불리는 장르로 고개를 돌리는 이유가 여기에 있었다. 그리고 연극이 마치 퍼포먼스 아트의 정의에서 완전히 빗겨나 있는 것처럼 생각됐고, 또 퍼포먼스 아트가 더 표현적이고 상상력이 풍부한 것으로 여겨졌다. 말로Marlowe, 입센Ibsen, 오케이시O'casey, 데이비드 헤어David Hare는 단순히 사진적인 사실주의만 요구했다. 그러나 특히 고전을 자연주의적인 방법으로 시도한다는 것은 말이 안 된다. 그런 방식으로 극을 올리는 것은 엘리자베스 시대의 작가는 상상도 할 수 없는 일이었을 것이다. 셰익스피어 학자인 그레이엄 홀더니스Graham Holderness는 이에 대해 훌륭한 말 한 마디를 남겼다. "여관 뒤뜰*에서 자연주의적으로 연기하는 배우는 종업원과 헷갈릴지도 모른다."

미하일 체홉은 대단히 개성적인 예술가였고, 그것은 미하일 체홉 세대의 기대에는 완전히 부적절한 것이었다. 이와 반대로 체홉이 배우교육에서 가졌던 중심 목표는 배우가 자신의 상상력을 존중하고 또한 그 안에서 자유롭게 창조해내도록 돕는 것이었다. 이로써 배우가 관객들과 다시 한 번 충만하고 상호적인 관계를 맺을 수 있는 가능성이 열리게 되는 것이다. 관객들은 배우가 사진처럼 삶의 복제물이 되는 것이 아니라, 배우 자신의 목소리와 신체, 영혼을 매개로 강렬하고 잊지 못할 창작물을 선사한다는 생각을 할 수 있게 되는 것이다. 과거에 발레 무용수가 공연에 역할을 처음 도입했을 때, 그 역할을 '창조물'이라고 불렀다. "배우도 자신이 참여하는 매 공연에 이와 동등하게 임해야 한다." 체홉의 정신을 뒤이은 찰스 로튼Charles Laughton은 다음과 같이 말했다.

---

* 엘리자베스 시대에는 여관 뒤뜰에서 연극을 하였고, 이것을 기원으로 여관에 정식 극장들이 생겼다. —옮긴이 주

위대한 연기는 그림과 같다. 손가락의 작은 제스처, 고개 돌림, 독기 어린 응시, 멍한 눈, 거만한 입, 거대한 짐 아래 굽은 등만을 보고, 거장의 그림이라는 것을 알아챌 수 있다. 화가의 붓이 방향을 틀거나 지나치는 매순간에 삶의 풍부함이 존재한다. 위대한 화가는 인간 안에 존재하는 신을 드러낸다. 배우가 연기하는 모든 인물은 이런 종류의 창조물이 되어야 한다. 단순히 캐리커처에 불과한 모방이 되어서는 안 된다. 흉내는 바보라도 낼 수 있다! 하지만 창조물은 비밀과 같다. 창조물이 더 뛰어날수록 -더 진실할수록 위대한 화가의 불후의 명작을 더 닮아있을 것이다.

가능성은 자연주의가 요구하는 것 너머 저 멀리에까지 무한히 뻗어있다. 왜 연극이 다른 예술 장르에 비해서 더 제약을 받아야 하는가? 내 첫 번째 저서인 『배우 되기』Being an Actor에서 나는 입체파 연기, 인상파 연기, 분리파 연기를 주문했다(매너리즘 연기는 아마 다들 이미 충분히 경험했을 것이다). 이런 각각의 미술 사조들이 진실을 의미하는 어휘를 풍성하게 하는 것처럼, 연기에서 위의 연기 사조들도 똑같이 적용될지도 모른다.

우리는 연기를 하는 현장에서 **더한 것보다는 덜한 것이 낫다**는 격언을 익히 들어왔다. 최근에 있었던 연기에 관한 대단한 연구 업적-브레히트, 브룩, 그로토프스키-의 방향성은 대부분이 **덜한 것**으로 향해 왔다. 다시 발가벗게 된 것이다. 그러나 덜한 것은 그저 덜한 것에 그치고, 더한 것은 실제로 더한 것이 되는 일이 자주 있다. 극장은 평범하지 않은 일이 발생하는 장소이고, 이곳에서는 사람들이 길거리에서 할 법한 행동이 아니라, 그들이 꿈속이나 악몽 속에서 할지 모를 행동을 볼 수 있다. 제사장이 춤을 출 때 아무도 '조금 덜 하면 안 될까요'라고 요구하지 않는다. 훌륭한 코미디언들과 광대들이 무대 위를 걸어가면 뭔가 다른 존재가 나타났다는 것을 알아챈다. 이것이 바로 우리에게 익숙하지만 우리의 경험 밖에 존재하는 어떤 것이다. 위대한 아일랜드 배우 마이클 맥리아모어Michael MacLiammoir가 "분위기를 바꿔내라."고 자주 말했듯이, 이것이 바로 배우가 해내야 하는 최소한의 일이다. 그리고 배우는 관객석의 에너지도 바꿔내야 한다. 즉, 관객의 집단 무의식에 침투해서 관객의 주의를 확 사로잡아야 한다. 단순히 흥미를 부추길 뿐 아니라 즐겁게 해줘야 한다. 관객의 이성을 무장해제 시킨 다음 관객의 영혼에 자신을 각인시켜야 한다. 이것이 배우와 광대가 해왔던 일이다. 미하일 체홉이 말해왔던 것처럼, 이런 시도를 하기 위해서는 우주의 위대한 힘에 대한 일종의 열린 태도가 필요하다.

이건 불가능한 꿈이 아니다. 우리는 이런 종류의 작업을 삶에서나 연극에서 본 적이 있다. 랄프 리처드슨Ralf Richardson; 체홉이 열렬하게 인정했던 또 하나의 배우은 1970년대 중반에 내셔널 시어터에서 욘 가브리엘 보르크만John Gabriel Borkman을 연기했다. 마지막에 환영적인 장면에서, 인생의 끝 무렵에 가까워진 보르크만은 자신의 영혼을 바쳤던 거대한 자본주의 세계를 살펴보면서 부둣가를 내려다보았고, 리차드슨의 입술에서 소리가 흘러나왔다. 이 소리는 부엉이 울음소리나 하데스의 강물을 건너는 어떤 작은 배에서 나온 경적 소리 같았다. 우-우-우-우. 누구라도 그 소리를 들었다면 절대 잊지 못할 것이다. 이것은 틀림없이 영혼의 소리가 몸에서 빠져 나온 것이었다. 공연이 끝나고 집에 달려와서 입센의 어떤 지시문이 이 세상에 존재하지 않을 것 같은 그런 표현을 유도했는지 찾아봤다. 하지만 거기엔 아무 것도 없었다. 전혀 없었다. 그 공연을 연출한 피터 홀에게 그 소리가 누구의 아이디어였는지 물어봤다. "랄프요.", "그럼 연습에서 그걸 처음 했을 때 당신은 뭐라고 했어요?", "아무 말도 안 했어요. 우리는 그게 전적으로 맞다는 걸 알았어요." 극도로 이성적인 홀이, 엄청난 사실주의 작가 입센의 희곡을 연출하면서, 논리적 방법만으로 충족되지 않는 연극의 가능성을 직관적인 천재성이 채울 수 있다고 인정했다.

영화와 텔레비전은 사실주의적인 요구에 완벽하게 부응할 것이다. 그 무언가에 대한 갈증이 점점 심해진다고 느낄 때, 사람들은 비로소 본질적으로 시적인 매체인 연극에 의지할 것이다. 연극이라는 특별한 예술 형태에는 배우 - 시인이 필요하다. 그 이유가 아니라면 우리가 왜 극장에 가겠는가? 체홉의 작업 - 그는 그것을 쉽사리 시스템이라고 부르지 못했다 - 이 중요한 이유는 그의 목표가 배우 - 시인이라는 인간형을 성장시키는 것이기 때문이다. 체홉의 방법론이 갖는 아름다움은 가장 단순한 도구들을 이용해서 배우의 창작활동에 직접적인 길을 제시한다는 점이다. 스타니슬랍스키는 자기 스스로 창조성이 부족한 것에 대해 불안해했고, 체홉이 말한 '영감'에서 나온 연기는 극히 소수의 천부적인 재능을 가진 사람만 가능하며(자기 자신은 여기에 해당되지 않는다고 여겼다), 신중하고 이성적인 방법론에 보상이 뒤따라온다고 주장했다. 그의 주장은 이제 체홉의 연기 본능의 천진함에 대한 믿음으로 대체되었다. 체홉은 이런 천진함이 간섭 받지만 않는다면, 인간의 경험 중에서 오직 상상력만이 접근할 수 있는 영역으로 날아오르게 될 거라고 확신했다. 체홉의 방법론을 사용한다고 해서 반드시 위대한 배우가 된다고 단언할 수는 없겠지만, 당신은 '예술가'로서 연기에 접근하는 배우가 될 것이다.

미하일 체홉의 과거와 현재와 미래

말라 파워스

> 진정한 예술의 기반이 되는 것은 의식적으로든 무의식적으로든
> '상상의 세계'에서 살 수 있는 우리의 능력이다.

20세기에 결코 천재가 없었던 것이 아니다. 대부분의 유명한 사람들, 특히 예술 분야의 천재들은 자신이 살아가고 있는 바로 그 시대의 동향을 감지하고 있었다. 그러나 소수의 사람들은 미래의 동향을 감지하려고 했다. 그런 부류의 천재가 바로 미하일 체홉이었다.

미샤Misha―미하일 체홉의 친구들과 동료들이 그를 이렇게 불렀다―는 평생에 걸쳐 이상적인 **미래의 연극**을 준비하는 데 관심이 있었다. 그는 언젠가 연극[1]이 즐거움을 줄 뿐만 아니라, 전 세계 문화에 긍정적이고 치유적인 영향력을 행사하는 때가 올 거라고 상상했다. 체홉은 **미래 연극**이 무엇이

---

[1] 이 전기의 맥락에서, '미래의 연극'과 '이상적인 미래의 연극' 등에서 표현된 것처럼, 대문자 T로 시작하는 '연극'(Theatre)은 모두 무대, 영화, 텔레비전 등 배우가 연기를 하는 장이 되는 모든 매체를 포함한다.

될 지를 결정하는 건 배우라고 믿었다.

현재 21세기에, 미하일 체홉이 최초로 소개한 연기 테크닉을 적용하는 것에 대한 관심이 급격히 늘고 있다. 최근에 아카데미상을 수상한 앤서니 홉킨스, 클린트 이스트우드, 잭 니콜슨, 헬렌 헌트Helen Hunt, 앤서니 퀸, 마리사 토메이Marisa Tomei와 같은 배우들이 역할의 본질을 신체화하는 미하일 체홉의 두 가지 혁신적인 테크닉인 **중심**과 **심리 제스처**를 사용한다고 말했다.

<인사이드 디 액터스 스튜디오>Inside the Actors Studio의 주요 제작자이자 뉴 스쿨 대학교New School University의 액터스 스튜디오 드라마 스쿨Actors Studio Drama School의 학장인 제임스 립톤James Lipton은 이렇게 말했다.

> 우리는 스타니슬랍스키 시스템이라는 영향력 있는 흐름을 구성하는 모든 지류들을 탐구하는 데 전념해왔다. 그런 지류들 중에서 가장 중요한 한 가지가 미하일 체홉의 작업이다. 『배우에게』의 새 출간은 가장 보편적인 심리 제스처 중 하나처럼 '두 팔을 벌려' 환영할 만한 일이다.

<그룹 시어터>The Group Theatre의 원년 멤버이자 <스텔라 애들러 컨서바토리>Stella Adler Conservatory of Acting의 설립자인 스텔라 애들러는 미하일 체홉을 20세기의 가장 위대한 배우로 손꼽았다.

연출자 겸 작가이자, <그룹 시어터>의 설립자, <아메리칸 시어터>American Theatre의 핵심 인물인 해롤드 클러만Harold Clurman은 미하일 체홉에 대해 다음과 같이 썼다.

> 우리는 다시 한 번 그를 통해서 응축된 행위가 담긴 모든 순간들을 바라보며, 매료될 수밖에 없다는 사실을 배운다. 제대로 수행한 가장 작은 행동에 일종의 보편적인 본질이 담긴 듯이 보인다. 이것이 연기의 신비다.

뉴욕에 있는 <네이버후드 플레이하우스>Neighborhood Playhouse의 연출자인 샌포드 마이즈너Sanford Meisner가 『연기에 대하여』On Acting라는 책에 관한 인터뷰에서 이렇게 말했다.

　　. . . 미하일 체홉은 자연주의에서의 진실이 있는 그대로의 절대적 진실과
　　는 전혀 다르다는 것을 깨닫게 해주었다. 그와 함께 하며, 나는 내적인
　　만족을 잃지 않게 하는 흥미로운 연극 형태를 직접 보았고, 나 역시 이런
　　걸 원한다는 것을 알았다.

　　이렇듯 수많은 뛰어난 예술가들이 체홉의 가르침을 가치 있게 여겼다면, 그의 테크닉이 어째서 모든 배우 훈련에서 필수적으로 적용되지 않는지 의아해할지도 모르겠다. 미하일 체홉은 삶의 마지막 20년 동안, 먼저 영국에 살다가 나중에 미국으로 넘어갔다. 그의 강의와 수업에 참석한 유명한 배우들과 감독들의 수가 일일이 언급하기 힘들 정도로 많았음에도 불구하고, 체홉은 자신이나 자신이 발전시킨 연기 훈련 테크닉을 홍보하는 데는 재주가 없었다. 그는 절대 자신이 코칭하거나 함께 작업했던 사람들의 이름을 걸고 광고하거나 거래하지 않았다. 심지어 오스카, 에미, 토니 상을 수상한 개리 쿠퍼, 그레고리 펙, 패트리샤 틸, 율 브린너, 베아트리스 스트레이트, 잭 팰런스, 제니퍼 존스, 토마스 미첼, 아서 케네디와 같은 사람들의 이름도 이용하지 않았다. 그들은 전부 미하일 체홉에 대해 열렬히 말하거나 체홉의 테크닉을 사용한 경험에 대해 글을 썼다.
　　마릴린 먼로는 자서전 『마이 스토리』My Story에 이렇게 적었다.

　　미하일의 제자로서 나는 연기 이상의 무언가를 배웠다. . . . 그가 말할 때
　　마다 세상이 더 커지고 더 흥미롭게 바뀌는 것 같았다. . . . 연기는 . . .
　　삶과 정신을 향상시키는 예술이 되었다. 나는 늘 연기를 사랑했고 열심

히 배웠었다. 그런데 미하일 체홉과 함께 하면서 연기는 직업을 넘어서는 것이 되었다. 일종의 종교가 된 것이다.

요즘 많은 젊은 배우들이 자신이 접해 본 연기 훈련 방법들로 지금의 무대나 영화에서 요구하는 사항이나 조건에 완벽히 대비할 수 없다고 생각한다. 배우들이 충분한 리허설 시간을 확보하는 것은 이례적인 일이 되었고, 배우들은 감정을 '느끼도록' 요구받을 뿐 아니라 심지어 지금 당장 '느끼라고' 요구받는다. 고급 기술을 동원한 특수효과는 살아 있는 연극과 영화를 침범했다. 컴퓨터로 조작되는 회전 무대는 우리에게 즉각적인 감정적 반응을 요구하고, 우리를 감정의 한쪽 극단에서 반대쪽 극단을 옮겨가며 연기하게 한다. 영화의 경우에는 종종 블루 스크린 앞에서 주변에 뭐가 있는지 대본 속에 주어진 상황에 대한 암시만으로 연기해야 한다. 오직 잘 훈련된 상상력에 강력하게 연결됐을 때에만 진실하게 연기할 수 있게 된다. 상대 배우는 풀샷을 촬영하는 동안에만 같이 있고 클로즈업으로 연기할 때는 스크립터나 아니면 배우가 아닌 사람이 훈제연어 양파 샌드위치를 먹으면서 대사를 쳐주는 일도 자주 있다! '순간에서 순간으로'는 창문 밖으로 빠져나가 버린다. 그런데 만약에 우리가 연기하는 역할의 신체가 실제로 우리 안에 체화되어 있다면 또 역할의 생각과 감정, 의지 충동에 밀착되어 있다면 우리가 상상한 환경들이 관객에게 보일 것이다.

미하일 체홉의 테크닉은 일단 한 번 습득하고 나면, 즉시 다시 불러낼 수 있다. **분위기**Atmosphere, **움직임의 성질**Quality of Movement, **분명하게 정리된 정서의 단위들**Baptized Emotional Section, **인물의 목표**Character's Objective[2]를 사용하거나 인

---

2) 인물의 목표는 예컨대 "나는 '도망가고' 싶다." 또는 "나는 그를 '설득하고' 싶다."와 같이 자신의 의지와 느낌에 직접적으로 작용할 수 있는 강력하고, '행동할 수 있는' 동사를 주의 깊게 선택했다면 즉시 효과가 있을 것이다.

물의 **심리 제스처**Psychological Gesture를 이미지화하는 것 등 이러한 요소들은 전부 어떠한 기술적인 방해에도 진실하고 충만한 정서를 불러일으킨다.

미하일 체홉과 연구했던 당시에, 체홉은 배우들이 자연주의적인 일상성을 넘어서 **미래의 연극**을 향해 진보해야 하며, 이를 위해서는 당대의 일반적인 연기 훈련을 뛰어넘어 상상력을 발전시켜야 한다고 강조했다. 우선적으로, 배우가 개인적인 삶의 역사와 감정적인 경험에 의존하는 것이 너무나도 제한적이라고 여겼기 때문이다.[3] 체홉은 '영감에 의한 연기'를 준비하기 위한 접근법으로 **심리─신체적인** 훈련을 강조했다. 이 훈련은 에너지와 감정을 불러일으켜서 배우의 신체와 심리, 음성을 독창적인 인물에 결합해서 인물에 생명을 불어넣는 단순하고 실용적인 방법이다.

체홉은 늘 자기가 연기 방법론을 만든 것이 아니라고 주장했다. 그저 영감이 찾아온 순간에 자기 자신과 다른 예술가들을 관찰하고 연구한 것이라고 했다. 그는 어떤 요소들과 성질들이 그 순간에 존재했는지 질문하였다. 그런 다음 거기에서 도출한 배우들의 속성을 최대한 헤매지 않고 발전시킬 수 있는 훈련들을 고안해냈다. 체홉은 배우가 현대 연극에서 진정한 예술가로서 존재하기 위해서는 신체와 음성, 상상력이 철저하게 훈련되어 있어서 다양한 종류의 에너지를 구별하고, 사용하고, 발산할 수 있어야 한다고 주장했다. 그렇게 되면 관객들은 정서적인 영향만 받는 것이 아니라,

---

3) 연기를 할 때 진실한 감정을 불러일으키기 위해 배우의 사적인 감정 기억을 재창조하는 테크닉을 보통 '정서 기억'(Affective Memory)이라고 한다. 미하일 체홉은 정서 기억을 사용하는 것을 언제나 반대하면서, 정서 기억이 배우의 연기를 개인적인 반응으로 한정시키며, 또한 배우들을 히스테리나 정신적으로 불안정한 상태에 더 쉽게 빠지게 한다고 주장했다. 이것의 적용은 원래 스타니슬랍스키의 초기에 발전되는데, 나중에는 그 자신도 정서 기억의 사용을 옹호하지 않았다. 정서 기억은 1930년대 동안에 미국에 전해졌고, <그룹 시어터>(Group Theatre)의 많은 멤버들이 이를 사용했다. 오늘날에도 수많은 선생님들이 여전히 이 방법으로 가르친다.

동시에 충동에도 변화가 일어나게 된다.

콘스탄틴 스타니슬랍스키도 에너지와 생각이 확실히 실재한다는 것을 이해했으며, 자신의 작업에서도 그러한 지식을 어느 정도 활용했다. 하지만 공산 정권은 그가 보이지 않는 혹은 영적인 에너지에 대해 토론하거나 공개적으로 작업하는 것을 금지했다. 다행히 미하일 체홉은 1928년 러시아에서 도망쳤기 때문에 그러한 정치적인 제약에서 벗어나서 연기 훈련 테크닉을 발전시킬 수 있었다.

그런데 체홉이 가르치는 동안 학생들과 관객들 중에서도 상상과 생각, 그 밖에 보이지 않는 에너지가 실재한다는 사실을 받아들이는 사람이 적었다. 안타깝게도 그의 작업에는 종종 신비주의적이라는 낙인이 찍혔다. 이런 종류의 비난에 대해 그는 항상 이렇게 대답했다. "훈련을 한 번 해보고 나면 이게 전혀 신비주의적인 게 아니라는 걸 알 거예요. 한번 해보세요. 그러면 정말로 실용적이라는 걸 믿게 될 거예요."

그런데 그 무렵 양자물리학에서의 원자 미만의 분자 운동에 대한 연구는, 미하일 체홉의 '눈에 보이지 않는 것이 눈에 보이는 것을 만들어낸다'는 생각이 이해되고, 유행하고, 더 받아들여지도록 도와주었다. 섬세하고 복잡한 기계는 이제 인체 에너지를 측정하고, 심지어 다른 사람이 분출하는 에너지 패턴에 어떤 영향을 받는지를 측정한다. 생체 자기 제어BioFeedback의 가치는 현재 잘 알려져 있다. 우리는 이제 '정신적인 영역'에 들어가는 것에 대해 공공연히 얘기한다. 시각화Visualization는 오늘날 운동선수의 훈련부터 건강관리까지 많은 직업에서 사용된다. 기업의 세미나에서 회사 간부들이 창의성을 발휘하는 우뇌적 사고를 계발하라고 장려하는 것이 일상적인 일이 되었다. 눈에 보이지 않는 '사람을 미혹시키는' 환상이라고 낙인 찍혔던 많은 이론들이 이제는 유효한 사실로 받아들여지고 있다.

미하일 체홉의 유년기

미하일 알렉산드로비치 체홉은 1891년에 태어났다. 그가 태어난 장소인 상트페테르부르크는 러시아에서 가장 예술적이고 국제적인 도시였다. 미샤는 자신이 어린 시절에 그림과 시, 발레, 연극이 꽃피었던 이 도시를 얼마나 '열정적으로 사랑했는지' 평생 동안 떠올렸다. 이 도시의 건축물도 어린 체홉의 상상력을 사로잡았으며 거기에 불을 지폈다. 그의 상상 속에서 네브스키 프로스펙트Nevsky Prospect의 방화탑은 빨간 벽 너머에 이상한 상상의 동물 무리가 숨어 사는 신비로움이 가득한 성이 되었다. 그리고 그들이 도망칠 때는 늘 벽이 무너져 내리면서 미샤를 데리고 도시로, 시골로, 온 세계로 떠났다.

미샤는 자기 집 담벼락 안에서도 아주 어렸을 때부터 자신이 상상한 것을 몸으로 표현했다. 엄마와 유모를 관객으로 두고 그는 모자와 목도리 등 쓸 수 있는 온갖 이상한 천 조각을 다 두르고 즉흥적으로 연기했다. 미샤는 다른 아이, 다른 인물이 되었다. 때로는 비극적이었고, 때로는 유모가 너무 웃겨서 앞뒤로 몸을 젖히면서 웃다가 눈물이 볼을 따라 흐르기까지 했다.

그러나 유년시절이 계속 즐겁지는 못했다. 저명한 극작가 안톤 체홉의 형제이자 그의 아버지였던 알렉산더는 놀라울 정도로 똑똑한 사람이었지만, 알코올 중독이었으며, 별난 성격 탓에 자녀 교육에는 관심이 없었다. 미하일 체홉은 나중에 아버지에 대해 "나는 아버지 앞에서 벌벌 떨었고, 아버지 때문에 깜짝 놀랐으며, 그를 두려워했다. 아버지를 절대 사랑할 수 없었다. 나에게는 그의 모든 점이 다 끔찍했다."고 썼다. 알렉산더가 아들에게 요구했던 것은 너무나 극단적이었고, 예닐곱 살 무렵에 미샤는 계속 불안한 상태로 살아갔다.

미하일 체홉에게 연기는 해방이었고, 즐거움이자 열정이었다. 열여섯 살에 그는 오디션을 봐서 상트페테르부르크에 있는 수보린 연극 학교The Suvorin Theatre School에 입학 허가를 받았다. 체홉은 그 곳 선생님들이 학생들과 연기에 대해 의사소통 하는 방법을 잘 몰랐다고 했다. 하지만 선생들은 뛰어난 배우였기 때문에, 체홉은 알렉산드린스키Alexandrinsky 극장에서 그들이 보여준 영감에 의한 연기를 연구하고 비밀을 밝혀서 자신의 작업에 시험해보기 시작했다. 열여덟 살에 그는 톨스토이의 「차르 페오도르」Tsar Feodor의 주인공 역을 맡아서 반 친구들과 함께 왕궁에서 차르 니콜라스 2세 앞에서 연기했다.

다음 해에 체홉은 상트페테르부르크에 있는 말리 수보린스키 극장The Maly Suvorinsky Theater과 계약했다. 체홉이 소화한 배역은 굉장히 다양했는데, 훨씬 나이든 사람을 색다르게 형상화하는 데 특히 뛰어났다. 미하일 체홉은 말리 극단과 함께 지역 순회공연을 다녔고 다양한 관객들 앞에서 연기하는 걸 즐겼다.

그 무렵에 가장 꾸준히 성공한 공연은 <모스크바 예술극장>The Moscow Art Theater, MAT이 선보였던 「갈매기」, 「바냐 삼촌」, 「벚꽃 동산」 등 미샤의 삼촌인 안톤 체홉이 쓴 작품들이었다. 안톤 파블로비치 체홉은 1904년, 미샤의 열세 살 생일이 되기 얼마 전에 죽었지만, 그의 아내이자 <모스크바 예술극장>의 유명한 배우였던 올가 끄니뻬르 체코바Olga Knipper-Chekhova가 미샤에게 지대한 관심을 가졌다. <모스크바 예술극장>이 1911년에 상트페테르부르크를 찾아왔을 때, 그녀는 미하일 체홉이 콘스탄틴 스타니슬랍스키와 오디션을 볼 수 있게 주선했다.

"잘하네, 잘해." 체홉이 「죄와 벌」에 나오는 마르말로도프 독백과 「차르 페오도르」의 한 장면을 끝내고 나서 스타니슬랍스키가 말했다. "축하하네.

자네는 이제 우리 극단 단원이네." 스타니슬랍스키는 미샤가 예술적으로 발전하는 모습을 개인적으로 지켜보지는 않았지만, 다른 <모스크바 예술극장>의 예술가들, 특히 레오폴드 술레르지츠키Leopold Sulerzhitsky와 예브게니 박탄고프Yevgeny Vakhtangov가 그의 성장에 동등하게 중요한 역할을 했다.

성인이 된 체홉

<모스크바 예술극장>에 들어가자마자 체홉은 무대에서 작은 역할들을 연기하기 시작했다. 처음부터 그는 강력한 에너지를 발산했고, 역할을 아주 독창적으로 해석해서, 관객들은 같은 장면에 나오는 더 중요한 배역을 연기하는 배우 대신 미샤에게 더 집중하곤 했다. 얼마 지나지 않아 미하일 체홉은 더 큰 역할을 맡았다. 그 중 하나가 「덤불 속의 귀뚜라미」Cricket on the Hearth의 자상하고 겁 많은 장난감 장인인 '케일럽'이었다. 스타니슬랍스키는 그의 연기가 "정말로 뛰어났다"며 칭찬을 아끼지 않았다. 그리고 많은 사람들이 「대홍수」Deluge의 '프레이저' 역에서 체홉이 보여준 독창적이고 강력한 역할 창조에 대해 글을 썼다.

그런 다음 「십이야」의 말볼리오로 잊을 수 없는 연기를 선보였다. 몇 년 전에 나는 이 「십이야」 공연과 관련해서 개인적으로 깊이 감동 받은 경험을 했다. 모스크바에서 열린 국제 미하일 체홉 컨퍼런스 워크샵에서 가르치는 동안, 나는 체홉이 <제2 모스크바 예술극장>에서 예술 감독으로 있었던 4년 동안 머물렀던 극장을 찾아갔다.[4] 이곳은 나중에 <모스크바

---

[4] 1912년 무렵 이른 시기에, 스타니슬랍스키는 <모스크바 예술극장>의 주최로 더 실험적인 <퍼스트 스튜디오>(First Studio)를 만들었다. 나중에 미하일 체홉은 박탄고프나 메이어홀드, 또 <모스크바 예술극장>의 다른 뛰어난 연출자들이 그랬던 것처럼, 스타니슬랍스키의 연기와 연극 스타일에 관해 의견이 맞지 않았다. 1924년에 미하일 체홉은 예술감독

중앙 어린이 극장>이 되었고, 크리에이티브 디렉터인 안나 네크라소바Anna Neckrasova라는 나이 많은 여성이 나를 맞이했다. 내가 미하일 체홉의 기록 작업을 하고 있다는 사실을 알았을 때, 그녀는 자신이 열한 살에 봤던 체홉의 말볼리오 연기를 회상하며 이야기하기 시작했다. 체홉이 코믹하게 만든 장면에서 관객들은 웃겨서 자지러졌고, 다른 장면에서는 말볼리오의 내적인 고통을 너무나도 인상적으로 표현해서 객석이 눈물바다가 됐다고 했다. 그녀는 그 장면을 떠올리는 동안, 그의 연기가 여전히 너무 생생해서 눈물을 흘렸다.

<모스크바 예술극장>에서 연기를 했던 16년 동안 미하일 체홉은 관객의 마음을 사로잡았다. 그는 인물의 재미와 가벼움을 깊은 고뇌와 연민의 상태로 바꿔서 인물의 다양한 면을 보여주는 놀라운 재능을 갖고 있었다.

체홉은 대화 내용과 자신이 쓴 다양한 글에서 가장 성공적이었던 몇 가지 인물 해석에 관해 흥미로운 단서를 제공한다. 예를 들면, 그는 말볼리오가 "무시무시한 에로티시즘의 늪에 빠졌다."고 상상했다. 그리고 예브게니 박탄고프가 연출했던 스트린드베리의 「에릭 14세」에서 그가 반쯤 미친 에릭 왕 역할을 맡았을 때, 그는 '부러진 날개를 가진 독수리' 이미지를 사용했다. 스타니슬랍스키가 연출한 「검찰관」의 홀레스타코프 역을 준비하면서 그는 침대 스프링이 발바닥에 묶여있다고 상상했다. 이 공연을 보고 나서 어떤 작가는 "체홉이 중력을 느끼지 않는 것처럼 보였다."고 증언했다.

저명한 예술가이자 인물화가인 마르가리타 볼로쉰Margarita Woloschin은 상징주의 연극인 「대천사 미카엘」에서 독재자 피에르 역의 인물 형상화에 대해 "그가 배우로서 위대한 점은 2장에서 드러났다. 그는 그저 침묵 속에

으로서 퍼스트 스튜디오를 재조직하여 <제2 모스크바 예술극장>(The Second Moscow Art Theatre)이라고 새 이름을 붙였다.

서있을 뿐이었으며 단 한 마디 말도 하지 않았다. 그러나 그에게서 나오는 힘이 관객을 사로잡았고, 계속해서 중심을 갖고 있었다.”

한편 그의 삶 속에 존재하는 '힘'은 통제되지 않고 분노로 터져 나왔다. 혁명기의 모스크바 거리의 시위들이 그의 신경을 건드렸고, 어린 시절부터 갖고 있었던 불안함이 한층 더 예민해졌다. 미하일 체홉은 술에 빠졌다. 성공할수록 더 외로움을 느꼈다. 그는 짬이 날 때마다 쇼펜하우어, 니체, 하트만의 책을 읽었다. . . . 그리고 머릿속에서 몇 시간이고 그들과 싸웠다. 외로움이 커져갔고, 결혼을 결심했다. 그는 올가-끄니뻬르 체코바 숙모의 조카인 올가-끄니뻬르Olga Knipper와 결혼한 다음에야 그녀를 열렬히 사랑하게 됐다. 하지만 그로 인해 혼란이 가중될 뿐이었다. 그녀는 그를 도와주려 했지만 그럴수록 그는 생각과 감정의 혼란 속으로 점점 더 깊이 가라앉았다. 어머니에게 끔찍한 일이 일어날 거라는 강박적인 이미지가 계속해서 그를 사로잡았다. 그는 집 밖으로 나가는 걸 두려워했고, 심지어 극장에 가는 것도 관뒀다. 스타니슬랍스키는 심리치료사들을 보냈지만 체홉은 그들을 거부했고, 일 년 이상 연기를 하지 않았다.

체홉에게 정신적인 충격을 가져다주는 사건들이 잇달아 일어났다. 그의 아내인 올가가 어린 딸인 아다Ada를 데리고 독일로 가버렸다. 또 어린 시절부터 친구였던 사촌 볼로쟈Volodya가 미샤의 서랍에서 찾은 총으로 자살을 했다. 모스크바에 기근과 티푸스 전염병이 돌던 시기에 체홉의 어머니가 심각하게 아팠으며 병원에 이송된 후 그곳에서 숨을 거두었다. 그는 광적으로 영안실의 테이블 위와 바닥 그리고 벤치 아래에 누워 있는 시체들을 괴상한 자세로 샅샅이 뒤져서 결국에 어머니의 시신을 찾아냈다.

병의 증세가 가장 심각했을 때 체홉은 여러 번 최면요법을 받아보라는 설득을 받았다. 다섯 번 치료를 받은 뒤에는 강박적인 환영과 생각들이 사라졌고, 얼마 지나지 않아 그는 무대로 돌아올 수 있었다. 그러나 여전히 매우 불안정한 상태였다. 이따금씩 검은 구름처럼 우울증이 그를 휘감았고, 어떤 때는 웃음이 부적절하게 터져서는 제어되지 않아서 탈진하기도 했다.

어느 날, 그는 요가에 대한 책을 찾아보려고 서점에 갔다. 미샤는 아프기 전에도 스타니슬랍스키처럼 요가의 정신-신체 시스템과 에너지 통제가 배우에게도 유용할 것이라는 생각 때문에 요가를 통해 훈련해 보았다. 서점의 진열대에 오스트리아의 철학자이자 인지학자인 루돌프 슈타이너 Rudolf Steiner의 『고차 세계의 인식으로 가는 길』 Knowledge of Higher Worlds and its Attainment 이라는 책이 있었다. 그는 처음에 웃으면서 진짜로 그런 길을 갈 수 있는 거라면 이미 가 있을 테니 필요가 없다고 생각했다. 그럼에도 불구하고 체홉은 그 책을 샀다.

그 후 몇 년에 걸쳐서 이 책과 루돌프 슈타이너의 다른 책들이 그에게 막대하게 영향을 주었다. 슈타이너의 세계관은 미샤가 가졌던 많은 질문에 대한 대답이 됐다. 그가 삶을 바라보는 시각이 완전히 바뀌었다. 회의주의적인 시각이 사라졌다. 삶에 새로운 목적과 의미가 생겼다. 건강도 좋아졌고 술을 과하게 마시는 습관도 버렸다.

배우이자 교육자, 연출자로서 <모스크바 예술극장>에 완전히 돌아오자 사람들은 체홉을 열렬히 환영했다. 러시아 대중은 그를 사랑했고, 나중에 그의 자서전 『배우의 길』5)이 출간됐을 때 즉시 성공을 거두었다. "위대한 오페라 가수 샬리아핀Charliapin 이후로 러시아 무대에서 체홉만큼 사랑받은 예술가는 없었고, 그가 존경 받은 것은 두말할 나위 없다. 러시아의 다양한 사회 계급에 그는 정신적인 위안이 된다."

---

5) 『배우의 길』은 영국에서는 아직 출판되지 않았다. 한국에서는 『배우의 길』(이진아 옮김, 지만지, 2009)로 출판되었다. ─옮긴이 주

체홉은 <제2 모스크바 예술극장>⁶⁾에서 예술 감독이 된 후 자신을 주연으로 내세워 양식화된 「햄릿」을 구상하고 제작한다. 그는 루돌프 슈타이너의 여러 가지 움직임과 말하기에 대한 생각을 통합한 뒤 거기에 자신이 생각하기에 스타니슬랍스키의 정수라고 여긴 요소들을 섞어서 자신만의 독창적인 예술성과 테크닉으로 변형시켰다. 그 결과로 그 때까지 공연된 어떤 「햄릿」과도 다른 작품이 나왔다. 이 공연은 엄청난 성공을 거두었다. 체홉의 작품과 햄릿 연기를 기억하는 한 사람은 "비극의 마지막에 그가 어둠 위에 드리운 정신적인 빛 때문에 모든 것이 빛으로 변했고, 관객들은 그가 자신들에게 보여준 아름다움에 감사하면서 그의 집까지 그가 탄 썰매 마차를 따라갔다."고 말했다.

바로 그런 영적인 성질이 많은 사람들에게 칭송을 받은 한편, 공산주의 정당은 이에 대해 극심한 거부감을 가졌다. 공산주의 당원들은 곧 그에게 공장에 찾아가서 "기계를 좋아하는 법을 배우는 것"이 좋겠다고 말했다. 그러면 삶에 대한 새로운 시각을 얻게 될 것이며 "유해한 신비주의적인 탈선을 그만두는 데 도움이 될 것"이라고 했다.

어느 날 체홉은 교육 인민위원회로부터 루돌프 슈타이너의 사상을 그만 퍼뜨리라는 편지를 받았다. 정부는 햄릿을 연기하는 방식을 바꾸라고 요구했다. 그는 거절했다. 극단의 수장으로서 체홉의 활동은 점점 마비되기에 이르렀다. 극단 단원들도 체홉과 접촉하는 것이 위험한 일이 되었다. 곧 국가 정치부에서는 그의 체포를 고려하라는 결론을 내렸다.

공산주의 정당의 고위급 관료가 체홉과 그의 두 번째 아내인 제니아 Xenia가 휴가를 갈 수 있게 여관을 마련해주었다. 그로부터 36시간 후에 그들은 러시아를 떠나서 다시는 돌아오지 않았다. 그때부터 체홉은 러시아에

---

6) 각주 4 참조

서 '없는 사람'이 되었다. <모스크바 예술극장>에서 그에 관한 자료들이 모두 지워졌고 50년 이상 그의 자서전과 교육 기록들이 금지되었다. 그러나 그 시기에 한편에서는 예술적인 음지에서 여전히 그의 작업이 이어져갔으며, 용감한 사람들은 이를 직접 연구했다. 오늘날에는 다시 한 번 그의 사진이 <모스크바 예술극장>에 걸리게 되었고 '세기의 연기 천재'라고 자랑스럽게 묘사되어 있다.

정착하지 못하던 시기

1928년 여름 체홉은 러시아를 떠난 후 먼저 독일에 갔다. 그곳에서 망명이라는 큰 변화를 겪었으며 모국어로 연기할 수 없는 괴로움을 경험했다. 독일의 유명한 기획자이자 연출가인 막스 라인하르트가 그에게 「곡예사」 Artisten[7])의 "스키드"라는 광대 역할을 제안했다. 미샤는 이 작품을 독일어 코치와 밀도 있게 준비했고, 1929년 2월에 비엔나에서 초연했다. 나중에 그는 완전히 두려움에 떨었다고 기술했다. 언어의 어려움과 익숙하지 않은 아크로바틱 스턴트 동작들 때문에 나락으로 떨어지는 것처럼 느꼈다고 했다. 그런데 갑자기 첫 공연 날 저녁, 공연 중반부에 자신의 표현에 따르면 체홉은 영감에 의해 의식이 분열된division of consciousness 상태를 경험했다. 자신이 관객들 앞에 있으면서, 그가 의식적으로 연출하고 있는 인물로서, 또 그의 동료들 사이에 있음을 느꼈다. 이 모든 것이 동시에 느껴졌다. ". . . 내 모든 존재와 스키드의 존재가 무섭고도, 견디기 힘들 정도의 힘으로 가득 차 있었다! 그리고 어떠한 것도 방해가 되지 않았다. 그 힘은 모든 것을

---

7) 「곡예사」(Artisten)는 「벌레스크」(Burlesque)라는 미국 연극의 유럽 버전이다. 레온카발로 (Leoncavallo)의 오페라 「팔리아치」(I Pagliacci)의 이야기를 바탕으로 하고 있다.

관통했고, 뭐든지 해낼 수 있었다! 나는 압도되었다."[8]

이 경험을 통해 체홉은 배우가 진정으로 창조적인 예술가가 되기 위한 이상이라고 생각해왔던 것에 대해 확신을 갖게 되었다. 그것은 바로 체홉이 '더 높은 자아'Higher Ego라고 말했던 것에 의식적으로 연결되는 것이다. 그 후로 그는 배우들이 영감에 의한 연기에 이르도록 이끌어주기 위한 테크닉을 구성하고 체계화했다.

미샤는 한동안 스키드 역을 꽤 즐겁게 연기했고, 독일에서 라인하르트와의 작업을 계속했다. 그는 독일 영화 몇 편에 출연하기도 했다. 그 중 하나가 첫 번째 부인인 올가가 연출한 「사랑의 바보」A Fool Through Love였다. 올가는 유명한 영화배우가 됐으며, 딸 에이다Ada와 독일에 살고 있었다. 체홉은 하비마 극장에서 러시아어와 히브리어를 쓰는 배우들과 함께 「십이야」를 연출했고, 그 경험을 즐겼다. 스타니슬랍스키가 베를린을 방문했을 때 체홉은 그에게 막스 라인하르트를 소개해줬다. 그가 너무나도 사랑하고 존경하는 연극계의 두 거장과 한 자리에 있다는 것이 그에게는 깊은 감동을 주었다.

그러나 체홉은 당시 독일 연극이 전반적으로 피상적이라고 생각했고, 러시아 배우들과 러시아 관객 앞에서 작업하고 싶다는 생각이 간절했다. 그는 프랑스로 가겠다고 결심했고, 그 곳에 사는 러시아 사람들이 그의 새 극장 설립을 도와주길 기대했다.

미하일 체홉과 제니아는 큰 기대를 안고 파리에 도착했다. 그러나 거기서 보낸 일 년은 그의 표현을 빌자면 "혼란스럽고, 정신없고, 어느 것도 이

---

8) 1944년에 쓴 미하일 체홉의 두 번째 자서전 『삶과 만남들』(Life and Encounters)에서 인용한 부분이다. 영국에서는 아직 출판되지 않았다(이 책은 한국에서도 아직 출판되지 않았다. ─옮긴이 주). 이 책의 번역에 대해 멜 고든(Mel Gordon) 교수에게 힘입은 바가 크다. 미하일 체홉에 관한 그의 학식과 저작물을 대단히 높게 평가한다. 1983년의 『연극비평』(The Drama Review, MIT출판사, 27권, 3번, 통권 99)에 나오는 체홉의 일생에 관한 연대기가 특히 도움이 되었고 이에 감사드린다.

루어낼 수 없을 것 같았다. . . . 나는 앞으로 전진 했지만 어려운 현실 앞에 좌초됐다." <러시안 시어터 어브로드>Russian Theatre Abroad를 위한 모금은 실현되지 못했다. 그러나 체홉은 사업적인 수완이 있는 헌신적인 젊은 연출가 조제트 보네Georgette Boner와 인연이 닿았다. 안정적인 예산이 확보돼서 애비뉴 시어터Theatre de l'Avenue에서 올리려 했던 몇 편의 공연들에 불행히도 운이 따르지 않았고, 기술적인 문제들로 인해 무산되었다. 그럼에도 불구하고 조제트는 체홉에게 우정과 좋은 영향을 주며 그를 계속 도와주었고, 극장은 한참 후에 문을 닫았다.

운이 좋게도, 라트비안 주립 극장Latvian State Theater과 리가Riga의 러시아 드라마 극장Russian drama Theater 양쪽에서 체홉에게 각각 배우와 연출로서 영구적인 자리를 제안했다. 그는 러시아어로 연기했으며 동료들은 라트비아어로 연기했다. 리가의 사람들은 러시아어를 알았으므로 이런 상황에 쉽게 적응했다. 그 다음에는 카우나스에 있는 리투아니아 공화국 극장에서 제안이 왔다. 체홉은 거의 기적적으로 세 극장에서 동시에 연출했다.

2년 동안 세 극장 사이에서 체홉은 연기와 연출을 동시에 혹은 따로 했다. 그 작품들은 고골의 「검찰관」과 톨스토이의 「이반 일리치의 죽음」, 「햄릿」, 「에릭 14세」, 「대홍수」, 「셀로 스테파치코보」Selo Stepanchikovo, 「십이야」와 모짜르트의 오페라 「마술피리」였다. 이때가 그의 인생에서 가장 행복하고 예술적인 시기였다.

미샤는 리가에서 오페라 「성배전설의 기사」Parsifal을 연출하는 동안 급작스레 심장 발작을 일으켰다. 그가 완전히 회복하기 전에 라트비아에서 무자비한 혁명이 일어난다. 이 혁명은 파시스트에 우호적이었고, 체홉은 다시 한 번 정치적인 이유로 정부에서 환영 받지 못하는 사람이 된다.

미샤와 제니아, 조제트 보네는 이탈리아로 옮겨간다. 체홉이 회복하는 동안 조제트는 그와 함께 이 책의 초기 형태를 잡는 일을 했다. 체홉은 건강을 되찾은 뒤 파리로 돌아와서 보네와 함께 베라 솔로비오바Vera Soloviova,[9] 안드레이 질린스키Andrei Jilinsky,[10] 그리고 다른 망명자들과 함께 <모스크바 아트 플레이어스>Moscow Art Players를 설립한다. 이 극단은 1935년 미국의 유명한 감독인 솔 휴록Sol Hurok의 초대로 미국에 간다. 체홉은 「안톤 체홉 습작의 밤」에서 여러 가지 다른 역할과 그의 대표작인 검찰관의 홀레스타코프와 「대홍수」의 프레이저 역을 연기했다. 극단 전원이 러시아어로 연기했음에도 굉장한 호평을 얻었고, 뉴욕과 필라델피아, 보스턴의 극장은 관객으로 가득 찼다. 이것은 체홉에게 개인적인 승리감을 안겨주었다.

<그룹 시어터>의 단원들이 그를 보러 왔고, 열렬히 칭찬했다. 그리고 재능 있는 미국 배우 베아트리스 스트레이트[11]가 미샤의 인생 경로를 바꾸게 된다. 그녀는 체홉의 연기에 감명을 받아서 영국 데본셔에 있는 자기 가문의 넓은 부지에 연극 센터와 학교를 만들자고 체홉을 설득한다. 베아트리스 스트레이트와 그의 어머니, 의붓아버지인 도로시, 레오나드 엘허스트Dorothy & Leonard Elmhirst는 관대한 후원자가 되어서 시골 지역에 진정한 예술 센터를 설립하자는 생각에 전념한다.

체홉은 1936년에 영어로 말하는 것을 배웠고, 달팅턴 홀에 있는 <체홉 시어터 스튜디오>에서 9개 나라에서 온 20명의 학생들과 수업을 시작했다. 3년 간의 만족스러운 시간을 보낸 끝에 체홉은 이상적인 환경 속에서 자신

---

9) 베라 솔로비오바(Vera Soloviova)는 이전에 체홉과 함께 「덤불 속의 귀뚜라미」(Cricket on the Hearth)에 출연했으며, <제2 모스크바 예술극장>에서 그와 함께 여주인공을 맡았다.
10) 안드레이 질린스키(Andrei Jinlinsky)는 <제2 모스크바 예술극장>의 주요 배우로, 이전에 체홉이 연출한 「햄릿」과 「십이야」에 출연했다.
11) 베아트리스 스트레이트(Beatrice Straight, 1918-2001): 성공적인 연기 경력을 쌓으며 브로드웨이의 토니 시상식(Antoinette Perry Award)에서 「시련」(The Crucible)으로 여우주연상을, 영화 「네트워크」(Network)로 아카데미 시상식에서 여우조연상을 수상했다.

의 연기 테크닉을 정리할 수 있는 장소를 찾았다는 것을 깨달았다. 스튜디오의 커리큘럼은 매일 반복되었는데, 체홉이 지도하는 심리 - 신체 훈련과 상상 훈련, 화술과 발성 수업, 그림과 조각을 형상화하는 미술 수업, 오이리트미[12] 수업으로 구성되었다. 체홉에게 있어 행운의 여신이었던 베아트리스는 친구이자 비서로서 헌신했고, 데어드레 허스트 뒤 프레이Deirdre Hurst du Prey[13]가 수업을 녹취했으며, 이 책의 영어 원본을 준비하는 데 값진 도움을 주었다.

이후에 체홉의 스튜디오인 <프로페셔널 시어터>Professional Theatre가 런던의 무대에 올릴 공연을 준비하고 있었는데, 정치적인 격변이 다시 한 번 미샤의 인생과 작업에 끼어들었다. 독일과의 험난한 전쟁의 기운이 영국 전체를 뒤덮었고 이런 기운을 더 이상 무시할 수 없었다. 1939년에 엘허스트Elmhirsts와 베아트리스 스트레이트는 체홉 학교를 영국에서 미국의 코네티컷 주에 있는 리지필드Ridgefield로 옮긴다.

뉴욕과 할리우드 시기

체홉의 조력자이자 절친한 친구였던 조지 쉬다노프를 포함한 달팅턴의

---

12) 오이리트미는 루돌프 슈타이너가 발전시킨, '눈에 보이는 말의 과학'이라고 부르는 움직임의 형식이다. 미하일 체홉은 1922년에 오이리트미에 관한 슈타이너의 강연을 듣고, 또 인지학(Anthroposophy, 슈타이너가 자신의 영적인 과학과 영적인 훈련 방법에 관해 붙인 이름이다.)에 대해 더 배우기 위해 중부 유럽으로 갔다.

13) 데이드레 허스트 뒤 프레이(Deidre Hurst du Prey)의 작업을 알고 있었다는 데에 깊은 감사를 전한다. 그녀 덕분에 미하일 체홉의 『전문 배우를 위한 수업』(Lessons for the Professional Actor, Performing Arts Journal Publications, NY, 1985), 『미하일 체홉: 교사를 위한 연기 테크닉 수업』(Michael Chekhov: Lessons for Teachers of His Acting Technique, Dovehouse Editions, Inc., Ottawa, Canada, 2000 by Deidre Hurst du Prey) 이 두 책이 출판되었다. 또한 데이드레 허스트 뒤 프레이는 달팅턴 홀과 각지에서 열린 체홉 강연의 녹취를 풀어내고, 기록하는 데도 많은 기여를 했다.

학생들과 선생님들 다수가 리지필드에서 작업을 함께 이어나갈 수 있었다. 곧 수업이 순조롭게 진행됐고 <체홉 시어터 스튜디오>의 배우들은 작은 리지필드 극장에서 올릴 공연을 계획하기 시작했다. 얼마 지나지 않아 브로드웨이의 전문가들이 그들을 보러 코네티컷을 방문했다.

체홉과 조지 쉬다노프는 브로드웨이 상연을 위해 도스토예프스키의 「악령」을 각색해서 공동 연출했다. 대본은 쉬다노프가 썼고 무대는 유명한 미술 작가인 M.V. 도부친스키가 맡았다. 캐스팅 명단에 베아트리스 스트레이트와 허드 햇필드Hurd Hatfield[14]가 있었다. 이 연극은 1939년 10월에 브로드웨이의 리시움Lyceum 극장에서 첫 공연을 올렸다. 이 작품은 비평가들에게는 너무 러시아적이라서 무겁고 심오하게 느껴졌고, 결국 2주 만에 막을 내렸다. 이에 체홉은 크게 실망했고, 스튜디오와 후원자들에게는 재정적인 고난을 안겨주었다.

1940년에 체홉은 러시아에서 배운 대로, 연극을 접하기 어려운 관객을 직접 찾아가는 전통에 따라서 <체홉 플레이어스>라는 이름으로 뉴잉글랜드와 미국 남부 지역에서 10,000마일에 걸친 순회공연을 했다. 처음에 이 극단은 짐마차로 여행했고, 그동안 율 브린너[15]는 무대와 소품 트럭을 운전했다. 「십이야」와 「덤불 속의 귀뚜라미」는 관객들을 즐겁게 해주었고, 지역 비평가들은 이들을 아낌없이 칭찬했다. 이듬해에 「리어왕」의 양식화된

---

14) 허드 햇필드의 작품 활동에는 수많은 브로드웨이, 영화, TV에서의 뛰어난 연기가 포함된다. 그 중에서도 오스카 와일드 원작의 영화 「도리안 그레이의 초상」의 주연으로 가장 잘 알려져 있다.

15) 이 책의 추천사를 쓰기도 한 율 브린너는 「아나스타샤」, 「카라마조프 가의 형제들」, 「파리의 백작부인」(The Madwoman of Chaillot), 「이색지대」(Westworld)를 포함해 45편 이상의 영화에 출연했다. 그가 연기한 가장 유명한 역할은 로저스 앤 해머스타인(Rogers and Hammerstein)의 뮤지컬 「왕과 나」에서 맡은 시암의 왕이다. 이 역할은 브로드웨이에서 그가 초연했고, 이후에 영화화되었을 때 그에게 아카데미 시상식에서 남우주연상을 안겨준다.

버전이 추가되었고, 포드 레이니Ford Rainey[16]가 리어 역을 맡았고, 베아트리스 스트레이트가 거너릴 역에, 다프네 필드와 메리 루 테일러[17]가 코델리아 역에 더블캐스팅되었고 허드 햇필드가 글로스터 역에, 율 브린너가 콘월 역에 캐스팅되었다.

체홉은 뉴욕에도 스튜디오를 열었고 기성 프로 배우들[18]을 위한 수업을 시작했다. 체홉은 그들과 함께 다시 새롭고 살아있는 연극을 만들 수 있게 되길 간절히 바랐다. 여기에는 그 무렵 해산된 <그룹 시어터> 단원들이 대거 포함되었다.

체홉과 쉬다노프의 공동 연출로 「십이야」가 브로드웨이에 올라갔다. 이번에는 반응이 뜨거웠다. 그러나 시기적으로 불운이 따랐다. 일본이 진주만을 공격한 1941년 12월 7일이 끼어 있는 주말에 공연을 시작한 것이다. 미국은 즉시 전쟁 국면에 들어갔고 나라가 대혼란에 빠졌다.

한 번 더 정치적인 대소동이 미하일 체홉의 예술 계획을 마비시켰다. 1942년 1월부터 3월까지 <체홉 플레이어스>는 이전에 계획했던 대로 미국 남부와 중서부에 있는 주를 순회할 수 있었다. 그러나 길 위에서의 마지

---

16) 포드 레이니(Ford Rainey)의 활동 기간은 60년이 넘는다. 그는 수 십 편의 연극과 100편이 넘는 유명한 TV 작품들을 남겼다. 그녀는 미국과 영국에서 촬영된 60편 이상의 영화를 찍었고, 그 중에서 「사랑의 B&B 호텔」(*Bed & Breakfast*, 1992)에서 콜린 듀헐스트(Colin Dewhurst)의 상대역을 맡았다.

17) 다프네 필드(Dadphne Field)와 메리 루 테일러(Mary Lou Taylor)는 나중에 허드 햇필드(Hurd Hatfield), 아이리스 트리(Iris Tree), 포드 레이니(Ford Rainey)와 이전에 체홉의 배우들이었던 다른 세 멤버와 함께 캘리포니아에서 <하이 밸리 플레이어즈>(High Valley Players)를 설립한다. 그들은 미국 서부 해안을 따라 순회공연을 했다. 필드와 테일러는 둘 다 체홉의 테크닉을 가르쳤다.

18) 참가자 중에는 마틴 리트(Martin Ritt) 감독과 피터 프라이(Peter Frye), 파울라 스트라스버그(Paula Strasberg), 모리스 카노브스키(Morris Carnovsky), 아서 프란즈(Arthur Franz), 올리브 디어링(Olive Deering), 마이클 스트롱(Michael Strong), 존 베리(John Berry), 잭 아놀드(Jack Arnold)가 있었다.

막 공연을 끝으로 리지필드의 <체홉 시어터 스쿨>은 문을 닫았다. 너무 많은 배우들이 군대에 차출되었고 재정 문제도 있었다. 체홉에게는 철저하게 자신의 테크닉으로 훈련된 배우들로 구성된 극단에서 작업할 기회가 다시는 주어지지 않았다.

스튜디오가 해체된 뒤에 미샤와 제니아는 할리우드로 이사했고, 그곳에서 체홉은 영화 「러시아 노래」*Song of Russia*의 가부장적인 시골사람 역할에 캐스팅되었다. 그는 금세 할리우드의 러시아 망명자 정착집단에 받아들여졌고, 그들이 아킴 타미로프Akim Tamiroff[19]라는 러시아 배우의 집에서 매주 체홉과 함께하는 저녁 모임을 주선해서 다른 배우와 제작자, 감독들과 음악가들을 초대했다.

이 저녁 모임은 마법 같았다. 미하일 체홉은 연극에 대해서 얘기하고 자기의 연기 테크닉과 자신이 했던 인상적인 공연을 설명했다. 때로는 미국 배우들도 끼었고, 체홉은 매력적인 즉흥극을 발전시켰으며, 그러다가 배우들이 상상의 최고조에 이르면 그제까지 자신도 알지 못했던 감정에 이르게 되었다. 어느 날 밤에 가든지, 앤서니 퀸, 개리 쿠퍼, 토마스 미첼, 비베카 린즈로스, 파트리시아 닐, 연출가 마크 롭슨, 조안 콜필드, 아이리스 트리와 동행한 페오도르 샬리아핀 주니어, 작곡가 세르게이 라흐마니노프, 바이올린 연주자 블라디미르 호로비츠 등 유명인이 모여서 참여하거나 마법 같은 경험을 증언하는 모습을 볼 수 있었다.

「러시아 노래」 이후에 미하일 체홉은 영화에 계속해서 출연했다. 이다 루피노가 출연한 「우리들의 시대에」(1944), 벤 헥트의 「장미 유령」*Specter of*

---

19) 아킴 타미로프(Akim Tamiroff, 1899-1972)는 러시아의 성격파 배우이며 100편이 넘는 영화에 출연한 베테랑 배우다. 그는 <모스크바 예술극장>에서 훈련 받았다. 1923년에 미국으로 망명을 갔다. 1943년 「누구를 위하여 종을 울리나」(*For Whom the Bell Tolls*)에서 파블로 역할로 인상적인 연기를 선보여 아카데미 시상식에 후보로 이름을 올렸다.

the Rose(1945), 「내 마음을 건너」*Cross My Heart*(1946), 「애비의 아일랜드 장미」 *Abie's Irish Rose*(1946), 「텍사스, 브루클린 그리고 천국」*Texas, Brooklyn and Heaven* (1948), 「죄수의 휴일」*Holiday For Sinners*(1952), 「초대」*Invitation*(1952), 「랩소디」 *Rhapsody*(1954)에 출연했으며, 그레고리 펙과 잉그리드 버그만과 함께 출연한 히치콕 감독의 「스펠바운드」에서 미하일 체홉은 아카데미 수상 후보에 오르게 된다.

개인적으로 내가 좋았던 점은 그가 아킴 타미로프의 집에서 보내는 매주 저녁시간을 계속 이어갔다는 것이다. 내 삶을 완전히 바꾼, 절대 잊을 수 없는 어느 날 저녁에, 나는 긴장한 채 그 집 문을 두드렸다. 작고 친절하며 세심하게 차려 입은 겸손하고, 강한 러시아 억양을 가진 남자, 바로 미하일 체홉이 문을 열어주었다. 그는 심장에서 바로 흘러나온 것 같은 따뜻함으로 나를 환영해주었고 그 따뜻함이 나를 감쌌다. 곧 그가 역할 창조의 접근법들을 보여주기 시작했다. 다소 허약하고 호리호리한 이 남자가 우리 앞에서 거인으로 변했다. 우리가 그에게 빠져들어서 보고 듣는 동안, 열정과 유머, 예술성과 연극에 대한 애정이 그에게서 퍼져 나왔고 우리 모두에게 전해졌다.

1948년에 체홉은 잉그리드 버그만과 찰스 보이어가 출연하고 루이스 마일스톤 감독이 연출한 「개선문」*Arch of Triumph*의 게슈타포 요원 역으로 캐스팅되었다. 그는 영화 작업을 이제 막 시작했을 때 두 번째 심장 발작으로 고생했으며, 그 해에 더 좋은 역할을 맡아서 할 수 없었다. 찰스 로튼Charles Laughton이 그 영화의 배역을 이어받았다.

미샤는 건강을 완전히 회복하지는 못했지만, 그래도 연기와 가르치는 일은 다시 할 수 있었다. 러시아를 떠난 뒤 처음으로 조그마한 자기 집을 마련했는데, 비버리힐즈에 있는 작은 집이었고 그는 이 경험을 소중히 여겼다. 그 곳에서 그는 개인 레슨을 했으며, 매주 한 번씩 저녁에 존경 받는 캐릭터 배우 존 데너와 존 애보트가 이끄는 연극 협회Drama Society[20]라고 불린 단체에서 선셋 스트립 근처의 스튜디오를 빌려서 강의했다. 체홉은 영화 세 작품에 더 출연했고, 마지막 작품이 엘리자베스 테일러가 주연한 「랩소디」였다.

체홉의 마지막 시기에 가장 위대하고 만족스러운 성과는 작가 - 제작자인 찰스 레오나드의 도움으로 이 책『배우에게』를 집필한 것이며, 이 책은 하퍼 앤드 로 출판사에서 1953년에 처음 출판되었다. 출판사의 요구에 따라 많은 부분이 빠져야만 했다. 이 책은 특히 미하일 체홉의 '역할 창조'에 가장 독창적으로 기여하는 심리 제스처에 높은 가치를 둔다. 체홉의 문학적 자산에 대한 유언 집행인이자 한 사람의 배우로서, 나는 특히 안드레이 말라에프 바벨의 훌륭한 논평에 대해 감사를 전한다. 미하일 체홉은 러시아어로 심리 제스처에 대한 자기 생각을 더 온전하게 설명했으며, 안드레이가 그 적용이 실질적으로 제안된 장을 번역해주었다. 체홉은 배우들을 진심으로 사랑했고, 미국의 상업 연극과 영화, 텔레비전 작업을 하면서 배우들이 어려움과 요구들에 직면할 때 마음 깊이 안타까워했다. 사실상 자연주의는 단지 한 가지 스타일일 뿐인데, 자연주의/사실주의가 좋은 연극과 좋은 연기의 주요한 평가 기준이 된 것을 한탄했다. 그러나 체홉은 자신이 선택한 일을 하기 위해 배우들이 그 스타일을 체득해야 한다는 사실을 이해했다.

---

20) 이 시기에 나와 함께 체홉의 수업을 들었던 사람들 중에서, 체홉 테크닉의 훌륭한 선생님이 두 명 더 있었는데, 바로 미국 서부의 잭 콜빈(Jack Colvin)과 동부의 조안나 멀린(Joanna Merlin)이다. 콜빈은 권위 있는 드라마로그 시상식(DramaLogue Awards)의 각기 다른 5개 분야에서 배우로서, 연출로서, 극작가로서, 제작자로서, 제작 디자이너로서 수상한 이력이 있다. 조안나 멀린은 「지붕 위의 바이올린」(Fiddler on the Roof)의 짜이텔(Tzeitel) 역으로 브로드웨이의 오리지널 캐스팅으로 데뷔한 이후에 오랫동안 성공적으로 작품 활동을 했다.

생의 마지막 2년 동안 그는 배우들이 최소한으로 주어진 시간 동안 진부하고 상투적인 표현에 빠지지 않고 진실하게 역할을 준비하는 걸 도울 수 있도록 추가적인 테크닉을 연구하는데 많은 시간을 투자했다. 체홉은 '마스터 클래스' 마지막 과정에서 이를 제안했으나, 너무 아파서 매주 열리는 수업에 참석할 수 없었다. 그래서 '마스터 클래스'는 체홉의 집에서 미리 녹화되었다.[21] 체홉은 1955년 9월 30일에 아내와 식탁에서 밥을 먹던 도중에 세 번째 치명적인 심장 발작을 일으킨다. 다행스럽게도, 그의 독창적인 생각과 테크닉은 여전히 살아서 이어지고 있다.

미래

미하일 체홉은 평생 미래의 이상적인 연극과 이상적인 배우의 비전을 발견하고, 증명하고, 이것에 관해 쓰는 데 몰두했다. 결과적으로 체홉이 일생을 건 과업의 미래는 이 책을 읽고 있는 당신과 밀접한 관계가 있다. 당신이 미래 연극의 창조자이기 때문이다.

상업화를 비롯해서 체홉이 당대 연극에 대해 개탄했던 내용의 대부분이 지금은 훨씬 더 일반적인 일이 되었다. 그는 연극이라는 예술이 그 주위에 있는 아름다움과 우아함에 대한 감각을 잃어가는 것을 지켜보았다. "우리의 연극은 건조한 사업이 되어 버렸다."고 그가 말했다. 연극이 어떤 문제도 해결하지 못하고 있다. 미래에 대해서도, 무엇이 일어날 것인지에 대해서도 관심이 없다." 그는 우리 연극이 많은 부분 현재의 순간에만 집중하고 있다고 했다. 따라서 우리가 계속 언어와 인간 행동양식을 축소하고 사소

---

21) 미하일 체홉의 마스터 클래스의 녹음 기록 「미하일 체홉: 연기술과 연극에 관하여」(*Michael Chekhov: On Theatre and the Art of Acting*)는 어플러즈 시어터 북 출판사(Applause Theatre Book Publishers)를 통해서 들을 수 있다.

한 것으로 만드는 패턴을 끊어야 한다고 주장했다. 피터 브룩이 썼던 적절한 표현을 빌리자면 '죽은 연극'의 영역에서 벗어나야 한다.

체홉은 미래 연극이 반대 방향으로, 즉 모든 것을 확장하는 방식으로 갈 것이라고 예견했다. 많은 관점과 많은 연극 스타일과, 많은 표현 수단이 사용되고 희곡의 주제는 헤아릴 수 없이 많아질 것이라는 것이다. 또한, 배우들이 자기 자신을 의식적으로 확장하는 것을 강조했으며, 연기의 도구가 되는 능력들, 심지어 다양한 공간 경험을 발전시킬 수 있는 능력까지 향상시키라고 했다.

또한 연극을 만드는 사람은 작품이 관객에게 주는 영향력에 대해서도 책임져야 한다고 생각했다. 배우는 상연되고 있는 작품이 관객들에게 인간적으로 어떤 가치를 주게 될지 묻고자 하는 의지를 가져야 한다. 훌륭한 예술가일수록 관객을 더 긍정적인 미래로 이끌어갈 수 있는 도덕적인 상상력을 발전시켜야 한다.

체홉은 기본적으로 모든 종류의 연극이 재미있어야 한다고 생각했다. 게다가 그는 연극의 황금기의 개념을 도입했는데, 거기에는 다음의 단어와 문장들이 포함된다. '영감을 주다'Inspiring, '치유하다'Healing, '키우다'Nurturing, '강화하다'Strengthening, '창조의 힘으로 바르게 사용되도록 언어를 향상시키다', '선과 악의 신비함을 관통하다', '인간의 약점과 함께 인간의 고상함을 보여주다', '관객이 악惡을 긍정적인 효과로 바꿔서 받아들이게끔 연기하다.' 등등.

체홉은 무엇보다도 우리들에게 예술가로서 자기 자신이 기대하는 미래 연극이 무엇인지 자신만의 생각을 가져야 한다고 강조했다. 우리에게 그런 생각이 분명해지면 같은 생각을 가진 사람들이 모이게 된다. 역사적으로 배우나 예술가, 엔터테인먼트 종사자가 다른 사람에게 이렇게 큰 영향력을 가진 적이 없다. 이상한 일이지만, 수많은 국민들이 정치인들이 하는 말보다도 배우가 하는 말을 더 오래, 더 집중해서 들으려 할 것이다.

다행히 많은 단체들이 예술가들을 미하일 체홉의 작업으로 인도하고 있다. 프로페셔널 시어터가 마드리드, 베를린, 뉴욕시티, 업스테이트 뉴욕에 각각 생겨났고, 체홉의 방식으로 훈련한 배우들과 작품을 만드는 앙상블 컴퍼니를 설립했다.[22] 게다가 젊은 세대 배우와 연출가들이 체홉의 테크닉을 가르치고 있으며, 이들 중 많은 사람들이 체홉의 제자에게서 직접 훈련받았다. 또한 다양한 지역에 미하일 체홉 트레이닝 센터가 있다. 런던, 로스 엔젤레스, 뉴욕, 포틀랜드, 메인[23]에도 있으며, 워싱턴 D.C., 베를린, 뮌헨, 파리, 또한 러시아, 네덜란드, 호주, 리투아니아, 이스라엘, 일본 등지에도 있다.[24]

미하일 체홉이 이 책에서 전하는 테크닉과 개념을 가지고 작업해 본 사람이라면, 이것이 우리의 인식을 얼마나 확장해주며, 예술가로서, 또 한 인간으로서 우리를 얼마나 변화시키는지를 알 것이다. 체홉은 종종 "훈련을 하면서 괴로워하지 마세요. 그냥 재미있게 하세요. 훈련이 주는 영양분을 받아들이다보면, 효과가 얼마나 쉽게 따라오는지 놀라게 될 거예요."라고

---

22) 마드리드: Teatro de la Abadia, 담당자 Jose Luis Gomez <www.Teatroabadia.com>
    베를린: Werkbühne Berlin, 담당자 Jobst Langhans와 Jörg Andreas <www.mtsb.de>
    뉴욕시티: 체홉 시어터 앙상블(NY), 담당자 Floyd Rumohr <www.chekhovtheatre.org>
    업스테이트 뉴욕: 배우 앙상블, 담당자 Ted Pugh and Fern Sloan <ActorsEnsemble@hotmail.com>
23) 런던: 미하일 체홉 센터 UK, 담당자 Sarah Kane <www.phar.com/ Chekhov.shtml>
    할리우드미하일 체홉 스튜디오 USA, 담당자 리사 달튼(Lisa Dalton), 잭 콜빈(Jack Colvin) <www.chekhov.net>
    뉴욕: MiChA, 담당자 Joanna Merlin, Jessica Cerullo <www.michaelchekhov.org>
    Chekhov Studio New York, 담당자 Lenard Petit <www.meglenium@earthlink.net>;
    Gorham, Maine: 사우스 메인 대학교 미하일 체홉 시어터 인스티튜트, 프로그램 디렉터 Wil Kilroy <kilroy@usm.maine.edu>
24) 위치와 선생님에 관한 정보는 www.Chekhov.net이나 info@chekhov.net으로 연락바람.

말했다.

  나는 당신이 체홉의 과거를 잠시 들여다볼 수 있도록 노력했다. 그의 현
재는 당신이 이 책을 들고 있는 그 손에 있다. 그리고 그가 보여주었던 미래
는? 오직 우리 각자의, 그리고 공동의 **상상의 힘**만이 그 미래를 실현시킬 수
있을 것이다.

2001년 9월

썩 훌륭하지 않은 예술가에게 찾아온 영감의 불꽃이 금방 사그
라지듯이, 모든 예술의 테크닉은 때로 쉽게 무뎌진다. 그러나 장
인의 손은 그 불꽃을 부채질하여 걷잡을 수 없는 불길로 만든다.

―요세프 야세르(Josef Jasser)

1

배우의 신체와 심리

우리의 신체는 우리에게 가장 친한 친구이거나
가장 나쁜 적이 될 수 있다.

    인간의 신체와 심리가 서로 영향을 미치며 끊임없이 상호작용을 한다는 사실은 익히 알려져 있다. 잘 발달되지 않은 신체나, 근육이 과도하게 발달된 신체는 생각의 활동을 줄이고 느낌을 무뎌지게 하며, 의지를 약하게 하기 쉽다. 어떤 분야의 직업이든지 그 일에 종사하는 사람들은 어쩔 수 없이 직업적인 버릇, 병 그리고 그에 따른 위험을 가질 수밖에 없다. 이 때문에 심리와 신체 사이의 조화나 균형을 찾기 힘들다.

    하지만 신체를 무대에서 창의적인 아이디어를 표현하는 도구로 쓰는 배우는 심리와 신체, 이 둘 사이에서 완전한 조화를 얻도록 노력해야 한다.

자신이 맡은 배역에 대해 깊이 있게 느끼고 명확하게 이해하지만, 내면의 풍부한 것들을 표현 못하고 관객에게 전달하지 못하는 배우들이 있다. 생각이나 감정은 훌륭한데, 그것이 제대로 발달되지 않은 신체에 묶여 있다. 배우들에게 있어서 연습을 하고 연기를 하는 과정은 햄릿이 말한 것처럼 '너무나도 고집스런 육체'와의 고통스러운 싸움이다. 그러나 절망할 필요는 없다. 모든 배우들이 신체의 저항 때문에 어느 정도는 힘들어 한다.

이 문제를 극복하기 위해 신체 훈련이 필요하다. 그러나 대부분의 연극 학교에서 하는 훈련과 다른 원리로 만들어져야 한다. 체조, 펜싱, 춤, 곡예, 미용체조calisthenics, 레슬링도 유용하고 훌륭한 훈련이지만, 배우라는 직업에서는 신체를 위한 특별한 훈련이 필요하다. 그 필요조건들은 무엇일까?

첫 번째로 가장 중요한 것은 심리에서 나오는 창의적 충동에 아주 민감하게 반응할 수 있는 신체이다. 이것은 순전히 신체 훈련으로만 얻어지는 것이 아니다. 심리 역시 함께 발달해야 한다. 배우는 심리에서 나오는 성질들qualities을 신체에 흡수시키고 채우고 스며들게 해야 한다. 그래서 신체는 눈에 보이지 않는 이미지, 느낌, 감정, 의지적인 충동will impulses을 감지하는 막이 되어 그것들을 수용하고 전달하는 매체가 되어야 한다.

19세기 후반부터 예술뿐 아니라 과학과 일상생활의 영역에서 물질만능주의가 팽배해왔다. 그 결과, 오직 만질 수 있는 것, 눈에 보이는 것, 삶의 현상들의 겉모습만 예술가들의 관심을 끌게 되었다.

물질만능주의의 영향으로 어쩔 수 없이 배우들은 지속적으로 예술에서 심리적 요소들을 빼고, 신체적 중요성만을 강조한 위험한 훈련을 해왔다. 따라서 신체는 비예술적인 환경 속에 깊숙하게 빠져들어 점점 활력을 잃고, 더욱 얕아지고, 뻣뻣해진다. 또 꼭두각시 같아지고 심한 경우에는 기계적인 로봇처럼 되어버린다. 독창성을 대체할 편한 방법에 매수되기 쉬워진다. 즉, 여러 가지 연극적 기교나 상투적인 것들에 안주하게 되면서, 연기에 버릇들이 쌓이고 몸이 매너리즘에 빠진다. 어쨌든 그것은 배우의 진실한 예술적 느낌과 감정, 무대 위에서 창조할 때 우러나는 참된 즐거움을 대신할 뿐이다. 게다가 현대 물질만능주의의 최면에 걸린 배우들은 무대 위의 삶과 일상의 삶을 구분하는 경계선을 무시하는 경향이 있다. 그들은 일상을 그대로 무대 위에 세우려 하고 그렇게 함으로써 예술가보다는 일상을 찍는 사진가가 되어버린다. 위험하게도 그들은 창의적인 예술가의 참된 임무를 쉽게 잊는다. 그것은 바로 삶의 외면만을 모방하는 것이 아니라, 관객으로 하여금 그 겉모습과 표면적인 의미들의 너머를 보게 하는 것, 일어나는 현상들의 이면을 보여줌으로써 삶의 모든 면들과 그 깊이를 해석하도록 하는 것이다.

예술가란, 더 정확히 말해 배우란 일반 사람들에게는 잘 보이지 않는 것들을 보고 경험할 수 있는 능력을 타고난 사람이 아니던가? 그리고 스스로 어떤 것을 보고 거기에 대해 느껴지는 자신만의 감동을 관객에게 마치 새로운 사실을 알리는 것처럼 전달하는 것이 배우의 사명이고, 즐거운 본능이지 않은가? 하지만 창의적이지 않고 비예술적인 것에 영향을 받아 신체가 표현력을 발휘 할 수 없도록 묶여 있다면 어떻게 그 일을 해낼 수 있단 말인가? 배우가 다뤄내는 악기가 신체와 음성이라면 연기에 있어서 적대적이고 해로운 방해물로부터 보호해야 하지 않을까?

차갑고, 분석적이며, 물질만능주의적인 사고는 상상을 하려는 욕구를 막아버린다. 이 치명적인 공격에 맞서기 위해서 배우는 물질만능주의적인 생활과 사고를 하도록 유도하는 것들이 아닌, 다른 성질의 자극들을 신체에 체계적으로 채우는 작업을 해야 한다. 배우의 신체는 끊임없는 예술적 충동에 계속 자극 받을 때에 최고의 가치를 지닌다. 그래야지만 더욱 다듬어지고, 유연해지며 표현력을 지니게 된다. 창의적인 예술가의 내면을 구성하는 아주 세밀한 요소들을 느끼며 반응하게 되는 것이 가장 중요하다. 배우의 신체는 내면에서 재창조되고 조형mold되어야 하기 때문이다.

훈련을 해보면 사람의 신체, 특히 배우의 신체가 심리의 고유한 가치들에 얼마나 열심히 반응하여 사용되는지 알게 될 것이다. 그러므로 배우의 발전을 위해서는 이에 맞는 심리 훈련들을 찾아내고 적용해야 한다. 처음 아홉 개의 훈련들은 이 필요를 충족시키도록 만들어졌다.

이어서 두 번째로 설명할 필요조건은 **풍부한 심리 그 자체**이다. 감각이 열린 신체와 풍부하고 다채로운 심리는 상호보완적이다. 그리고 배우가 가진 목적을 이루는 데에 그 조화는 꼭 필요하다.

이것은 관심의 반경을 계속 넓히다 보면 얻을 수 있다. 시대극, 역사 소설, 역사에 대해 읽으며 다른 시대의 사람들이 가진 심리를 생각하고 경험해보자. 그러면서 자신이 가진 현대적인 시각이나 도덕적 관념, 사회적 통념 또는 개인적인 성격, 견해와 상관없이 그들의 사고를 꿰뚫어보자. 당시의 삶의 방식과 주위 환경에 근거하여 그들을 이해하려 해보자. 어느 시대에나 인간의 성격은 바뀌지 않고 그대로일 것이라는 잘못 전해진 독단적인 관념은 버리자(언젠가 유명한 배우가 "햄릿은 나와 다를 것 없는 사람이었습니다."라고 말하는 것을 들었다! 그 순간 그는 햄릿의 성격 안으로 더 깊이 있게 들어가는데 실패했고, 내면의 나태함과 자신의 심리가 가진 한계 너머에 대해서는 관심이 부족하다는 것을 드러내고 말았다).

이와 비슷하게, 다른 나라 사람들의 심리를 꿰뚫어 보도록 하자. 그들의 구체적인 성격들, 심리적 특성들, 흥미, 그들만의 예술에 대해 알아보자. 그 나라 사람들을 구별 지을 수 있게 하는 주요한 차이점들을 찾아보자.

더 나아가 주위에 별로 마음에 들지 않는 사람들의 심리를 꿰뚫어 보도록 노력해보자. 그들에게서 이전에는 보지 못한 좋은 점, 긍정적인 면들을 찾아보자. 그들이 경험하는 것을 똑같이 경험하려 해보자. 왜 그들이 그런 행동을 하고 그렇게 느끼는지 자신에게 물어보자.

계속 객관적인 상태로 있다 보면 심리가 크게 확장될 것이다. 그런 모든 간접적 경험들이 그 무게로 인해 신체에 가라앉을 것이고 이것이 신체를 더 민감하게, 웅장하게, 유연하게 만들 것이다. 그리고 자신이 연기할 인물에 대해 연구할 때 그 인물이 가진 내면의 삶을 관통하는 능력이 날카로워질 것이다. 배우로서 보여줄 수 있는 독창성, 창의력, 기발함의 원천이 끊이지 않는 것을 먼저 발견할 것이다. 배우로서 그 인물 안의 훌륭한, 그러나 다른 사람에게는 잘 보이지 않는 특성들을 발견하게 되고 결과적으로는 관객에게까지 보여줄 것이다. 덧붙이자면 만일 삶에서나 일에서나 모든 불필요한 비판들을 절제하는 습관을 가지면 상당히 빠르게 발전할 것이다.

세 번째 필요조건은 배우에게 완전히 순종하는 신체와 심리이다. 자기 자신과의 작업에 있어서 주인이 되려는 배우는 일을 할 때 '우연히 생기는' 것을 버리고 자신의 재능에 확고한 기반을 세워야 한다. 신체와 심리를 온전히 지휘하는 것은 예술 활동을 위해 필요한 자신감, 자유, 조화를 줄 것이다. 현대의 일상생활에서 우리는 신체를 충분히 또는 적절히 사용하지 않기 때문에 결과적으로 근육의 대부분이 약해지고 뻣뻣해지며 무감각하게 된다. 이를 다시 회복시키고 탄력 있게 만들어야 한다. 이 책에서 제시한 모든 방법은 이 세 번째 필요조건을 얻도록 이끌어 줄 것이다.

이제 훈련을 실제로 해볼 것이다. 기계적으로 하는 것을 피하고 각 훈련의 최종 목표를 잊지 말자.

　　자신을 둘러싸고 있는 공간을 최대한 이용해서, 크고 넓으며, 단순한 동작을 해보자. 몸 전체를 이용한다. 충분히 힘을 가지고 움직이되, 불필요한 근육의 긴장은 피하자. 움직임은 다음과 같이 '나타나'게끔 만들어지면 된다.

　　손과 팔을 넓게 벌리고, 다리를 벌려서 자신을 완전히 **열어둔다**. 이 확장된 동작을 몇 초간 유지한다. 그리고 자신이 점점 더 커진다고 상상해보자. 다시 원 위치로 돌아온다. 똑같은 움직임을 몇 번 반복해본다. 이 훈련의 목표를 기억하면서 스스로에게 말해본다. "나는 잠들어 있는 내 몸의 근육들을 깨울 것이다. 나는 이 근육들에 생기를 불어넣어 사용할 것이다."

　　이제 가슴 위쪽으로 팔을 서로 교차시켜 양손을 어깨 위에 오도록 해 자신을 닫아본다. 한쪽 또는 양쪽 무릎을 꿇고 머리를 아래로 숙인다. 그리고 마치 주위의 공간이 점점 줄어들어 내 안에서 몸이 사라지길 원하는 것처럼, 자신이 점점 작아지며 동그랗게 말리고 수축된다고 상상한다. 그리고 자신을 둘러싸고 있는 공간이 줄어들고 있다고 상상해보자. 이 수축된 움직임은 아까와는 다른 부분의 근육들을 깨울 것이다.

　　다시 일어서서 한쪽 다리를 앞으로 딛고 몸을 앞 쪽으로 내민다. 동시에 한쪽 또는 양팔을 뻗는다. 주위 공간을 최대한 크게 쓰며 이 뻗는 동작을 똑같이 오른쪽, 왼쪽으로 해본다.

　　대장장이가 모루 위를 망치로 때리는 듯한 움직임을 해보자.

　　이번에는 좀 다르게 몸 전체를 사용한 크고 균형 잡힌 움직임을 해보자. 각각 서로 다른 방향으로 무언가를 던지는 듯한 동작을 해보

자. 물건을 땅에서 위로 들어 올리고, 머리 위로 높이 들고, 끌고, 밀고, 가볍게 던져본다. 충분히 힘을 사용하고, 적절한 템포로 움직임을 완성한다. 춤을 추려고 하지 않는다. 움직일 때 숨을 참으면 안 된다. 조급하게 하지 말고, 한 움직임이 끝나면 잠시 쉰다.

이 훈련은 자유로움과 확장된 삶에 대한 미세한 감각을 서서히 가져다 줄 것이다. 첫 번째로 소개된 이 심리적인 성질psychological qualities을 흡수할 수 있도록 감각들이 신체 안으로 가라앉게 한다.

훈련 • 2

앞의 훈련으로 크고 자유로운 동시에 단순한 동작들을 만들 수 있게 되었으면 다른 방식으로도 계속 해본다. 자신의 가슴 속에 중심이 있다고 상상한다. 그리고 모든 움직임을 만들어 내는 자극이 거기에서부터 흐른다고 상상한다. 이 상상의 중심을 내면의 힘과 내적 활동의 원천이라고 생각한다. 이 힘을 머리, 팔, 손, 몸통, 다리, 발로 보낸다. 힘, 조화, 행복감이 온몸을 관통하도록 한다. 상상의 중심에서부터 흐르는 이 에너지가 어깨, 팔꿈치, 손목, 엉덩이, 무릎에서 멈추지는 않는지 살펴보며 자유롭게 흐르도록 한다. 관절이란 신체를 뻣뻣하게 만드는 것이 아니라 그 반대로 사지를 아주 자유롭고 유연하게 움직이도록 한다는 것을 경험해보자.

팔과 다리가 가슴 안에 있는 이 중심으로부터 (어깨나 엉덩이가 아니라) 출발한다고 상상하면서 일상의 동작들을 해보자. 팔을 올리거나 내린다. 다른 방향으로 뻗는다. 걷고 앉고 일어나고 눕는다. 여러 물체들을 움직인다. 외투를 입고, 장갑을 끼고, 모자를 쓴다. 벗는다.

계속 여러 가지를 해본다. 이 모든 움직임이 가슴 속 상상의 중심으로부터 흐르는 힘에서 시작하는지 보자.

훈련을 하는 동안 이 중요한 원칙을 기억해야 한다. 가슴 속 상상의 중심으로부터 흘러나와 자신을 어느 공간으로 이끄는 이 힘은 실제로 움직임이 시작되기 전에 선행해야 한다는 것이다. 즉, 어떠한 움직임을 하고 싶다는 충동을 먼저 보내고 나서 그 후 바로 그 동작을 하는 것이다. 앞, 옆, 뒤쪽으로 걷는다면, 아예 중심을 가슴 밖으로 빼서 자신이 움직일 방향으로 신체의 몇 인치 앞에 둔다. 신체가 그 중심을 따라가도록 한다. 걸음과 모든 움직임이 부드러워지고 우아해지며 예술적이 될 것이다. 보는 사람 또한 하는 사람만큼이나 즐거울 것이다.

움직임이 완성된 후, 중심에서 나오는 힘의 흐름을 바로 끊지 않는다. 신체의 경계 밖과, 주위 공간에 잠시 동안 흐르며 발산하게 놔둔다. 이 힘은 각 움직임에 선행되어야 할 뿐 아니라, 움직임이 이 힘을 따라가야 한다. 그래야 자유로움이라는 감각이 그 힘을 받쳐주어 원하는 만큼 여러 가지 심리적인 요소들을 얻을 수 있다. 무대 위에서의 배우의 존재감이라고 불리는 이 강한 느낌을 점점 더 느낄 수 있을 것이다. 관객 앞에 섰을 때 그들의 시선에 주눅 들지 않게 되며, 예술가로서 공포나 자신감 부족으로 힘들어 하지 않게 될 것이다.

가슴 안에 있는 상상의 중심은 또한 온몸에 '이상적인' 신체의 감각을 가져다 줄 것이다. 음악가가 연주를 할 때 악기가 잘 조율 돼야만 하는 것처럼, 배우는 '이상적인' 신체를 가져야만 역할이 요구하는 모든 세부적인 특징들을 최대한 살릴 수 있다고 느낄 것이다. 가슴 속 강한 중심을 특별히 의식하거나 거기에 신경을 쓰지 않아도 될 만큼 자연스럽게 자신의 일부가 될 때까지 이 훈련들을 계속 해보자.

이 상상의 중심은 다른 목적을 위해서도 필요하다. 나중에 언급하도록 하겠다.

이전의 훈련에서처럼 온몸을 사용하여 강하고 큰 동작들을 만들어 보자. 자신에게 이렇게 말을 해본다. "나는 내 주위의 공간을 조각가처럼 조형해 볼 것이다. 내 몸의 움직임으로 주위 공기에 어떤 형태들을 새길 것이다."

강하고 뚜렷한 형태들을 만들어 보자. 그러기 위해서는 만드는 모든 동작의 처음과 끝을 생각해야 한다. 다시 자신에게 말한다. "지금부터 어떠한 형태를 만들어 내는 동작을 할 것이다." 완성한 후에는 이렇게 말한다. "다 끝냈다. 여기 그 형태가 만들어졌다." 이 연습을 하면서 자신의 신체가 움직이는 형태라고 생각하고 느껴보자. 자유로움과 즐거움이 느껴질 때까지 각각의 동작을 여러 번 반복한다. 이러한 노력은 마치 디자이너가 더 명확하고 풍부한 표현을 위해, 그리고 더 나은 형태를 얻기 위해 계속해서 같은 선을 여러 번 반복해서 그리는 일과 비슷하다. 단, 동작을 조형한다는 감각을 잃지 않기 위해서 주위의 공기를 저항물이라고 상상한다. 같은 동작을 다른 템포로도 해본다.

그런 후 이 동작들을 신체의 다른 부분들로 다시 만들어 보자. 주위의 공기를 어깨와 어깨뼈로만 조형해 보자. 그리고 등, 팔꿈치, 무릎, 이마, 손, 손가락 등으로 해보자. 이 모든 동작은 신체의 안과 밖으로 흐르는 내면의 힘과 그 힘의 감각을 지니고 있어야 한다. 근육을 불필요하게 긴장시키지 않는다. 쉽게 하기 위해 처음에는 가슴 속 중심을 상상하지 않고 한다. 그 다음에는 상상의 중심을 가지고 한다.

이제, 이전의 훈련에서처럼 단순하고 자연스러운 일상의 동작들을 할 텐데, 중심을 사용하는 동시에 강도, 조형의 힘, 형태에 대한 감각을 모두 사용한다.

여러 가지 사물들과 마주했을 때에는 힘을 사물들에게 쏟아 그것들 안에 자신의 힘이 가득 채워지도록 한다. 이 훈련은 있는 힘을 다 발휘하여 최대한 편안하게 사물들(무대 위에서 손으로 만지는 소품들)을 사용할 수 있는 능력을 길러준다. 같은 방식으로, 이 힘을 (멀리 있는) 상대방에게까지 뻗어보자. 무대 위에서 상대방과 진실하고 명확한 관계를 성립할 수 있도록 해주는 가장 간단한 방법 중 하나다. 이것은 이 테크닉에 있어서 아주 중요한 부분이며 이 책의 뒷부분에서 또 다뤄질 것이다. 자신의 힘을 마음껏 사용하라. 그 힘은 무궁무진하며, 더 많이 쏟아 낼수록 자신 안에서 더 많이 쌓이게 된다.

마무리로 손과 손가락을 각각 훈련시킨다(훈련 4, 5, 6도 마찬가지이다). 여러 가지 자연스러운 동작들을 아무거나 만들어 보자. 크고 작은 여러 물체들을 가져가고, 움직이고, 들어 올리고, 내려놓고, 만지고, 다른 위치로 옮겨보자. 손과 손가락에 조형의 힘이 채워져 있는지, 그리고 움직이면서 형태들을 만들어내는지 본다. 과장하며 움직일 필요는 없다. 처음에는 살짝 어색해 보이고 과해 보일 수 있지만 걱정하지 않아도 된다. 배우의 손과 손가락이 잘 훈련되어 있고, 살아 있는 감각을 가지고 효율적으로 사용된다면 무대 위에서 풍부하게 표현할 수 있다.

조형 동작들에 대한 충분한 테크닉을 익혔고, 그 동작들을 만드는 것이 즐거웠다면 다음과 같이 말해보자. "내가 만드는 모든 동작은 작은 예술 작품들이다. 예술가처럼 만들어 낼 것이다. 내 신체는 조형 동작들을 만들고 형태들을 창조해낼 수 있는 좋은 도구이다. 내 신체를 통하여 내면의 힘과 기운을 관객에게 전달할 것이다." 이러한 생각이 자신의 신체 깊숙이 자리 잡게 하자.

이 훈련은 무대 위에서 무엇을 하든지 형태를 계속 창조해 낼 수 있도록 도와준다. 형태에 대한 미적 감각이 발전하면, 모호하고 불확실한 형태의 동작들이나 애매한 제스처, 말, 생각, 느낌에 대하여 미적으로 불만족스럽게 느끼게 된다. 그리고 현장에서 자기 자신이나 다른 사람들이 그런 움직임들을 할 때 만족스럽지 못하다고 느낄 것이다. 모호함과 불분명한 형태는 예술에 있어서 존재할 수 없다는 것을 확실히 알게 될 것이다.

훈련 • 4

이전의 훈련에서 했던 것처럼 온몸을 사용한 넓고 큰 동작들을 반복한다. 그런 후에, 간단하고 자연스러운 동작으로 바꾼다. 마지막으로 손과 손가락으로만 연습한다.

하지만 이번에는 이런 생각으로 자신의 내면을 깨운다. "나의 움직임은 공간 안에서 흐르며 떠다닌다. 부드럽게 그리고 아름답게 하나의 동작에서 다음 동작으로 이어진다." 이전의 훈련과 같이 매 순간 동작들은 단순하고 형태를 잘 갖추고 있어야 한다. 이 동작들이 큰 파도처럼 밀려갔다 밀려오게 해보자. 이번에도 불필요하게 근육을 긴장시키지 않는다. 하지만 동작들을 약하고 모호하거나 형태와 끝이 없게 만들면 안 된다.

이 훈련을 하면서 주위의 공기가 자신을 지탱해 주는, 그리고 움직임을 스쳐 지나가는 물이라고 상상해 본다.

템포를 바꿔 보자. 중간 중간 멈춰 보자. 이 장에 있는 다른 모든 훈련들에서처럼 자신이 만드는 모든 움직임이 작은 예술 작품이라고 생각한다. 고요함, **침착함**, 심리적 온기라는 감각들이 올 것이다. 이것을 잘 유지하여 온몸 가득 채워지게 한다.

날고 있는 새를 본 적이 있다면, 다음 동작들을 쉽게 이해할 것이다. 자신의 온몸이 이 공간을 날고 있다고 상상한다. 바로 전에 했던 훈련처럼 한 동작이 다음 동작으로 넘어갈 때 형태가 무너지면 안 된다. 이번 연습에서는, 동작을 하면서 신체에 힘을 더 주거나 덜 주어도 괜찮다. 그러나 한 번에 힘을 전부 빼버려려서는 안 된다. 내면의 힘은 계속 유지해야 한다. 겉으로는 정적인 자세가 된다 하더라도, 안으로는 높게 솟아오르는 느낌을 유지해야 한다. 주위의 공기가 비행의 동작들을 받쳐 준다고 상상해 보자. 자신의 몸무게와 중력의 법칙을 이기려고 하자. 이번에는 움직일 때, 템포를 바꿔보자. 즐거움에서 오는 **가벼움과 편안함**의 감각이 온몸에 스며들 것이다.

크고 넓은 동작으로 이 훈련을 시작해 보자. 그리고 자연스러운 제스처로 넘어가 보자. 일상의 움직임을 할 때, 진실하고 단순하게 하는 것을 잊지 말자.

이전 훈련들처럼 크고 넓은 동작들로 시작한 후에, 단순하고 자연스러운 동작으로 넘어간다. 팔을 올리고, 내리고, 앞과 옆으로 쭉 뻗는다. 공간을 걷고 눕고 앉고 일어난다. 동작을 하기 전과, 하고 난 후에도 계속 공간 안에 움직임이려는 방향으로 자기 몸에서 나오는 빛을 계속 보낸다.

앉는 동작을 하고 난 후에 어떻게 계속 앉는 동작으로 이어질 수 있을 지 궁금할 수 있다. 답은 간단하다. 피곤하고 지친 상태로 앉은 적이 있는지 기억해 보자. 물리적인 신체는 이미 앉아버려서 동작을 끝냈다. 그러나 심리적으로는 앉기를 발산하면서 계속해서 '앉아 있는' 것이다. 휴식의 즐거움이라는 감각을 통해 이 발산을 경험한다. 피곤하고 지친 상태라고 상상하며 일어날 때도 마찬가지이다. 신체는 일어나길 거부한다. 그러나 물리적으로 신체가 일어나기 훨씬 전에 이미 속으로는 일어나기가 행해지고 있다. 즉, 이미 몸이 일어나 있지만, '일어나기'를 발산하며 계속해서 속으로는 일어나기를 하고 있는 것이다. 물론, 피곤하다는 것을 '연기'하거나 피곤한 척 해보라는 것은 아니다. 이 예시는 우리의 일상생활 속에서 일어날 수 있는 일들을 제시해 본 것이다. 이 훈련을 할 때는 신체가 물리적으로 정적인 자세로 끝나는 동작을 해야 한다. 그리고 발산은 모든 동작을 하기 전과 하고 난 후에도 행해져야 한다.

신체 바깥이나 신체 너머 멀리까지 발산해보자. 빛을 온몸에서부터 여러 방향으로 한 번에 보내보자. 그런 다음 몸의 여러 부분에서 보낸다. 팔, 손, 손가락, 손바닥, 이마, 가슴, 등으로부터 보낸다. 발산의 원동력을 가슴 안의 중심으로 해봐도 되고 그렇지 않아도 무방하다. 주위의 모든 공간을 발산의 빛으로 채워 보자(사실 힘을 내보내는 것과 같은 원리이나 힘보다는 더 가벼운 성질이다. 또한, 비행과 발산의 동작에 차이가 있다는 것에 주의하고 그 둘의 구분이 명확해질 때까지 계속 연습해 보자). 주위의 공기가 빛으로 채워져 있다고 상상해 보자.

자신이 실제로 발산하고 있는지, 아니면 단지 발산한다고 상상만 하는 것인지에 대한 의심으로 이 훈련이 방해 받아서는 안 된다. 정말로 빛을 보낸다는 확신을 가진다면, 점차 그 상상이 실제로 진실한 발산으로 이끌어줄 것이다.

이 훈련을 하게 된 후에는 **내면의 존재**라는 것을 인식하고 그 것이 얼마나 중요한지 알게 될 것이다. 종종 배우들은 그들 안에 있는 이 보물을 간과하거나 인식하지 못한다. 그리고 연기를 할 때 외부적인 표현 수단에만 지나치게 의존한다. 배우들이 겉으로 보이는 표현 수단만 사용한다는 것은, 자신들이 연기하는 인물들이 살아 있는 영혼을 가지고 있다는 것과 그 영혼이 강한 발산으로 확대되고 호소력을 지닌다는 것을 무시한다는 증거다. 우리의 심리 영역 내에서 발산하지 못하는 것은 하나도 없다.

우리가 또 경험할 수 있는 것들은 자유, 행복, 내면의 따뜻함이라는 감각들이다. 이 모든 느낌들은 신체를 가득 채우고, 스며들어 더욱 더 신체를 섬세하게, 민감하게, 살아 있게 한다(**발산**에 대한 부가적인 설명은 이번 장 끝 부분에 있다).

조형molding, 흐름floating, 비행flying, 발산radiating의 네 동작들을 완전히 익혔고 손쉽게 할 수 있다면 상상으로만 다시 해보자. 실제로 몸을 움직였을 때 느꼈던 심리적, 신체적 감각들이 상상으로 할 때도 똑같이 느껴질 때까지 반복한다.

모든 위대한 예술 작품에서 항상 발견되는 것이 있다. 예술가가 자신의 창조물에 부여한 네 가지 특성들이다. 편안함Ease, 형태form, 아름다움Beauty, 전체Entirety가 그것이다. 이 네 가지 성질들은 배우 역시 발전시켜야 한다. 배우의 신체와 언어는 무대 위에서 사용할 수 있는 유일한 도구이기에 위의 특성들을 반드시 가지고 있어야 한다. 신체는 그 자체로 예술품이 되어야 하며 이 네 가지 성질들을 지니고 내면에서 경험해야 한다.

편안함의 성질을 먼저 다루어 보자. 연기를 할 때, 무거운 움직임과 딱딱한 언어는 관객들을 실망시키고 심지어 반감을 사게 된다. 예술가에게 있어서 무거움이란 비창조적인 힘이다. 무대 위에서 주제로서 존재할 수 있을지는 몰라도 연기의 방식으로서는 절대 아니다. "무엇보다도 가벼운 터치가 예술가로 만들어 준다."라고 에드워드 에글스턴Edward Eggleston, 미국 소설가이 말했다. 다시 말해, 무대 위 인물의 행동이 무겁고 어색하며 언어가 어눌할 수 있으나, 연기하는 예술가 자신은 언제나 표현의 수단으로 가벼움과 편안함을 사용해야 한다. 무거움조차도 가벼움과 편안함으로 표현해야 한다. 무엇을 연기하느냐(주제, 인물)와 어떻게 하느냐(방법, 연기하는 방식) 사이의 구별을 배운다면 인물의 특성과 예술가 자신의 특성 사이에서 헷갈리지 않을 것이다.

편안함은 신체와 정신의 긴장을 풀어준다. 즉, 유머와 비슷하다. 어떤 코미디언들은 유머러스한 표현을 위해 무거움의 수단에 기댄다. 예를 들어, 얼굴을 붉히고, '우스꽝스러운' 표정을 짓고, 몸을 일그러뜨리며 성대를 혹사시킨다. 하지만 웃음을 유발하는 데 실패한다. 다른 코미디언들은 같은 무거운 장치들을 사용해도 편안함과 능숙함을 가지고 성공적으로 해낸다. 말하자면, 한 멋진 광대가 땅에 '무겁게' 떨어지지만 예술적 우아함과 편안함을 가지고 연기해서 웃음이 터져 나오게 하는 것과 같다. 비할 데 없는 최고의 예시는 바로 찰리 채플린이나 그록[25]과 같은 광대다. 그들은 무거운 그로테스크의 이면에 있는 가벼움의 방식을 보여준다.

편안함의 성질은 이미 익숙해져 있을 비행과 발산의 동작들을 연습하면 얻어질 것이다.

형태의 느낌 역시 중요하다. 작가가 멍하고 나태하게 묘사한 인물을 맡거나 형태의 느낌이라고는 전혀 없이 불분명한 말을 하고 더듬기까지 하는 갈팡질팡하며 혼란스러운 인물을 연기해야 할 때가 있다. 그러나 그런 인물은 '무엇을 연기하는가'라는 주제로서만 다뤄져야 한다. 예술가가 어떻게 연기할 것인지는 형태의 느낌이 얼마나 완벽하고 확실하게 자신 안에 있는지에 달려있다. 분명한 형태를 얻기 위한 노력은 위대한 장인들의 덜 끝난 작업이나 스케치에도 명백하게 보인다. 윤곽이 뚜렷한 형태를 만드는 능력은 예술가들이 자신의 작업을 할 때 언제나 더 발전시킬 수 있고 반드시 그래야 한다.

조형의 동작을 만드는 훈련은 **형태**의 성질을 얻는 데 많은 도움이 될 것이다.

그렇다면 **아름다움**은? 아름다움이란 여러 심리 - 신체적인 요소들이 복

---

25) 그록(Grock): 유명한 스위스의 희극배우 ―옮긴이 주

합되어 나오는 결과이다. 이것은 분명하다. 단, 미美에 대한 훈련을 할 때 아름다움을 분석적으로, 간접적으로 경험하려 해서는 안 된다. 순간적으로, 직관적으로 해야 한다. 아름다움을 단지 많은 요소들의 융합이라고 이해하는 것에서 그치는 배우는 혼란에 빠지고 잘못된 훈련을 하게 된다.

미美에 대한 훈련을 시작하기 전, 좋은 면과 나쁜 면, 옳고 그름, 양면을 다 봐야 한다. 아름다움에는 긍정적인 면도 있지만 그늘에 가려진 면도 있다. 대담함이 덕이라면 경솔하고 무의미한 허세가 부정적인 면일 것이다. 신중함이 긍정적인 면이라면 보이지 않는 공포는 부정적인 면이다. 그 외에도 많다. 아름다움에 대해서도 마찬가지이다. 진정한 미美는 인간 내면에 뿌리를 가지고 있는 반면에 거짓된 미美는 외면에만 있다. '과시'는 미美의 부정적인 면이며 감상주의, 달콤함, 자기애, 허영심 역시 그렇다. 어떤 배우는 아름다움의 느낌을 단지 자신의 표면적인 광택과 얇은 겉치레를 위해 발전시킨다. 배우의 목표는 아름다움의 느낌을 예술적으로 얻는 데에 있어야 한다. 자신의 미적 감각에 조금이라도 자만심을 가지고 있는 배우는 위험하다.

이런 질문이 나올 수 있다. "내 창조물이 아름다워야 한다면서 어떻게 혐오스러운 상황과 역겨운 인물을 연기할 수 있을까? 이 아름다움이라는 것이 내 표현력을 없애버리지 않을까?" 원칙에 의하면, 이번에도 답은 무엇을what과 어떻게how를 구분하고, 주제와 그 주제를 연기하는 방식을 구별하며, 인물이나 상황을 예술가와 구분하는 것이다. 예술가는 잘 발달한 아름다움에 대한 감각을 가지고 있고, 훌륭한 안목을 가지고 있다. 아름다움이 결핍된 방식으로 무대 위에서 혐오스러움을 표현한다면 관객들의 신경을 거스르게 할 것이다. 그런 연기의 효과는 심리적이기보다는 생리적인 것이다. 그럴 때에 예술이 주는 행복감이 마비가 된다. 그러나 미적으로 잘 연기된 불쾌한 주제, 인물, 상황은 관객을 여전히 즐겁게 하고 감동시키는 힘이 있다. 그 아름다움은 혐오스러움이라는 주제를 추상적인 상으로 변화시키며 그 원형을 어렴풋이 드러내서 흐릿하게 나타낸다. 그리고 관객의 신경을 거스르지 않으며 관객의 마음과 정신에 크게 나타난다.

좋은 예시가 있다. 딸들에게 악담을 퍼붓는 리어왕의 대사이다. 생각해보면, 그 대사들은 아름다움의 영역에 속하지는 않는다. 그러나 내용면으로볼 때 전체 연극에서 가장 아름답게 보여야 할 부분으로 만들어야 한다. 여기서 우리는 셰익스피어가 천재적으로 굉장히 불쾌한 주제를(무엇을) 아름다운 방식을 사용해(어떻게) 다루는 것을 볼 수 있다. 이 고전적인 예시가여러 설명보다도 연극적인 아름다움의 사용과 의미에 대해 말해준다.

이것을 기억하며 **아름다움**에 대한 다음 훈련들을 시작해보자.

훈련 • 8

인간(육감적인 것은 제쳐두고)과 예술과 자연 속에서 여러 가지 종류의 아름다움을 발견해 보자. 애매모호하고 사소한 아름다움일지라도 말이다. 그리고 자신에게 물어보자. "왜 이것이 나에게 아름다움으로 다가올까? 형태 때문에? 조화로워서? 진실해서? 단순해서? 색 때문에? 도덕적 가치? 힘? 부드러워서? 중요해서? 독창성 때문에? 기발해서? 이타적이어서? 이상적이어서? 지배적이어서?" 등.

시간이 오래 걸리고 인내심을 요구하는 관찰을 해보면 진정한 아름다움을 느끼는 감각과 훌륭한 예술적 미각이 점차 섬세해지는 것을 발견할 것이다. 마음과 신체가 아름다움으로 쌓이고, 어디에서든 미를 발견할 수 있다. 또한 이것이 습관이 될 것이다. 그럼 다음 훈련을 할 준비가 된 것이다.

이전에 한 것처럼, 크고 간단한 동작들로 시작한다. 내면에서부터 불러일으켜지는 아름다움을 가지고 한다. 아름다움이 몸 전체에 스며들고 심미적인 만족이 느껴지기 시작할 때까지 계속 한다. 거울 앞에서 하는 것은 피하자. 거울을 보며 하게 될 경우, 표면의 아름다움에 치중하게 된다. 이 훈련의 목적은 깊숙한 내면에서 아름다움을 발견하고 느낄 수 있게 하는 것이다. 춤을 추는 동작도 피하자. 그 후에, 가슴 안에 있는 상상의 중심을 가지고 움직여 본다. 조형, 흐름, 비행, 발산의 네 가지 동작들을 쭉 해보자. 몇 마디 단어들을 내뱉어보자. 그리고 일상의 단순한 동작을 해보자. 일상생활 속에서도 추한 움직임이나 말은 조심스레 피해보자. 아름다워 보이고 싶어 하는 유혹은 뿌리친다.

이제 배우의 예술에 내재하는 네 가지 성질 중 마지막인 전체를 보자. 배우가 이전의 장면에서 무엇을 했으며 이후의 장면에서는 무엇을 할 것인가를 무시하고, 등장과 퇴장 사이의 순간들을 전체와 관계없이 따로 떨어뜨려 연기한다면, 그 배우는 자신이 맡은 역할을 완전하게 또는 전체로 이해하거나 해석할 수 없다. 각 부분을 전체에 연결시키는 데 실패하거나 그런 능력이 없으면 관객이 보기에 조화롭지 못하고 극을 이해할 수 없게 된다.

그러나 처음이나 첫 등장부터 이미 마지막 장면을 연기하는(연습하는) 자신의 모습을 볼 수 있다면, 반대로 마지막 장면을 연기하면서(연습하면서) 처음 장면을 기억한다면 맡은 역할 전체를 세세하게 잘 볼 수 있다. 마치 조금 높은 관점에서 바라보는 것처럼 말이다. 각 부분 안의 세부적인 것들을 잘 통합된 전체로서 파악할 수 있는 능력은 모든 것을 포함한 전체 안에서 조화롭게 섞인 작은 독립체들을 세밀하게 연기할 수 있도록 해준다.

연기에 있어서 이 전체의 느낌이 주는 새로운 성질들은 무엇일까? 자기 인물의 핵심요소들을 직관적으로 드러내게 되고 사건의 큰 흐름을 따르며 관객의 관심을 끌게 된다. 연기는 더 단단해질 것이다. 또한 시작부터 헤매지 않고 인물을 잡는데 도움을 줄 것이다.

하루에 있었던 일들을 되새겨 보자. 그 중에서 몇 가지 일들이 시작되고 마무리된 시간들을 골라보자. 그것들이 연극 안의 장면들이라고 가정해 보자. 처음과 끝을 정한다. 각각이 하나의 독립된 장면들로 떠오르는 동시에 서로 연결되어 전체를 이룰 수 있도록 계속 반복하여 떠올린다.

이번에는 자신의 과거에서 조금 더 긴 부분을 가지고 해보자. 마지막으로 자신의 계획, 이상, 목표 등과 연결하여 미래도 예측해 본다.

역사적 인물들의 삶과 운명 또는 연극 작품을 가지고도 해보자.

그 다음에 눈앞에 놓인 것들로 (식물, 동물, 건축물, 풍경 등) 시선을 돌린다. 그것들을 각각 하나의 완전한 형태들로 본다. 그 대상의 어떤 부분들을 명확하고 작은 그림들로 분리시킬 수 있는지 찾아보자. 그 부분들이 영화의 한 장면이나 사진처럼 액자 안에 들어가 있다고 상상해 보자.

듣는 것으로도 같은 연습을 할 수 있다. 음악을 들으며 각각의 구절을 독립된 구성단위로 받아들인다. 하나의 작은 단위에서 전체로 이

어질 때 일어나는 변화는 한 연극 작품에서의 분리된 장면들이 전체로 연결될 때와 같은 원리이다.

이 훈련을 다음과 같이 마무리 한다. 주위 공간을 두 부분으로 나눈다. 무대 밖을 상징하는 공간에서 무대를 상징하는 공간으로 들어가 보자. 상상의 관객들 앞에 나타나는 순간을 시작으로 설정한다. '관객' 앞에 가만히 서서 마치 연기를 하듯이 한 줄이나 두 줄 정도의 대사를 하자. 그리고 '무대'를 떠나는 순간을 명확한 끝이 되도록 한다. 등장과 퇴장의 모든 과정이 하나의 전체를 이루게 한다.

처음과 끝에 대한 민감한 감각은 전체라는 느낌을 발달시킬 수 있는 한 방법이다. 다른 방법은 자신이 맡은 인물이 연극 전체에 걸쳐 일어나는 어떠한 변화에도 중심은 변하지 않는 인물이라고 여기는 것이다. 더 자세한 설명은 이 책의 심리 제스처와 공연의 구성이라는 장에서 또 다뤄질 것이다.

발산에 대한 보충 설명이다.

무대 위에서 발산한다는 것은 주는 것, 보내는 것이다. 반대는 받는 것이다. 진실한 연기란 이 둘 사이의 끊임없는 교류이다. 따라서 무대 위의 배우가, 또는 연기하는 인물이 수동적인 순간은 없다. 그렇게 되면 관객의 집중을 흐릴 위험이 커지고 심리적인 공백이 생긴다.

이제 배우가 (인물이) 어떻게, 왜 발산하는지 알게 되었다. 하지만 무엇을 언제, 어떻게 받는가? 상대 배우의 존재감, 행동, 대사를 받을 수 있다. 또한 극에서 제시한 일반적인, 또는 구체적인 상황들을 받을 수도 있다. 그리고 내면에서 발견한 분위기, 사물들 또는 사건도 받을 수 있다. 요약하면, 그 순간이 어떤 의미를 갖고 있는지에 따라 인물에게 주어지는 모든 느낌과 인상을 받는다.

배우가 언제 받고 언제 발산하는지는 장면의 내용, 연출의 제안, 배우의 자유로운 선택, 또는 이 모든 것의 조합으로 결정된다.

어떻게 수용이 이루어지고 느껴지는지에 관해서는 단순히 무대 위에서 보고 듣는 것 이상의 문제라는 것을 기억해야 한다. 받는다는 것은 가장 큰 내면의 힘으로 그 상황 안에서 사물이나 사람, 또는 사건들을 자신에게 끌어당긴다는 것이다. 상대 배우들이 이 테크닉을 몰라도 자신의 연기를 위해서는 언제나 수용을 멈추면 안 된다. 그런 노력이 직관적으로 상대 배우들을 깨울 것이며 협업을 고무시킬 것이다.

이렇게 해서, 첫 아홉 가지 훈련들을 통해 배우의 테크닉에서 기초적인 네 가지 필요조건을 위한 기반을 만들었다. 제시된 심리 활동 훈련들을 하면서 내면의 힘, 발산하고 수용하는 능력, 형태에 대한 섬세한 감각, 자유로움, 편안함, 고요함과 아름다움의 느낌을 향상시키며, 내면의 존재inner being에 대한 중요성을 경험하고, 전체 안에서 부분과 과정들을 보는 법을 배울 수 있다. 충분한 시간을 가지고 이 훈련들을 하면, 우리가 배운 모든 특성과 그 외의 능력들이 신체에 스며들어 신체를 더 훌륭하고 섬세하게 만들 것이다. 또한 심리를 풍부하게 하는 동시에, 현 단계에서 배우는 것들을 완벽히 숙달할 수 있게 해줄 것이다.

2

이미지의 통합과 상상

> 그것이 아닌 그럴지도 모르는 것이 창조를 위한 영감을 준다.
> 실제가 아닌 가능성이 말이다.
> —루돌프 슈타이너

저녁이다. 많은 일들, 생각, 경험, 행동, 말을 했던 긴 하루가 지나고 지친 마음을 쉬게 한다. 눈을 감은 채로 조용히 앉는다. 어두컴컴한 마음의 눈앞에 나타나는 것은 무엇인가? 하루 동안 만난 사람들의 얼굴, 목소리, 행동, 성격이나 유머러스한 특징들을 되짚어 본다. 다시 거리를 달리고 익숙한 집들을 지나고 거리의 신호들을 본다. 기억 속에서 잡다하게 섞인 이미지들을 수동적으로 따라간다.

자기도 모르게 오늘이라는 경계 안으로 다시 돌아온다. 그리고 상상 속에서 천천히 과거의 영상들이 떠오른다. 잊어버렸거나 불완전하게 기억하는 소망, 몽상, 삶의 목표, 성공과 실패가 사진들처럼 마음속에 나타난다. 지나간 하루의 기억과는 다른 것들이다. 그 기억들을 다시 되짚어보면 살짝 달라져있다. 그러나 여전히 불러낼 수는 있다. 주의와 집중을 훨씬 더 기울여 마음의 눈으로 따라가 본다. 그 기억들에는 상상의 흔적이 더해져서 원래의 기억들과 달라지게 된다.

더 많은 일이 일어난다. 과거의 영상에서 여기 저기 모르는 이미지들이 튀어나온다! 창조적 상상의 순수한 결과물들이다. 나타나고 사라지며 다시 돌아오고 새로운 사람들을 데려온다. 곧 이미지들은 서로 관계를 형성한다. 그 이미지들이 '연기'하고 '공연'하기 시작하는 것을 보는 것은 흥미롭다. 빠져들어서 지켜본다. 지금까지 몰랐던 이미지들의 삶을 따라간다. 낯선 공기, 분위기에 흡수되고 이 상상 속으로 온 손님들의 사랑, 증오, 행복, 불행에 빨려 들어간다. 마음이 완전히 깨어나고 활발히 움직인다. 자신의 기억은 점점 희미해진다. 새로운 이미지들이 훨씬 강해진다. 새 이미지들이 각각 독립된 삶을 갖고 활동을 하고 있다는 사실이 흥미롭다. 불러내지 않아도 나타난다는 것이 놀랍다. 마지막으로 이 새로운 것들은 일상의 기억이 가진 단순한 기억보다 더 예리한 그림들을 보여준다. 어디에서 나왔는지 모르는 이 멋진 손님들은 모든 감정을 가지고 각자의 삶을 살고 있으며, 공감을 불러일으킨다. 이미지들과 같이 울고 웃게 한다. 마술에 홀린 듯, 이미지들과 같이 되고 싶다는 이룰 수 없는 갈망을 상기시킨다. 이미지들의 대화에 끼어든다. 이제 이미지들과 함께 있다. 원하는 행동을 한다. 수동적인 마음의 상태에서 그 이미지들로 인해 창조적인 사람이 된 것이다. 이것이 상상의 힘이다.

배우들과 연출가들은 다른 창의적인 예술가들처럼 이 힘에 대해 잘 알고 있다. "난 언제나 이미지들에 둘러싸여 있다."라고 막스 라인하르트(독일의 연출가)가 말했다. 디킨스는 아침 내내 올리버 트위스트가 오길 기다리며 서재에 앉아 있었다고 했다. 괴테는 영감의 이미지들이 "우리가 왔다!"라고 외치며 자발적으로 나타나는 것을 관찰했다. 라파엘은 그의 방 안에서 어떤 이미지가 지나가는 것을 보았는데 바로 그의 작품인 성모상이었다. 미켈란젤로에게는 이미지들이 자신들을 그대로 바위에 조각하라고 강요했고, 이것을 그는 아주 힘들어했다.

창조적 이미지들이 독립적이며 스스로 변한다 해도, 아무리 풍부한 감정과 욕구가 있다 해도, 연기를 할 때 그 이미지들이 완전하고 완벽한 모습으로 올 것이라 기대하면 안 된다. 절대 그렇게 오지 않기 때문이다. 이미지들을 완성시키기 위해서, 그리고 만족할 만큼의 표현력을 갖추기 위해서 배우의 적극적인 협조가 필요하다. 무엇을 해야 할까? 친구에게 질문을 하듯, 그 이미지들에게 질문해야 한다. 때로는 엄격한 명령을 내려야 한다. 그 명령과 질문들로 인해 이미지들은 변하고 완성되는 동시에 내면의 눈으로 보이는 답을 줄 것이다. 예를 들어 보자.

「십이야」에서 말볼리오 역을 맡는다고 가정해 보자. 말볼리오가 '올리비아로부터' 왔다고 생각하는 알 수 없는 편지를 받은 후, 정원에서 그녀에게 어떻게 다가갈지 고민하는 순간이다. 이런 질문을 던지기 시작하자. "말볼리오, 어떻게 저 정원의 문으로 들어가 너의 '사랑스러운 여인'에게 미소를 띠며 다가갈지 보여줘." 이 질문에 말볼리오의 이미지가 바로 행동에 옮길 것이다. 멀리서 지켜보자. 그는 나중을 위해 편지를 망토 안에 빨리 숨긴다! 목을 쭉 빼고, 심각한 얼굴로 올리비아를 찾는다. 저기 있다! 미소를 지으며 얼굴이 망가진다! 그녀가 이렇게 쓰지 않았는가? "당신은 웃을 때 정말 멋져요. . . ." 그러나 그의 눈이 웃고 있는가? 아니다! 놀람과 동시에 불안감이 보이며 경계하는 눈빛이다! 두 눈이 미친 사람의 가면 속에서 밖을 응시하고 있다! 아름다운 걸음, 자신의 걸음걸이가 신경 쓰인다! 노란 양말 위에 무릎에서 교차되는 가터를 둘렀다. 멋지고 매혹적이다. 그런데? 마리아다! 저 거슬리고 성가신 인간이 장난기 가득한 눈으로 쳐다보고 있다! 웃음이 사라지며 다리에 대해 잊어버린다. 무릎이 자기도 모르게 살짝 굽혀진다. 온몸이 다시 그다지 젊어 보이지 않는 상태로 돌아간다. 그의 눈에 증오가 비친다! 시간이 없다. '사랑스러운 여인'이 기다리고 있다! 망설임 없이 그녀에게 사랑과 열정의 신호를 보내야 한다! 망토를 조이고 빠른 걸음으로 다가간다! 천천히, 비밀스럽게, 매혹적으로 '그녀의' 편지 한 귀퉁이가 망토 안에서 살짝 나온다. . . . 그녀가 그것을 보았을까? 아니다! 그의 얼굴을 보고 있다! 아, 미소! 잠시 잊었으나 그녀가 인사를 할 때 다시 지어 보인다.

"말볼리오, 어쩐 일이신가요!"
"아름다운 아가씨, 안녕하세요!"
"웃고 계시네요."

말볼리오의 짤막한 이 '연기'가 무엇을 주었는가? 앞서 한 질문에 대한 답을 제시했다. 그러나 여기에 만족하지 못할 수 있다. 무언가 맞지 않아 보일 수 있다. 그 '연기'가 별로 재미있어 보이지 않는다면 더 질문을 해본다. 말볼리오가 그 순간에는 좀 더 품위 있어야 하지 않을까? 그의 '연기'가 너무 희화화 되지는 않았는가? 너무 늙지는 않았나? 그를 좀 더 측은하게 '보아야' 하지 않을까? 아니면 이 순간에 그는 일생동안 원한 것을 얻었다는 생각에 마음이 흔들리고 거의 미칠 지경까지 갈 수 있다. 아마 광대와 같아 보일 수도 있다. 아니면 더 늙고 채신없어야 할까? 그의 정욕이 더 강조 되어야 할까? 아니면 아마도 유머러스한 인상을 주기 위해 외면을 부각시켜야 할지도 모른다. 순진무구하고 천진난만한 아이를 닮는다면? 완전히 정신이 나간 상태인가, 아니면 절제할 수 있는 정도인가?

맡은 역할에 대해 연구할 때 이런 많은 질문들이 떠오를 것이다. 이제 이미지와 함께 공동 작업을 시작한다. 원하는 대로 (또는 연출의 해석에 맞게) 맡은 인물에게 새로운 질문들을 하고 서로 다른 여러 방식의 연기를 명령하며 인물을 구축하고 이끌어 나간다. 질문거리를 찾아내는 눈이 이미지들을 변화시키고 계속해서 점차 만족스러운 상태로 만들 것이다. 그 결과, 감정이 불러 일으켜지고, 연기하고 싶은 욕구가 타오를 것이다!

이런 방법으로 하다보면 인물에 대한 연구와 구축을 더 깊게 (그리고 더 빨리) 할 수 있다. 이 짧은 '연기'를 '보는' 것이 아닌 생각만 하는 것에 그치지 않을 것이다. 딱딱한 이성은 상상을 없애버린다. 분석적인 마음으로 임할수록 느낌은 메말라가고, 의지는 약해지며 영감을 얻을 기회는 적어진다.

대답을 얻지 못하는 질문은 없다. 물론, 모든 질문에 대한 답이 금방 나오는 것은 아니다. 더 난해한 질문들도 있다. 예를 들어, 극 안에서 자신의 인물과 다른 인물들 사이의 관계에 대해 묻는다면 확실한 답이 빨리 나올 수 없다. 여러 관계들 사이에 있는 자신의 인물을 볼 때까지 때로는 몇 시간, 또는 며칠이 걸릴 수 있다.

여러 훈련을 통해 상상력을 강화시킬수록 이런 감각이 내면에서 생겨날 것이다. "내 마음의 눈으로 보는 이미지들은 일상에서의 주위 사람들처럼 각자의 심리를 가지고 있다. 그러나 한 가지 차이점이 있다. 일상에서는 사람들의 표정, 움직임, 제스처, 목소리, 말투 이면의 것을 보지 않고 외면만 봄으로써 사람들의 내면을 잘못 판단할 수 있다. 하지만 나의 창조적 이미지들은 그렇지 않다. 그 이미지들이 가진 내면은 잘 보이게 열려 있다. 그들의 모든 감정, 느낌, 열정, 생각, 목표, 가슴 깊은 곳의 욕망이 잘 드러난다. 나의 이미지, 다시 말하자면 상상으로 연구하는 나의 인물이 가진 외면을 통해 그 내면도 본다."

더 자주 그리고 더 주의 깊게 그 이미지를 들여다볼수록, 인물을 연기하는 데에 필요한 내면의 느낌, 감정, 의지를 더 빨리 깨운다. '보는 것'looking과 '보게 되는 것'seeing을 연습하기 위해서는 유연하고 잘 가다듬어진 상상이 필요하다. 미켈란젤로는 모세상을 만들 때 모세의 근육, 수염의 물결, 옷의 주름도 '보게 되었지만'saw, 근육, 혈관, 수염, 옷의 주름과 전체적으로 균형 잡힌 작품을 만들게 한 내면의 힘도 '보게 되었다'. 레오나르도 다 빈치는 이미지의 불같은 내면을 '보게 되자' 고뇌에 빠졌다. 이것은 상상이 주는 가장 가치 있고 중요한 기능 중 하나다. 고뇌를 승화시키도록 하는 것이다. 느낌을 '쥐어짜지' 않아도 된다는 것을 알게 될 것이다. 이미지들의 내적 심리를 '보게 되는' 법을 터득하자마자 그 느낌들이 자신의 내면에서 힘 들일 필요 없이 저절로 나오게 된다. 모세의 외면을 만들어낸 내면의 힘이 미켈란젤로에게 '보였던' 것처럼 인물이 가진 내면을 '보고' 경험하면 무대에서 사용할 수 있는 더 새롭고, 독창적이며, 정확하고, 알맞은 외적 표현 수단을 얻게 될 것이다.

체계적인 훈련으로 다듬을수록 상상력은 더 유연해지고 민첩해진다. 이미지들이 더 빠르게 끊임없이 나올 것이다. 빠른 속도로 형태가 생겼다가 사라질 것이다. 느낌이 생겨나기 전에 사라져버릴 수 있다. 일상생활에서보다 더한 의지력을 가져야만 눈앞에 나타난 이미지들이 오래 머물게 될 것이다. 느낌을 불러내고 영향력을 발휘할 수 있을 때까지 말이다.

덧붙여, 의지력이란 무엇일까? 바로 집중의 힘이다.

이런 질문이 나올 수 있다. "극 안의 모든 인물들이 명확하고 공감하기 쉬운 현대 자연주의naturalistic 연극을 연구하는데 왜 고통을 감내하면서까지 상상력을 발달시켜야 하는가? 작가가 제시한 모든 행위, 상황, 대사가 명백한데도?" 이 질문에 대한 이의를 조심스레 제기하겠다. 희곡이라는 형식으로 작가가 내놓은 것은 작가의 것이지 배우의 것이 아니다. 작가의 재능으로 만들어진 것이다. 그렇다면 배우는 작가의 작품에 무엇을 기여할 것인가? 극 안의 인물들이 가진 심리적 깊이를 발견하는 것이 반드시 필요하다. 우리 눈에 뚜렷하게 파악되거나 우리가 쉽게 꿰뚫어 볼 수 있는 사람은 없다. 진정한 배우는 자기가 연기하는 인물의 겉 표면만 훑거나 자신의 주관적이고 틀에 박힌 매너리즘으로 그 인물을 해석하지 않는다. 오늘날 그런 관행이 주도적이라는 것을 잘 안다. 어떤 영향을 주게 될지 모르겠지만 이 점에 관한 나의 견해를 자유롭게 펼치고자 한다.

자신의 '성격'personality이라는 범위 내에 배우 자신을 묶어두고 가두어 예술가가 아닌 노동의 노예로 만드는 것은 범죄 행위나 다름없다. 배우의 자유는 어디에 있는가? 자신의 독창성과 창의성을 어떻게 사용할 수 있을까? 왜 관객 앞에서 꼭두각시가 되어 줄에 묶인 채로 같은 움직임만 반복하도록 강요당하는가? 아무리 현대의 작가, 관객, 비평가들, 심지어 배우 자신들조차 배우-예술가를 비하하는 데에 익숙해졌다 하더라도 말이다.

배우를 이렇게 대하는 관행에서 나오는 결과들 중 가장 실망스러운 것은 배우가 무대 밖에서보다 무대 위에서 더 지루한 사람이 되어버린다는 것이다(연극을 위해서는 그 반대가 훨씬 더 낫다). 자신의 '창조물'이 자신만큼 가치 있지 않다. 매너리즘만을 이용하여 상상력이 부족해지며 연기하는 모든 인물들이 자기 자신과 똑같아진다.

창조를 한다는 것은 발견을 하고 새로운 것을 보여준다는 것이다. 그러나 틀에 갇힌 배우의 매너리즘과 진부함 속에 어떻게 참신성이 있을 수 있을까? 모든 진실한 배우의 깊숙한 곳에 숨겨진 갈망, 특히 역할을 통해 자신을 표출하고 자아를 내세우고자 하는 욕구가 사라진 것만 같다. 자기의 상상력보다 매너리즘에 안주하라고 부추기는데 어떻게 그것을 이룰 수 있겠는가? 창의적 상상은 예술가가 인물에 대해 자기만의 개성 있는 (따라서 언제나 독창적인) 해석을 나오게 하는 주요 통로 중 하나다. 만일 그 창의적 상상으로 인물 내면의 삶에 깊게 들어가지 않거나 그럴 능력이 없다면 어떻게 창의적 개성을 표현할 수 있겠는가.

이에 대한 반대 의견들을 충분히 예상한다. 반대한다는 것은 최소한 이 문제에 대해 사고하고 있다는 신호일 것이다. 그럼에도 불구하고, 이 논쟁을 중재해줄 말한 것이 있다. 그것은 바로 상상의 힘이다. 아래에 제시한 훈련들을 시작하자. 이 훈련들을 통해 맡은 역에 대해 얼마나 깊게 파고들 수 있는지, 평범하고 지루하고 뻔해 보였던 인물들이 얼마나 복잡하고 흥미롭게 다가오는지, 얼마나 많은 새로운 인물들이 어떤 예상치 못한 심리적 특성을 보여주는지, 그 결과로 지루했던 자기 연기가 점점 바뀌는 것을 보고 경험하면 마음이 바뀔지도 모른다.

훈련 • 10

자신과 깊게 관련되지 않은 (직접 경험한 것이 아니며, 사적인 감정이 들어가지 않은) 단순한 사건 몇 개를 기억해보자. 최대한 자세하게 기억한다. 흐름이 깨지지 않도록 기억에 집중한다.

동시에 마음의 눈앞에 제일 처음으로 나타나는 이미지를 잡는 훈련도 해보자. 책을 꺼내 임의로 페이지를 연다. 단어 하나를 읽고 어떤 이미지가 떠오르는지 본다. 이러한 훈련이 자신을 추상적이고 무미건조한 관념에 가두지 않고 상상을 할 수 있도록 도와줄 것이다. 창의적인 예술가들에게 추상적인 관념들은 거의 필요가 없다. 연습을 하고 난 후에는 '그러나', '그리고', '만일', '왜냐하면' 등의 모든 단어들이 특정한 이미지들을 떠올리게 할 것이며 그 중 몇은 이상하거나 아주 멋질지도 모른다. 이 이미지들에 잠시 집중해 보자. 그런 후에 다시 새로운 단어들을 가지고 같은 방식으로 연습해 보자.

다음 단계로 넘어간다. 하나의 이미지를 떠올린 상태에서 그 이미지가 움직이고 변하고 말하는 등 스스로 어떤 '행동'을 할 때까지 바라보며 기다린다. 각각의 이미지는 각자 **독립적인 삶**independent life을 가지고 있다. 이 삶에 개입하지 말고 최소 몇 분간은 그냥 따라가 보자.

다음 단계이다. 다시 이미지 하나를 만들고 그 이미지가 자신의 삶을 만들어낼 때까지 기다린다. 그리고 잠시 후에, 질문을 던지거나 명령을 하며 개입하기 시작한다. "어떻게 앉고 일어나는가? 어떻게 걷는가? 어떻게 계단을 올라가고 내려가는가? 어떻게 다른 사람들을 만나는가?" 등을 계속 해보자. 만일 그 이미지가 너무 강해지거나 통제 불능에 가까워질 때 (종종 이렇게 된다) 질문을 명령으로 바꾼다.

심리로 들어가는 질문이나 명령으로 진행해 보자. "절망적인 때는 어떤 상태가 되는가? 기쁠 때는? 친구를 따뜻하게 맞이하라. 적을 만나라. 의심해보라. 사려 깊게 행동해 보라. 웃어보라. 울어보라." 이와 비슷한 질문과 명령을 더 많이 해보자. '보고' 싶어 하는 것을 보여줄 때까지 계속해서 같은 질문을 반복해도 좋다. 원하는 만큼 이 훈련을 반복한다. 이미지들이 가지고 있는 독립적인 삶에 개입 할 때, 다른 여러 상황들을 줘보기도 하고, 외면의 모습을 바꾸라고 명령도 해보고, 다른 일들이 생기게 해볼 수도 있다. 몇 번 정도 자유롭게 바뀌도록 내버려 둔 후, 그 위에 다시 지시를 내려 보기도 한다.

연극 작품에서 한 명이나 두 명 정도의 인물이 나오는 짧은 장면을 고른다. 상상으로 이 인물들과 여러 번 그 장면을 반복해 보자. 인물들에게 여러 질문을 해보고, 몇 가지 제안도 해보자. "이 장면의 분위기가 다르다면 어떻게 행동할 것인가?" 서로 다른 분위기들을 제시해 보자. 반응을 보고 이렇게 지시한다. "이 장면의 템포를 바꾸라." 좀 더 절제를 하거나 반대로 제약 없이 자유롭게 그 장면을 해본다. 어떤 느낌은 강하게, 어떤 느낌들은 약하게 하도록 요구하고 그 반대로도 해보게 한다. 사이pause를 새로 넣거나 없애기도 해보자. 미장센, 인물의 행동, 그 외에도 다른 해석을 만들어 낼만 한 것들을 바꿔보자.

이런 훈련으로 맡은 역에 대한 연구를 할 때 창조적 이미지와 **공동작업**을 하는 법을 배우게 될 것이다. 한편으로는 (이미지로서의) 인물이 주는 제안을 받아들이는 데 익숙해 질 것이며, 다른 한편으로는 질문과 지시를 하며 자신이 (또는 연출이) 원하는 것을 완벽하게 이룰 수 있도록 이끌고 다듬게 될 것이다.

다음 단계로 이미지의 외면을 뚫고 내면으로 들어가는 것을 배워보자.

일상에서 주위 사람들을 가까이 주의 깊게 관찰할 수는 있지만, 보통 그들의 내면까지 관통하지는 않는다. 명확하게 보이지 않는 심리가 언제나 있다. 우리가 발견하지 못하는 비밀들은 항상 있다. 반면에 자신의 이미지들은 그렇지 않다. 그 이미지들은 우리에게 비밀을 숨기고 있지 않다. 왜 그럴까? 아무리 새롭고 예기치 못한 이미지라 할지라도 결국에는 자신의 창조물이기 때문이다. 이미지들이 가진 내면의 경험은 모두 창조자의 것이다. 물론 자신의 창의적 상상을 사용하기 전에는 보이지 않았던 감정, 느낌, 소망이 드러날 수 있다. 하지만 그 삶들이 얼마나 깊은 잠재의식에서 나오든 분명 자신의 것이다. 그 이미지들이 주는 감정, 소망, 느낌 등에 영향을 받을 때까지 지켜보는 훈련을 하자. 즉, 이미지들이 느끼고 바라는 것들을 자신이 똑같이 바라고 느끼게 될 때까지 말이다. 이러한 방법은 힘들고 고통스럽게 감정을 '짜내지' 않아도 자신의 느낌을 깨우고 타오를 수 있게 해준다. 간단하고 적절한 순간들로 시작한다.

다음으로 상상의 유연성을 발전시키는 훈련으로 넘어간다. 이미지를 고르고 자세히 관찰한다. 그리고 천천히 다음 이미지로 변형시킨다. 예를 들면, 한 젊은 남자가 나이가 들어가는 것 또는 그 반대가 될 수 있겠다. 어느 식물의 싹이 천천히 자라서 가지가 많고 커다란 나무가 된다. 겨울의 풍경이 점점 봄, 여름, 가을로 변화한다.

환상 속의 이미지로 같은 훈련을 해보자. 마법의 성을 볼품없는 오두막으로 변신시킨다. 그 반대로도 해본다. 늙은 마녀가 아름답고 어린 공주가 된다. 늑대가 멋진 왕자로 변한다. 그러고 나서 영상으로도 해본다. 기사들의 경기, 불타는 숲, 흥분한 군중, 춤추는 남녀들이 있는 무도회장, 바쁜 공장 등. 그 영상에서 나오는 소리와 말을 들어보자. 집중이 끊이지 않도록 한다. 중간 단계 없이 다음 단계로 바로 건너뛰면 안 된다. 이미지는 마치 영화처럼 부드럽게 계속 흐르며 변화해야 한다.

다음으로 스스로 어떤 인물을 만들어보자. 구축을 시작하고 세밀하게 다듬는다. 며칠 또는 몇 주 동안 질문을 하며 확실한 답을 얻어낸다. 다른 상황이나 환경을 주고, 반응을 본다. 특징적인 성격이나 특이점을 더 발전시킨다. 말을 시켜본다. 감정, 소망, 느낌, 생각이 이끄는 대로 따르게 한다. 이 인물의 내면이 자신의 내면에 영향을 주도록 한다. 인물의 '제안'을 수용하며 같이 발전시켜도 좋다. 극적이거나 희극적인 인물들을 만들어 보자.

이렇게 하면 자신의 이미지가 강해져 어느 순간 마음속에서 그 이미지들을 **통합**하게 되고, 그것을 연기해보고 싶은 마음이 커질 것이다. 짧은 장면일지라도 말이다. 그런 마음이 강해지면 거부하지 말고 원하는 만큼 **자유롭게** 연기해보자.

이미지를 통합하고자 하는 마음이 생긴다는 것은 좋은 신호다. 이것은 **통합 테크닉**이라는 훈련을 통해 체계적으로 구축될 것이다.

훈련 • 11

간단한 몇 가지 동작들을 상상해 보자. 예를 들어, 팔을 올리기, 일어나기, 앉기, 물건을 집어 들기 등이 있다. 이 동작들을 먼저 상상으로만 한 다음, 실제로 몸을 움직여 해본다. 될 수 있는 한 상상했던 동작대로 정확하게 해보자. 직접 해보았을 때, 상상했던 동작과 다르다고 생각되면, 다시 상상으로 한 후에, 상상과 똑같이 일치할 때까지 반복한다. 상상한 동작의 아주 세밀한 것까지 신체가 따를 수 있도록 한다. 점점 더 복잡한 동작이나 행동으로 이 훈련을 계속한다.

이 훈련을 희곡이나 소설의 인물로 해볼 수 있는데, 먼저 간단한 동작, 움직임, 심리 상태로 시작한다. 상상 속에서 그 이미지가 몇 단어들을 말하도록 한다. 인물의 느낌을 자신도 느낄 때까지 최대한 자세히 집중하여 인물을 연구한다. 그리고 나서 그 새로운 그림들을 가능한 정확하게 통합해 본다.

통합할 때, 간혹 자신이 발견했거나 만든 것에서 벗어날 수 있다. 이것이 통합하는 동안에 일어나는 갑작스러운 영감의 결과라면, 긍정적이고 즐겁게 받아들이자.

이 훈련은 자신의 신체, 음성, 심리를 생생한 상상과 연결시킬 수 있는 고리를 차차 만들어 줄 것이다. 그렇게 되면 표현의 수단이 유연해져 자신이 원하는 대로 사용할 수 있을 것이다.

연기하려는 인물에 대한 작업을 할 때, 먼저 내면의 눈에 보이는 특성들 중 가장 눈에 띄는 특징 하나를 고르자. 그렇게 하면 모든 이미지를 한번에 삼키듯 통합하려 할 때 스트레스를(배우라면 너무 잘 아는!) 느끼지 않는다. 목을 조여 오는 이 스트레스 때문에 창의적인 노력이 쓸모없어지고, 진부하고 오래된 연기 버릇으로 되돌아가 버린다. 신체, 음성, 모든 심리적 요소들은 단시간에 자신이 생각한 그림에 맞춰지지는 않는다. 자신의 이미지를 차근차근 살펴본다면 문제될 게 없다. 이 방법은 자신의 표현 수단을 조심스럽게 변화시키며 작업에 필요한 준비를 시킨다. 단계를 밟아갈수록 구축하려는 인물 전체를 더 잘 통합할 수 있다. 따로 떨어진 특징들을 통합하려하는 시도를 몇 번 한 후에 예상치 못하게 그 인물이 스스로 완전히 통합하는 단계로 건너가는 때도 있다.

인물을 통합할 때 훈련이든 공연에서든, 이전에 못 본 것들, 맞닥뜨리게 되는 새로운 행동, 상대의 연기, 연출이 요구한 템포, 예상치 못한 상황들을 상상 속에 더해보자. 다시 상상으로 연구한 장면을 실제로 '연습'하자. 그리고 다시 통합의 과정을 거친다.

이미지를 통합하는 훈련들은 신체를 발달시키는 데도 효과적이다. 강하고 정교한 이미지들을 통합하는 과정은 예술적 느낌, 감정, 의지가 몸 안에 스며들며 내부에서부터 신체를 조형하기 때문이다. 따라서 이전에 말한 것처럼 신체는 더욱 '민감한 막'이 된다.

상상의 힘과 이미지 통합 테크닉을 발전시키는 데에 의식적으로 더 많은 시간과 노력을 들일수록 자신도 모르게 무의식적으로 상상이 움직이는 날이 올 것이다. 굳이 생각하려 하지 않아도 밤에 숙면을 취할 때나 꿈을 꿀 때 저절로 인물들이 구축될 것이다. 또한 더 정밀한 영감의 순간들이 훨씬 더 자주 찾아올 것이다.

상상에 대한 훈련을 요약하자면 이렇다.

1. 가장 먼저 떠오르는 이미지를 잡는다.
2. 그 이미지가 가진 독립적인 삶을 따라간다.
3. 질문을 하고 지시를 내리며 이미지와 공동 작업을 한다.
4. 이미지의 내면까지 들어간다.
5. 상상의 유연성을 발전시킨다.
6. 온전히 자기 스스로 인물들을 창조해본다.
7. 인물들을 통합하는 테크닉에 대해 연구한다.

3

즉흥과 앙상블

진실한 공감을 통해 즉흥적인 앙상블로 결속된 예술가들만이
이타적인 공동 창작의 즐거움을 누릴 수 있다.

이전 장에서 말했듯 모든 진정한 예술가들의 궁극적인 목표는 자신을 자유롭고 완벽하게 표현해 내는 것이다. 어떤 분야의 예술가이든 말이다.

우리 모두는 삶에 대한 각자의 신념, 세계관, 이상, 윤리적 태도를 가지고 있다. 깊게 뿌리 내려져 있고 때로는 의식하지 못하는 이 신조들은 개인의 독창성과 자유로운 표현에 대한 큰 갈망으로 구성되어 있다.

자신들을 표현하고자 하는 심오한 사상가들은 자신들만의 철학적 체계를 만든다. 이처럼 자기 내면의 신념들을 표현하고자 하는 예술가는 자신

의 예술 형식을 도구로 사용해 즉흥적으로 표현해 낸다. 배우의 예술도 물론 마찬가지다. 배우의 강한 갈망과 궁극적 목표 역시 자유로운 즉흥이라는 도구로 채워질 수 있다.

만일 배우가 단지 작가가 제공한 대사를 말하고 연출이 지시한 '행동'에 자신을 가두어 독창적으로 즉흥할 기회를 찾지 않으면 그 배우는 다른 사람이 만든 창작물의 노예나 남의 것이 되어버린다. 작가와 연출이 이미 배우를 위해 다 만들어주었으니 자신의 창조적 독창성을 사용해 자유로운 표현을 할 수 있는 여지가 없다고 생각한다면 오산이다. 불행히도 요즘 많은 배우들이 이런 태도를 보인다.

모든 역은 배우에게 즉흥의 기회와 작가, 연출과 협력하여 진정한 공동 작업을 할 기회를 제공한다. 물론 연출이 제안한 행동에서 벗어나고 새로운 대사를 즉흥으로 만들어내라는 것은 아니다. 오히려 그 반대다. 주어진 대사와 행동은 배우의 즉흥성을 발달시킬 수 있는, 발달시켜야만 하는 확고한 기반이다. 어떻게 대사를 말하고 어떻게 행동을 수행하는지는 넓은 즉흥의 평야로 가는 열린 문과 같다. 대사와 행동을 '어떻게' 하는가는 자신을 자유롭게 표현할 수 있는 길이다.

뿐만 아니라 대사들과 행동들 사이에 수많은 순간들이 있는데, 이때 훌륭한 심리적 전환을 만들어낼 수 있고 자신의 예술적 독창성을 보여주는 연기를 할 수 있다. 맡은 인물의 아주 미세한 특징까지 해석하면 즉흥의 범위가 넓어진다. 자기 자신처럼 연기하거나 낡고 진부한 해석에 안주하는 것을 거부하는 것부터 시작해야 한다. 자신의 역이 '뻔한' 인물이라는 생각에서 벗어나 인물에 섬세한 성격 부여 작업characterization을 한다면 이는 즉흥으로 가는 도움닫기가 될 것이다. 무대 위에서 계속 새로 무언가를 발견하며 변화의 즐거움을 느껴보지 못한 배우는 창조적 즉흥의 진정한 의미를 알기 어렵다.

배우가 즉흥 능력을 기르고 즉흥성을 끊임없이 샘솟게 하는 원천을 자신 안에서 발견한다면 그 즉시 지금까지 알지 못했던 즐거운 자유와 내면의 풍부함을 느끼게 될 것이다.

다음에 나오는 훈련들은 즉흥을 위한 활동들이다. 제시된 것처럼 간단명료하게 해보자.

훈련 • 12 개별 작업

즉흥 연기를 시작하기 전, 시작과 끝이 어떤 순간이 될 것인지 결정한다. 그 순간들이 확실한 행동으로 이루어져야 한다. 예를 들어, 시작할 때 강하고 확신에 찬 목소리로 "그래!"라고 말하며 의자에서 빠르게 일어난다. 끝을 맺을 때에는 누워서 책을 편 후에 조용하고 한가롭게 읽기 시작한다. 또는 밖으로 나갈 것처럼 서둘러 일어나 코트를 입고, 모자를 쓰고, 장갑을 끼는 것으로 시작해서, 눈물을 흘릴 정도로 우울하게 앉는 결말을 맺어본다. 또, 두려움과 근심으로 창문을 바라보고 커튼 뒤로 몸을 숨기다가, 창문에서 갑자기 떨어지며, "그가 또 왔어!" 하고 소리를 지른다. 결말은 아주 행복하고 재미있는 분위기로 피아노를 친다(실제로 혹은 상상으로). 이처럼 시작과 끝이 대조적일수록 더 좋다.

선택한 두 순간들 사이에 무엇을 할 것인지 미리 상상하려 하지 말자. 처음과 끝을 엮는 논리적으로 타당한 이유나 동기를 찾으려고 하지 말자. 되는 대로 해본다. 즉흥을 잘하려고 미리 생각해 고르지 말고, 머릿속에 즉각적으로 떠오르는 두 가지 상황을 해본다. 처음과 끝이 그저 대조적이기만 하면 된다.

주제나 줄거리를 정하지 말자. 시작과 끝의 분위기나 느낌 정도만 정하라. 그리고 순수한 직관이 이끄는 순간으로 따라가 본다. 시작을 "그래"라고 말하고 일어나는 것으로 한다면, 느낌과 감정, 분위기를 따라가 자유롭고 자신감 있게 '연기'하기 시작한다.

그리고 시작에서 끝으로 넘어가는 중간 부분은 전부 즉흥으로 채워질 부분이다.

즉흥을 할 때, 다음 순간은 이전 순간의 심리적인(논리적인 것이 아닌!) 결과로 이어간다. 따라서 사전에 주제를 생각하지 않고, 시작에서 끝까지 즉흥으로 이어 가본다. 이렇게 하다 보면 서로 완전히 다른 감각들, 감정들, 기분, 욕망, 내적 충동, 행동business을 경험하게 될 것이다. 모두 즉각적으로 자신이 발견한 것들이다. 어쩌면 분개하고, 수심에 잠기고, 짜증이 날지도 모른다. 무관심과 유머와 유쾌함의 단계들을 경험하게 될 수도 있다. 아니면 아주 큰 동요 속에서 편지를 쓰거나 누군가에게 전화를 거는 등의 행동을 할 수도 있다.

즉흥 연기를 하는 동안 어떤 순간의 기분이나 우연히 마주치는 것들은 모든 가능성과 기회를 열어준다. 특정한 심리와 행동business에 안주하지 않고 변화를 촉발하는 '내면의 목소리'에 귀 기울이자. 즉흥성이 주는 영감에 완전히 자유롭게 내맡긴다면, 잠재의식이 그 누구도, 심지어 자기 자신도 예상치 못한 것들을 제안할 것이다. 상상 속에 존재하는 결말로 갈 때, 방향을 잃고 끝도 없이 헤매는 것이 아니라 자신도 모르게 계속해서 그 곳으로 이끌려 갈 것이다. 마치 앞을 안내해 주는 조명처럼 당신의 앞을 어렴풋이 보여줄 것이다.

매번 새로운 시작과 새로운 끝을 설정하여 이 방법대로 연습해 보자. 자신감이 생기고, 더 이상 시작과 끝 사이에 무엇을 해야 할지 궁리하며 멈출 필요가 없을 때까지 해본다.

도대체 왜 이 연습에서 시작과 끝을 처음부터 분명히 정해야 하는지 궁금해 할 수 있다. 왜 그 중간의 즉흥 부분은 내키는 대로 흘러가도 되지만 시작과 끝에서 무엇을 하는지와 신체와 기분의 상태는 설정되어야 하는가? 그 이유는 즉흥에서의 진정한 자유란 항상 불가피한 필요요소necessity에 기반을 두기 때문이다. 그렇지 않으면 독단적으로 흘러가거나 망설이게 돼서, 오히려 악화될 것이다. 행동을 촉발하는 확실한 시작이나 그것을 완결하는 확실한 끝이 없다면 정처 없이 방황만 할 것이다. 자유로움은 시작 지점이나 방향, 혹은 도착지가 없으면 무의미하다.

연극 연습을 할 때면 배우의 자연스러운 즉흥 활동과 능력을 요구하는 수많은 '필요요소'들과 맞닥뜨리게 된다. 플롯, 대사, 템포, 작가와 연출가의 의견, 다른 출연 배우들의 연기 등이 자신이 채워야 하는 필요요소와 즉흥의 길이를 결정한다. 그러므로 실전에서 요구하는 상황을 대비해 자신을 준비시키고, 적응시키기 위해 비슷한 필요요소들과 한계를 설정하면서 훈련을 더해나간다.

처음에는, 정확한 시작과 끝과 함께 각각의 대략적인 시간을 정한다. 길이는 필요요소 중 하나다. 혼자 할 경우 한 즉흥 장면에 5분이면 충분하다.

다음은 시작과 끝 지점과 더불어 즉흥의 중간 부분 어딘가에 또 하나의 지점(필요요소)을 더하자. 이것 역시 시작과 끝처럼 명확한 행동, 명확한 느낌, 기분 혹은 감정이 있어야 한다.

이제 그 두 지점을 가로질러 갔던 방법대로 시작 지점부터 중간 지점까지, 그리고 중간 지점부터 끝 지점까지 가보자. 단, 전에 했던 시간보다 길지 않게 한다.

잠시 후, 또 하나의 지점을 아무 곳에나 더한다. 그리고 바로 전에 소비한 시간과 비슷한 길이로 이 네 지점을 거치며 즉흥 연기를 펼친다.

시작과 끝 사이에 계속해서 이런 지점들을 더하며 가본다. 일관성을 가지려거나 논리적으로 선정하려고 하지 말고 무작위로 고른다. 즉흥적 심리에 맡긴다. 변형을 할 때마다 새로운 시작과 끝을 만들지 않는다.

이와 같이 단계별로 충분히 많은 지점들을 만들고, 서로 만족스럽게 연결시켰다면 또 다른 방법으로 새로운 필요요소들을 도입하기 시작한다. 첫 부분은 느린 템포로 연기해보고 마지막 부분은 빠른 템포로 해보는 것이다. 또 분위기를 정해 특정 부분만, 아니면 처음부터 끝까지 그 분위기를 유지해본다.

이제 움직임의 특성이라는 필요요소를 더할 수 있다. 조형과 흐름, 비행과 발산의 움직임을 하나 혹은 여럿을 사용한다. 또는 다양한 인물을 만들어 시도해 볼 수도 있다.

나중에는 즉흥이 행해지는 명확한 주위 환경을 상상할 수 있다. 관객의 위치를 정하고 비극인지 정극인지, 희극인지 소극인지도 정할 수 있다. 시대극일 때는 선택한 시대에 맞는 상상 속의 의상을 입고 연기한다. 이 모든 것들이 추가적 필요요소로서 자유로운 즉흥 연기에 많은 도움이 될 것이다.

하지만 이 모든 새롭고 변화무쌍한 필요요소들에도 불구하고, 분명한 패턴을 가진 플롯이 자신의 즉흥에 천천히 스며들 것이다. 이것을 피하려면 잠시 시간을 둔 후, 시작과 끝을 뒤바꾸어보자. 나중에는 중간에 설정한 지점들의 순서도 바꿀 수 있다.

변화를 주는 요소들이 고갈되었다면 새로운 시작과 끝을 포함한 여러 필요요소들을 새로 만든다. 그리고 이전과 마찬가지로, 플롯은 계획하지 않는다.

이 훈련의 목표는 즉흥성을 가진 배우의 심리를 발전시키는 것이다. 개수에 상관없이 모든 종류의 필요요소들을 즉흥에 적용하며 이 심리를 유지한다. 이후에 리허설을 하거나 무대 위에서 연기할 때 작가와 연출이 준 대사와 행동business, 주어진 모든 상황들, 심지어 극의 플롯마저도, 이 훈련을 하며 발견한 필요요소들처럼 그것들이 방향을 제시하고 이끌어준다고 느낄 것이다. 훈련과 실전 사이에서 큰 차이를 느끼지 못할 것이다. 이렇게 해서 연극적 예술이란 끊임없는 즉흥에 불과하다는 확신을 갖게 될 것이다. 배우가 무대 위에서 즉흥에 대한 권리를 빼앗기는 순간은 없다. 즉흥성을 가진 배우의 정신을 유지하는 동시에 주어진 모든 필요요소를 충실히 완수할 수 있다. 자유와 풍부한 내면에 대한 감각, 그리고 단단한 자신감이라는 새롭고 만족스러운 감각이 이 모든 노력에 대한 보상이 될 것이다.

즉흥 능력을 위한 훈련은 두 사람, 세 사람 혹은 그 이상의 앙상블로도 할 수 있으며 그렇게 하는 것이 좋다. 이때, 혼자 하는 것과 원칙은 같지만 고려해야 하는 중요한 차이점이 있다.

연극이라는 예술은 집단 예술이다. 아무리 재능 있는 배우라고 해도 스스로를 앙상블과 파트너들로부터 고립시킨다면 온전히 자신의 즉흥 실력을 발휘하지 못한다.

무대 위에서는 모두가 함께 공유하는 충동들impulses이 많다. 극의 분위기나 스타일, 잘 된 공연, 훌륭한 무대 같은 것들 말이다. 그렇지만 진정한 무대 위의 앙상블은 이런 뻔한 협동 이상의 것을 필요로 한다. 배우는 다른 배우들의 창의적 충동들을 감지하는 감성을 발전시켜야 한다.

즉흥성을 가진 앙상블은 끊임없는 주고받음의 과정을 갖는다. 눈짓, 멈춤, 새로운 혹은 예상치 못한 억양, 움직임, 한숨, 혹은 미세한 템포의 변화 등, 파트너가 주는 작은 힌트 하나라도 창의적 충동이 될 수 있으며 서로를 즉흥으로 초대할 수 있다.

그룹 즉흥 연기를 시작하기 전에 구성원들은 준비 훈련으로 앙상블의 느낌을 발전시키는 데에 주력해 보자.

그룹 내의 각 구성원들은 최대한의 진정성을 갖고 다른 모든 구성원들을 향해 마음을 열기 위해 노력한다. 각각의 존재를 인식한다. "마음을 열자"고 자신에게 말한다. 그리고 마치 친한 친구들 사이에 있는 것처럼 옆에 있는 모두를 받아들이자. 이 과정은 1장에서 설명한 수용과 같다. 훈련을 시작하며 각 구성원들은 스스로에게 이렇게 말한다.

창의적 앙상블은 개인으로 구성되어 있고 스스로를 개인성이 사라진 다수로 여겨서는 안 된다. 나는 이 공간에 있는 모든 사람들 개개인을 인식하고 마음속에서 그들 각각의 정체성을 인식한다. 따라서 여기 내 동료들 사이에 있으면서 나는 '그들' 또는 '우리'라는 포괄적 개념 대신, '그와 그녀, 그리고 그녀와 나.'라고 말할 것이다. 나는 이 활동을 함께 할 사람들로부터 오는 세세한 인상까지도 받아들일 준비가 되어 있다. 그리고 나는 모든 것에 즐거운 마음으로 반응할 준비가 되어 있다.

그룹 내의 구성원들에게서 단점이나 마음에 들지 않는 특성들은 눈 감아주고 대신에 그들의 매력이나 좋은 점들을 발견하게 될 것이다. 부 자연스러움이나 어색함은 피하기 위해 너무 길게 하거나 감성적인 응 시, 너무 친근한 미소나 다른 불필요한 요소들이 개입하지 않게 한다.

상대에 대한 따뜻한 태도가 자연스럽게 생길 것이다. 그룹 내에서 겉돌거나 애매한 느낌에 잠겨버리면 안 된다. 이 훈련은 상대와 심리 적으로 견고하게 연결되기 위한 방법이다.

서로 내적으로 단단하게 연결되면 다음 단계로 간다. 연속으로 할 단순한 동작을 계획한다. 공간을 조용히 걷기, 뛰기, 가만히 서있기, 장소를 바꾸기, 벽 쪽에 자리 잡기, 중앙으로 모이기 등이 될 수 있다. 세 개에서 네 개의 명확한 동작이면 충분하다.

시작할 때 아무도 어떤 동작을 할지를 지시 받지 않는다. 각 참여 자들은 새롭게 훈련한 '열기'를 통해 그룹의 모두가 함께 하기를 원하 고 같이 하기로 합의한 동작들을 예측한 후 수행한다. 한 명 또는 전 체가 몇 번 정도 잘못 시작할 수 있다. 그러나 점점 공통된 동작이 동 시에 나올 것이다.

이러한 추측이 내적으로 일어나는 동안 그룹 구성원들의 계속적인 관찰은 조용하고 내밀하게 이뤄진다. 관찰이 더 날카롭고 세밀해 질수 록 더 잘 수용한다. 이 훈련의 목적은 모든 구성원들이 미리 짜거나 힌 트를 주는 것 없이 동시에 같은 동작을 고르고 수행하는 것이다. 성공 하고 못하고는 중요하지 않다. 이 훈련의 가치는 자신을 다른 사람들에 게 열려는 노력과 항상 상대를 관찰하는 배우의 능력을 강화하는 데에 있다. 따라서 앙상블 전체에 대한 세심함이 커질 것이다.

그룹의 구성원들이 이 훈련을 통해 서로 친밀하게 연합된다는 느낌을 받으면 다음 단계인 그룹 즉흥 연기를 시작한다. 개인 훈련과는 다르다. 이번에는 주제가 정해지는데 대강 윤곽만 잡혀진 포괄적 주제이다. 몇 개의 제안만 제시하고 그룹은 자유로운 형식으로 즉흥 연기를 한다. 공장에서 일하기, 우아한 무도회장이나 집에서 하는 파티에 참석하기, 기차역이나 공항에서 떠나거나 도착하기, 도박장 습격에서 잡히기, 외식하기, 축제에서 즐겁게 놀기 등의 주제가 있다. 주제를 선택하면 그룹은 주위 환경에 대해 합의를 한다. 문, 테이블, 작업대, 오케스트라, 대문 등 주어진 주제와 관련 있는 특정한 장소를 무대로 설정한다.

그리고 '역할을 분배'한다. 이야기나 사건의 전개를 미리 정하는 것은 허용되지 않는다. 개인 훈련에서처럼 시작과 끝, 처음의 행동 business과 그에 맞는 분위기 외의 것들은 미리 말하지 않는다. 또한 이 즉흥 연기의 대략적인 길이도 합의해야 한다.

너무 많은 대사를 하지 말자. 대화를 독점하지도 말자. 그러나 자연스럽게 나오는 말이나 필요한 말은 해도 좋다. 좋은 대사나 많은 대사를 만드는 일은 배우의 몫이 아니므로 상황과 역에 맞는 완벽한 대사를 만들려는 노력 때문에 집중이 흐려지면 안 된다. 자신의 말이 문학적인 가치가 없고 어색하게 들린다 해도 이 훈련의 의미가 없어지는 것은 아니다.

모두가 세심함을 지니고, 서로에게 열려 있고, 단합되어 있다 해도 처음 그룹 즉흥 연기를 할 때 혼란스러울 가능성이 크다. 그러나 모두 상대로부터 많은 인상을 받게 될 것이다. 각자 서로 주어진 상황을 발전시키고 창조하려는 의도를 갖고 모두가 상상하는 장면의 분위기와 개념을 느끼고 추측하려는 것을 보게 될 것이다. 또한 의도를 표현하지 못하거나, 이야기 구성에서 빗나가거나, 상대 배우에게 집중하지 못하는 실패들도 경험하게 될 것이다. 그러나 실패에 대해 토론하지 말고 같은 즉흥 연기를 한 번 더 해본다. 이번에도 그룹이 이룬 단합과 서로 간의 연결에 의지하며 간다.

두 번째로 할 때는 더 정확한 형태를 띠고 표현 못했던 의도들이 살아날 것이다. 이런 노력을 계속 반복해 이 즉흥 연기가 잘 연습된 짧은 극처럼 보이게 될 때까지 해본다. 대사, 행동business, 상황 등이 반복 될 수 있겠지만 모두는 각자 즉흥성을 지닌 예술가의 심리를 유지해야 한다.

되도록 반복을 피하고 같은 상황을 다르게 할 수 있도록 해 보자. 이전에 했을 때 얻었던 가장 좋은 성과를 반복하고 싶겠지만 '내면의 목소리'가 어떤 순간에서 더 극적인 행동business이나 예술적인 해석, 상대 배우들에 대한 다른 태도를 요구할 때 주저하지 말고 이전의 것을 버리고 변형시킨다. 자신이 가진 취향, 습득한 요령이 어떤 것을 바꿔야 할지, 이야기 구성의 발전과 앙상블 전체를 위해 언제, 무엇이 준비되어야 할지 알려줄 것이다. 따라서 한편으로는 이기심을 버리게 되고 다른 한편으로는 예술적 자유와 소망을 추구할 수 있게 된다.

계속 반복하더라도 처음과 끝은 항상 명백하고 **정확해야** 한다.

그룹 즉흥 연기에서는 처음과 끝 사이의 지점들은 정하지 않아도 된다는 것을 기억하자. 즉흥이 진행되면서 주제가 성립되고 플롯이 발전하고 그 지점들이 저절로 발견되어 점차 명백해질 것이다.

즉흥 연기가 잘 연습된 짧은 극이 되어 가면 몇 개의 필요요소들을 추가해 더 재미있게 만들 수 있다. 분위기, 인물, 다른 템포 등이 한 번에 하나씩 더해질 수 있다.

한 주제가 끝나면 다른 주제로 다시 시작한다. 처음에 설명한 것처럼 단합과 구성원 간의 연결과 교류를 바탕으로 시작한다.

이제 그룹은 다음의 실험을 해 볼 준비가 되었다. 구성원들 중 아무도 연기해 보거나 연극이나 영화로 본 적 없는 작품에서 한 장면을 골라보자. 역할을 배분하자. 한 명을 '연출'로 골라서 그 장면의 처음과 끝을 **명확하게** 연출하게 해보자. 그리고 장면의 내용을 아는 상태에서 중간 부분 전체를 즉흥으로 한다. 맡은 인물의 심리 상태에서 너무 빗나가지 않도록 한다. 시작과 끝을 제외하고 대사를 외우지 않는다. 모든 행동business이나 **미장센**이 이전 활동처럼 직관에 의해 즉흥으로 나오게 한다. 작가의 의도에 맞게 여기저기서 대사를 끌어올 수 있는데 '즉흥'처럼 보이기 위해 일부러 원래 대사와 다르게 말하지 않아도 된다.

인물에 성격을 부여하는 작업은 아직 하지 말자. 그렇지 않으면 즉흥으로 이끄는 '내면의 목소리'에 집중할 수 없게 된다. 그러나 맡은 인물의 특징이 '고집스럽게' 밖으로 튀어나와 섞이려고 하면 억제하지 않는다.

장면의 끝으로 오게 되면 '연출'에게 그 장면의 중간 어느 한 부분을 **명확하게** 연출해 달라고 한다. 그리고 처음부터 그 '연출된' 부분까지 새로 시작한다. 그 다음 그 부분에서 마지막 부분까지 진행한다. 이렇게 한 걸음씩 중간을 채우면 마치 작가가 쓴 것처럼 전체 장면을 즉흥성을 가진 앙상블의 심리를 유지하며 연기할 수 있게 된다. 실제 작품을 한다 해도 연출가와 작가의 제안(필요요소)들을 받아들이며 창의적으로 즉흥을 할 수 있다는 확신을 얻을 것이다. 곧 이 확신은 새로운 능력이 되며 제 2의 천성이 될 것이다.

다음으로 그룹은 성격 부여 작업을 시작하면 된다.

이 훈련의 의도는 알다시피 배우의 풍부한 영혼에 접근하게 하는 것이다.

주의할 점을 알리며 이번 장을 마친다. 즉흥 연기를 할 때, 자신이 부자연스럽고 진실성이 떨어진다고 느낀다면, '이성'을 사용했거나 불필요한 대사를 했기 때문이다. 즉흥성을 가진 자신의 정신에 완전히 의존해야 한다. 내면의 깊숙한 곳에 있는 창의적 개성이 만들어낸 내적 활동에 따라 계속적으로 일어나는 심리-느낌들, 감정들, 소망, 그 외의 충동들-를 따라간다. 그러면 자신이 가진 이 '내면의 목소리'는 절대 거짓말을 하지 않는다는 것을 확신할 것이다.

그룹 훈련을 하는 동시에 개별 훈련도 계속 하는 것을 추천한다. 그 이유는 두 훈련은 서로 보완이 되지만 대체될 수는 없기 때문이다.

4

—

분위기와 개인의 느낌

> 무대 위에 만들어진 연극의 발상(idea)은 정신이고,
> 분위기는 영혼이며 보이고 들리는 모든 것은 신체이다.

배우들은 무대에 희망을 걸고 그곳에서 자기 삶의 많은 부분을 소비한다. 그런 배우들이 무대에 대해 두 가지 다른 생각을 갖는 것은 잘못된 일이 아니다. 어떤 배우들에게 무대는 그저 배우들, 무대 담당자, 소품, 배경들로 이따금 채워지는 빈 공간일 수 있다. 무대 위에 등장하는 것들은 그저 배우들에게 보이고 들리는 것들뿐이다. 반면에, 어떤 배우들에게 무대 위의 작은 공간은 특정 분위기가 아주 강하게 스며들어 헤어나기 힘든 완전한 세상이며, 공연이 끝난 후에도 빠져 나오기 힘든 공간이다.

과거에는 배우들이 종종 낭만적인 기운이 배어든 빈 의상실이나 배경
딱에서 침울한 밤을 보냈으며, 미지 인도 제홉의 「백조의 노래」Swan Song에
나오는 비극 배우처럼 희미한 조명이 들어오는 무대 위를 서성거렸다. 몇
년간의 배우 경험이 마법의 주문으로 가득한 무대와 자신을 밀착시켰다.
그런 분위기가 필요했었다. 이후의 공연을 위한 영감과 힘을 주었다.

분위기라는 것은 제한이 없고 어디서나 발견된다. 모든 풍경, 거리, 집,
방, 도서관, 병원, 성당, 시끄러운 식당, 박물관에서도, 그리고 아침, 점심,
황혼, 밤에도, 봄, 여름, 가을, 겨울 등 모든 현상과 사건에 각각의 특정한
분위기가 있다.

공연에서 분위기를 이해하고 그 중요성을 아는 배우들은 분위기로 관
객과 배우 사이에 강한 연대가 형성된다는 것을 잘 알고 있다. 관객 자신도
그 분위기에 둘러싸여 배우와 함께 '연기'한다. 흥미로운 공연은 배우와 관
객 사이의 **상호작용**에서 발생한다. 만일 배우들, 연출가, 작가, 무대 디자이
너와 음악가들이 그 공연을 위한 분위기를 창조했다면 관객은 거기서 빠져
나오지 않고 신뢰와 호감으로 화답하며 공연에 영감을 불러일으킬 것이다.

중요한 것은 분위기가 관객의 통찰력을 깊이 있게 만든다는 것이다. 같은
장면이 한 번은 분위기가 없이 공연되고 다른 한번은 분위기를 가지고 공
연이 되었을 때, 관객이라면 어떻게 볼지 생각해보자. 첫 번째 경우에는 머
리로는 장면의 내용을 확실히 이해할 수는 있으나 그 장면이 가진 분위기
의 도움 없이는 심리적인 측면을 깊이 있게 통찰하지는 못할 것이다. 두 번
째 경우에는 분위기가 무대를 장악하며 (이성뿐 아니라) 느낌들이 자극 받
고 깨어날 것이다. 그 장면의 내용과 핵심적인 부분을 느끼고 이 느낌들로
인해 이해가 확장될 것이다. 장면의 내용이 더 풍부하고 중요하게 다가올
것이다. 고골의 「검찰관」에서 굉장히 중요한 첫 장면이 분위기 없이 어떻

게 이해될 수 있을까? 간단히 말하자면 그 장면은 비리를 저지른 관료들이 페테르부르크에서 오는 검찰관이 도착하기 전 처벌을 피하기 위해 토론을 하는 내용이다. 적절한 분위기를 부여해 보면, 다르게 보이고 다른 반응이 나올 것이다. 장면이 분위기를 통해 곧 불어 닥칠 재앙, 음모, 참담함 그리고 거의 '신비스러운' 공포로 다가 올 수 있다. 죄인의 영혼 속 심리, 그리고 고골이 그의 인물들을 신랄히 비꼰 재치—"제 낯짝 비뚤어진 줄 모르고 거울만 탓한다."—가 드러날 뿐 아니라 모든 관료들에게 크고 새로운 중요성이 부여된다. 시대와 장소를 불문한 모든 종류의 죄인들의 상징이 되는 동시에, 개별성을 가진 인물들이 되는 것이다. 이번에는 로미오가 줄리엣에게 사랑의 언어로 이야기 하는 장면을 예로 들어보자. 이 사랑에 빠진 두 인물들을 둘러싼 분위기가 없다고 상상해 보자. 셰익스피어의 비할 데 없는 시를 감상할 수는 있지만 무언가 진실하고 중요하며 영감을 주는 것이 부족하다는 것을 분명 느낄 것이다. 무엇이 빠진 것일까? 사랑의 분위기, 사랑 그 자체가 아닌가?

관객으로서 무대 위의 장면을 보며 '심리적으로 공허한 공간을 보고 있다'고 느껴진 적이 있는가? 분위기가 부재한 장면이 그렇다. 어색한 무대 분위기가 장면의 내용을 잘못 전해 불만족스러웠던 적이 있지 않은가? 「햄릿」 공연을 보던 중 오필리어가 정신이 이상해지는 장면에서 배우들이 깊은 비극과 고통이 아닌 약간의 두려움이라는 분위기를 만들어버린 것을 기억한다. 놀랍게도 불쌍한 오필리어의 움직임, 대사, 모습 모두가 잘못 선택한 분위기 때문에 의도치 않게 우스워졌다!

분위기는 연기에 가장 큰 영향력을 행사한다. 강하고 전염성 있는 분위기를 창조하자마자 자기도 모르게 움직임, 말, 행동, 생각, 느낌이 얼마나 바뀌는지, 그리고 기꺼이 그것을 받아들이고 따랐을 때, 자신에게 미치는 영향력이 얼마나 커지는 지 발견한 적이 있는가? 공연을 할 때마다 극이나 장면의 분위기에 자신을 맡기면 새로운 요소와 뉘앙스가 저절로 표현되는 것을 발견할 수 있다. 어제 연기한 진부한 것들에 안이하게 기대지 않아도 된다. 분위기로 채워진 공기와 공간은 언제나 새로운 느낌을, 신선하고 창의적 자극들을 불러일으키며, 도움을 줄 것이다. 분위기는 배우의 연기와 조화를 이루도록 자극한다.

이러한 자극은 무엇이며 어디에서 오는가? 상징적으로 말하자면 분위기 안의 살아 있는 의지로부터, 역동성 또는 이끄는 힘(다르게 지칭해도 좋다)으로부터이다. 예를 들면, 행복의 분위기를 경험할 때 내면에서는 자신을 개방하고 펼치며 앞 공간으로 확장, 연장하려는 열망의 의지를 발견할 것이다. 이제 절망과 슬픔의 분위기로 예를 들어보자. 이번에는 의지가 완전히 반대이지 않을까? 자신을 축소하고 닫으며 심지어 작게 만들고자 하는 자극을 느끼지 않을까?

그렇다면 다음 순간으로 도전을 해보면 어떨지 생각해 보자. "재앙, 혼란, 증오, 환희, 영웅심과 같은 강하고 역동적인 분위기에서는 의지, 자극을 부르는 힘이 충분하다. 그러나 거센 힘이 사라진 묘지, 여름날 아침의 잔잔함이나 오래된 숲의 고요한 신비처럼 평온하고 평화로운 분위기에 둘러싸이면 어떻게 될까?" 설명은 간단하다. 이런 경우에 그 분위기의 의지는 그다지 거칠지 않아서 덜 강해 보인다. 그럼에도 불구하고 반드시 존재하며 다른 분위기만큼의 힘으로 영향을 미친다. 배우가 아니거나 예술적 감수성이 부족한 사람은 고요하고 달빛이 비치는 밤의 분위기에서 아마 수동적으로 있을 것이다. 그러나 거기에 자신을 온전히 맡기는 배우는 내면에서 창의적 활동이 불러 일으켜짐을 느낀다. 이미지들이 차례로 나타나고 그 이미지들의 영역으로 점차 이끌려 갈 것이다. 이 고요한 밤의 의지가 곧 생명체, 사건, 말, 움직임들로 변할 것이다. 존 피리빈글(오페라 「덤불 속의 귀뚜라미」)의 작은 집에 있는 난로를 둘러싼 아늑함, 매력, 사랑의 분위기가 디킨스의 상상 속에서 고집 센 주전자, 요정, 존의 작은 도트와 영원한 동반자, 틸리 슬로우보이 그리고 존 피리빈글까지 불러내지 않았던가? 내면에 역동성, 생명, 의지가 없는 분위기는 존재할 수 없다. 거기에 자신을 여는 것이 필요하다. 간단한 연습으로 배워보자.

이제 실습을 하기 전 두 가지 사실을 명시하겠다. 먼저, 인물이 가진 개인의 느낌과 장면의 분위기 사이에 명백한 구별을 지어야 한다. 둘 다 똑같이 느낌의 영역에 속해도 둘은 완전히 반대의 성격을 지니며, 각각 독립적으로 동시에 존재할 수 있다. 삶에서 예시를 찾아보자. 거리의 재앙을 상상해 보자. 많은 사람들이 어떤 장소를 둘러싼다. 이 장면에서 모두가 강한 절망, 고통, 두려움의 분위기를 느낀다. 모두가 그 분위기 안에 있지만 그 사람들 중에 서로 일치하는 느낌을 가진 두 사람을 찾을 수 없다. 한 사람은 벌어진 사건에 대해 냉정하고 감흥을 받지 못할 수 있고 어떤 사람은 자신이 희생자가 아니라는 것에 강한 자기중심적 만족을 느낄 수 있으며 세 번째 사람(아마도 경찰)은 업무에 충실해야 하는 활동적인 기분을 느끼고 네 번째는 동정심으로 가득 찰 수 있다.

종교적 경외감의 분위기에서 무신론자는 회의적인 느낌을 유지할 것이다. 슬픔에 빠진 사람은 행복과 유쾌함의 분위기 안에 들어갔을 때 여전히 자신의 영혼에 슬픔을 지닐 것이다. 따라서 분위기를 객관적 느낌이라고 부르고 그 반대는 개인의 주관적 느낌이라고 부르며 이 둘을 구분해야 한다. 다음으로 두 개의 다른 분위기들(객관적 느낌)은 동시에 존재할 수 없다는 것을 알아야 한다. 더 강한 분위기가 불가피하게 더 약한 분위기를 이긴다. 예를 다시 들어보자.

멀리 떨어진 곳에 있는 오래된 어떤 성을 상상하자. 몇 세기 전에 시간이 멈춘 듯 오랫동안 잊혀졌던 사람들의 생각, 행동, 슬픔과 즐거움, 친근한 아름다움이 보이지는 않지만 떠다닌다. 신비롭고 잔잔한 분위기가 빈 공간, 통로, 지하, 탑들에 배어있다. 한 무리의 사람들이 성에 들어간다. 시끄럽고 밝고 즐거운 분위기를 가지고 간다. 이제 어떻게 되는가? 두 분위기들이 바로 부딪히고 곧 하나가 이긴다. 즐거운 사람들이 가진 분위기가 오래된 성의 장중한 분위기에 먹히거나, 성이 옛 정신을 상실하고 말로 못다한 이야기를 멈추며 '죽어'버리고 '빈' 성이 된다!

깊이 생각해보면 이 두 사실은 배우와 연출가들에게 무대 위에서 특정한 효과를 만드는 실용적인 방법을 알려준다. 두 대비되는 분위기 사이의 갈등이나 어쩔 수 없이 한쪽이 서서히 또는 갑작스럽게 이겨버리는 것, 그리고 인물의 개인적인 느낌이 반대되는 분위기와 싸워 분위기가 개인의 느낌에 지거나 이기게 되는 결과를 낳는 것이다.

무대 위의 그런 심리적 사건들은 언제나 관객들에게 긴장감을 준다. 그 이유는 공연을 할 때 무대에서 벌어지는 모든 대조, 충돌, 결투, 패배와 승리는 강하거나 극적인 효과를 불러일으키기 때문이다. 싸움으로 이어지는 승리나 패배가 관객에게 마치 완전한 음악적 화음처럼 강한 미적 만족을 준다. 그러면서 무대 위에서의 대조는 관객이 요구하는 팽팽한 긴장을 만들어 낸다.

작가가 극 안의 분위기들을 살짝만 알려줘도 이러한 방식으로 많은 것들을 해볼 수 있다. 작가가 명시하지 않아도 분위기들을 만드는 순수한 연극적 도구들이 있다. 조명으로 인한 그림자와 색, 무대 배경의 모양과 구성형태, 음악과 음향 효과, 배우의 조합, 배우들의 음성과 음색, 움직임, 멈춤, 템포의 변화, 리드미컬한 모든 종류의 효과와 연기 방식이 그것이다. 실제로 관객이 인식하는 무대 위의 모든 것들은 분위기를 고조시킬 수 있고 심지어 새로운 분위기까지 창조해낼 수 있다.

예술의 영역이 본질적으로 느낌의 영역이라는 것은 잘 알려져 있다. 더 잘 정의하자면 모든 예술 작품의 분위기는 작품의 **심장**, 느끼는 영혼이다. 결과적으로 분위기는 무대 위 모든 공연의 영혼, 심장이다. 더 잘 이해할 수 있도록 비교를 해보자. 모든 정상적인 사람이라면 세 가지 심리적 기능을 수행한다. 생각, 느낌 그리고 의지이다.

이제 느낌의 능력을 모조리 **빼앗긴다**고 상상하자. 완전히 '심장이 없는' 사람이라고 부를 수 있다. 더 나아가 생각, 아이디어, 추상적인 지적 관념의 영역과 의지, 행동의 영역이 느낌이라는 연결점 없이 서로 만나 접촉한다고 상상하자. '심장이 없는' 사람이 어떤 인상을 줄 수 있을까? 사람, 혹은 인간이라고 말 할 수 있을까? 영리하고 잘 만들어진, 그리고 아주 복잡한 '기계'로 보이지 않을까? 그런 기계는 세 가지 기능(생각, 느낌, 의지)을 조화롭게 사용하는 인간보다 더 저급으로 보이지 않을까?

우리의 느낌은 생각과 의지를 조화롭게 할 뿐 아니라, 수정하고 조절하며 완벽하게 만든다. '인간'답게 만든다. 느낌을 무시하거나 박탈당한 사람들은 파괴의 성향을 드러낸다. 그 예를 알고 싶다면 역사책을 열어보자. 느낌의 영향을 받지 않아 통제, 수정, 정화되지 못한 채 곧바로 실행에 옮겨진 정치적, 외교적 사상들이, 그 중 몇이나 인간적이고 자애로우며 건설적이라고 할 수 있겠는가? 예술의 영역도 비슷하다. 분위기가 부재한 공연은 기계와 같은 인상을 준다. 비록 관객이 공연하는 사람들의 멋진 테크닉과 기술을 감상하고 극의 가치를 이해한다 해도, 공연을 무덤덤하게 느끼고 감동을 받지 못한다. 가끔 예외가 있지만 무대 위의 인물이 가진 감정적 삶이 분위기를 대체할 뿐이다. 특히 자신과 타인의 느낌을 두려워하며 이성이 지배하는 오늘날의 무감각한 시대에 들어맞는다. 예술의 영역에서, 무대 위의 분위기는 필수적이라는 것을 기억하자. 개인은 자기 삶에서 잠시 느낌을 내려놓을 수 있으나 예술에 있어서 특히 연극에서 작품의 분위기가 발산을 멈춘다는 것은 서서히 죽음을 맞는 것과 같다. 연출가와 작가뿐만 아니라 배우의 중요한 임무는 연극의 **영혼**뿐 아니라 연극의 미래를 살리는 것이다.

분위기에 대한 감각을 얻고 원하는 분위기를 창조하는 테크닉을 얻고자 한다면 다음의 훈련들을 해보자.

훈련 • 14

주위의 삶을 관찰하는 것으로 시작하자. 마주치는 여러 분위기들을 하나씩 보자. 분위기들은 보통 희미하거나 미묘하거나 잘 보이지 않으니 간과하거나 놓치지 않도록 주의한다. 사람들과 사건들을 감싸고, 공간을 채우고, 풍경을 떠다니며, 우리 삶 속에 스며들어 있는 각각의 분위기들이 사실상 공기 중에 퍼져 있다는 것에 집중하자.

특정한 분위기에 둘러싸인 사람들을 보자. 그들이 분위기와 조화를 이루며 말하고 움직이는지 또는 분위기에 영향을 받거나 대항하는지, 얼마나 민감하게 반응하는지 혹시 무관심하진 않은지 보자.

얼마간의 관찰 후 분위기들을 인식하는 능력이 충분히 날카로워지고 단련되었다면 의식적으로 특정한 분위기 안으로 신중히 들어가자. 음악을 듣듯이 분위기를 '들으며' 거기에 영향을 받자. 자신의 내면에서 느낌들이 나올 수 있도록 하자. 마주치는 여러 분위기들과 조화를 이루며 말을 해보고 움직이기 시작한다. 그리고 자기가 도전해 볼 수 있는 특정한 분위기를 골라 거기에 대조되는 자신의 느낌을 유지하고 발전시켜 보도록 한다.

일상에서 마주치는 분위기들로 연습한 후에 사건이나 상황을 상상하기 시작한다. 그에 맞는 분위기들도 포함한다. 문학, 역사, 연극에서 불러오거나 스스로 만들어 본다. 예를 들어 바스티유 습격을 눈앞에 그린다. 파리 사람들이 감옥으로 뛰어 들어가는 것을 상상하자. 여자들과 남자들을 자세히 관찰한다. 이 장면을 자신의 상상으로 만들고 최대한 명확하게 마음의 눈으로 그려본다. 그리고 스스로에게 말해 보자. "군중들은 심한 동요의 분위기 안에 있고 맹렬함과 무한한 능력을 지니고 있다. 모두가 이 분위기에 둘러싸여 있다." 그리고 이제 군중 속 얼굴들, 움직임, 각각의 사람들, 무리들을 관찰하자. 사건의 템포를 보자. 날카로운 소리, 음색을 들어보자. 어느 것 하나 빠짐없이 장면을 자세히 들여다보고 이 동요하는 사건 속에서 분위기가 모든 사람들과 모든 것들에 어떤 영향을 주는지 보자.

이제 분위기를 살짝 바꾸고 다시 자신의 '**연기**'를 본다. 이번에는 악함과 복수심에 불타는 무자비함을 가진 인물이 존재한다. 이 변화된 분위기가 어떤 영향력으로 감옥에서 일어나는 모든 것을 바꾸는지 보자! 얼굴들, 움직임, 목소리, 무리들, 모든 것이 달라졌다. 복수로 가득한 군중의 의지를 보게 될 것이다. 주제는 같지만 다른 '연기'를 보여주게 될 것이다.

분위기를 한 번 더 바꾼다. 이번에는 **자부심, 위엄, 장엄함**으로 해보자. 이번에도 변화가 생길 것이다.

이제 사건이나 주위 환경을 전혀 상상하지 않고 분위기를 만들어내는 것을 배워보자. 주위의 공간, 공기가 분위기로 가득 차 있다고 상상하면 된다. 빛, 향기, 따뜻함, 추위, 먼지나 연기로 가득 채울 수 있는 것처럼 말이다. 처음에는 아늑함, 경이로움, 고독함, 불길함 같은 단순하고 조용한 분위기를 상상하자. 실제로 시도 해보고 연습하기 전에 어떻게 경이로운 느낌이나 주위 공기에 떠다니는 느낌들을 상상할 수 있을지 스스로에게 질문하지 말자. 두세 번 정도 노력하면 불가능한 것이 아닐 뿐더러 오히려 매우 하기 쉽다는 것을 알게 될 것이다. 이 훈련은 차갑고 분석적인 이성보다는 상상력에 호소해야 한다. 우리의 창의적 상상에 기초한 아름다운 '공상'fiction 없이 예술이 완성될 수 있을까? 다음에 나오는 것처럼 이 훈련을 최대한 간단하게 해보자. 주위의 공기를 채우고 있는 느낌들을 상상하는 것만 해보자. 다른 여러 분위기들을 갖고 해보자.

다음으로 명확한 분위기 하나를 고르고 이것이 주위 공기에 퍼져 있다고 생각한다. 그리고 팔과 손으로 작은 움직임을 만들어 보자. 그 움직임이 주위의 분위기와 조화를 이루는지 보자. 고요하고 평화로운 분위기를 골랐다면 움직임 역시 고요하고 평화로울 것이다. 조심스러운 분위기는 팔과 손을 조심스럽게 움직이게 할 것이다. 팔과 손이 자신이 고른 분위기에 스며든다는 감각을 느낄 때까지 반복한다. 분위기가 팔에 채워지고 움직임을 통해 충분히 표현되어야 한다.

저지르기 쉬운 두 가지 실수는 피하자. 분위기를 빨리 '연기'하거나 '행동'해 내려는 움직임은 피한다. 자신을 속이지 말자. 분위기의 힘을 믿으며 충분한 시간을 가지고 찾아보고 상상한다(그리 길지는 않을 것이다!). 그리고 그 속에서 팔과 손을 움직인다. 또 다른 실수는 분위기를 느끼려고 스스로 강요하는 것이다. 이것을 조심하자. 충분히 주의를 기울이고 집중하자마자 주위로부터, 내면으로부터 분위기를 느끼게 될 것이다. 불필요하고 방해되는 힘을 쓰지 않아도 저절로 느낌이 나올 것이다. 일상에서 일어나듯이 그대로 일어날 것이다. 거리에서 소동의 분위기와 마주했을 때 자연스럽게 그것을 느끼게 되는 것처럼 말이다.

더 복잡한 움직임들로 계속해 보자. 일어나고 앉고 물체를 들고 다른 곳에 가져다 놓는다. 문을 열거나 닫고 테이블 위를 다시 정리한다. 이전 훈련에서 얻은 결과가 다시 나오도록 해보자.

이제 몇 마디 말을 한다. 먼저 제스처 없이 해보고 다음에는 그에 맞는 제스처를 추가한다. 처음에는 말과 제스처가 아주 단순해야 한다. 다음처럼 일상의 대화를 해보자. '앉으세요!'(초대의 제스처), '더 이상 필요 없어.'(종이를 찢는 제스처), '이 책을 주세요.'(가리키는 제스처). 이전 훈련에서처럼 서로 조화를 이루는지 보자. 다른 분위기로도 해보자.

훈련을 다음 단계로 가져가 보자. 주위에 분위기를 만든다. 온전히 그 분위기에 익숙해지고 친숙해질 만큼 분위기를 크고 힘 있게 만든다. 선택한 분위기에 맞춰 나오는 단순한 행동을 한다. 그리고 짧은 장면이 만들어질 때까지 계속 주위의 분위기가 자신에게로 흐르도록 하며 조금씩 이 행동business을 더 발전시킨다. 다른 분위기로도 해보는데, 황홀감, 절망감, 혼란, 증오, 영웅 심리 등을 가진 강한 인물들을 가지고 한다.

다시 어떤 분위기를 만들고 잠시 그 안에 머문다. 그 분위기와 조화를 이룰 상황들을 상상한다.

작품들을 읽고 장면들을 상상(이성적인 논리보다는)하기를 반복하며 그 안의 분위기들을 알아내 보자. 각 작품마다 이어지는 분위기들의 '기록' 같은 표를 만들 수 있다. 그 '기록'에 작가가 정한 막과 장면의 처음과 끝을 적어두지 않아도 된다. 그 이유는 같은 분위기가 여러 장면들을 아우르거나 하나의 장면 안에서 여러 번 바뀔 수도 있기 때문이다.

또한 작품 전체에 해당하는 전반적 분위기를 간과하지 말자. 비극, 정극, 희극, 풍자극에 속한 모든 작품은 그 종류에 따른 전반적인 분위기가 있다. 게다가 각 작품에 해당하는 개별적인 분위기도 가지고 있다.

분위기에 대한 훈련은 그룹으로 할 때 가장 성공적이다. 그룹 활동에서 분위기는 모든 참여자들을 연합하는 힘을 보여준다. 게다가 어떠한 느낌으로 채워진 공기나 장소를 상상하며 분위기를 만들어내려는 공동의 노력은, 개인이 혼자 할 때보다 훨씬 강한 영향을 준다.

이제 다시 돌아와서 배우로서 개인의 느낌을 어떻게 다루는 지에 대해 얘기해 보자.

배우 개인의 느낌은 언제든 자주 바뀌고 변덕스러울 가능성이 크다. 스스로에게 유감스럽게, 즐겁게 또는 사랑과 증오를 진심으로 느끼라고 명령할 수 없다. 종종 배우들은 무대 위에서 느끼는 척 한다. 그리고 느낌을 쥐어짜려다 실패한다. 배우가 원하고, 필요할 때마다 자신의 느낌을 깨우게 되는 경우는 대부분 테크닉적인 기술의 승리보다는 '행복한 우연'이 아닌가? 진정한 예술적 느낌이 저절로 나타나지 않는다면 배우는 기술적 방법을 습득하여 불러내야 한다.

창의적 느낌들을 일깨우는 여러 방법들이 있다. 잘 단련된 상상과 분위기는 이미 언급했다. 이제 다른 방법들을 생각해 볼 텐데 차근차근 연습을 통해 완성하자.

팔을 올린다. 내린다. 무엇을 했는가? 단순한 신체적 행동을 했다. 제스처가 만들어졌다. 이는 아무런 어려움 없이 할 수 있다. 왜 그런가? 다른 때처럼 자신의 의지로 한 행동이기 때문이다. 같은 제스처를 다시 하는데 이번에는 어떤 성질quality을 부여해 색을 입힌다. 신중함caution이라는 성질로 해본다. 움직임이, 제스처가 조심스럽게 만들어 질 것이다. 이렇게 편안함을 가지고 해본 적이 있는가? 반복하며 어떤 일이 생기는지 보자. 조심스럽게 만들어진 움직임이 더 이상 순전히 신체 행동만은 아니다. 심리적 뉘앙스nuance를 얻었다. 뉘앙스란 무엇인가?

팔에 스며들고 채워진 것은 신중함이라는 감각sensation이다. 심리적인 감각이다. 비슷하게, 온몸에 신중함이라는 성질을 담아 움직이면 온몸이 자연스럽게 이 감각으로 채워질 것이다.

감각이란 자신만의 예술적 느낌이 저절로 담겨지는 그릇이다. 움직임에 부여한 성질과 유사한 느낌과 감정들을 끌어당기는 자석이다.

느낌을 스스로에게 강요했는지 자기 자신에게 물어보자. "조심스러움을 느끼라"고 스스로에게 명령했는가? 아니다. 단지 특정한 성질을 가지고 움직였을 뿐이다. 그렇게 함으로써 조심스러움(신중함)의 감각을 만들어내며 느낌을 불러 일으켰다. 이 움직임에 다른 성질들을 부여해 반복하면 느낌과 내적 자극이 점점 강해질 것이다.

작업을 하면서 자기 느낌들을 당장 불러일으켜야 하는데, 고집스럽고 변덕스럽게 나타나기를 거부할 때 어떻게 그 느낌들을 불러일으키는지에 대한 간단한 기술적 방법이 있다.

성질을 감각으로 변화시키는 연습을 반복하면 기대한 것보다 더 많은 것을 보다 쉽게 얻을 수 있다. 예를 들어, 조심스러움의 성질은 조심스러운 느낌뿐 아니라 극 안의 주어진 상황에 맞는 비슷한 느낌들을 내면에서 깨울 것이다. 조심스러운 성질로 인해 위험을 마주한듯한 경각심과 불안도 느낄 수 있다. 아이를 보호하는 듯한 따뜻함과 부드러움도 느낄 수 있다. 자신을 보호하듯 냉정하고 절제될 수 있으며 왜 조심해야 하는지 어이없고 궁금하게 느낄 수도 있다. 이 모든 느낌의 뉘앙스는 아무리 다양해도 결국은 조심스러움의 감각과 연결되어 있다.

만일 신체가 정적인 자세일 때에는 어떻게 적용할 수 있을까?

어떤 신체 자세라 할지라도 움직임과 마찬가지로 성질quality들이 스며들 수 있다. 이렇게 스스로 말하면 된다. "나는 내 신체 안에 이런 성질을 담아 일어서고 앉고 누울 것이다." 그러면 영혼으로부터 다양한 느낌들이 불러일으켜지면서 바로 반응이 나올 것이다.

장면 연구를 할 때 어떤 성질, 감각을 선택해야 할지 헷갈릴 수 있다. 그런 딜레마에 빠질 때는 주저하지 말고 행동을 위한 두세 개의 성질을 고른다. 가장 좋은 것을 발견하기 위해 하나씩 해볼 수도 있고 한 번에 모두 섞어 해볼 수도 있다. 무거움의 성질과 동시에 절망, 심사숙고, 분노의 성질을 고른다고 가정하자. 아무리 많이 고르고 섞는다 해도 결국에는 자신에게 하나의 감각으로 통합되어 온다. 음악에서의 딸림화음처럼 말이다.

자신의 느낌에 불이 붙자마자 거기에 사로잡혀 훈련, 연습, 공연에서 진정한 영감을 찾게 될 것이다.

  단순한 일상의 행동을 해보자. 탁자 위의 물건을 가져오기, 창문이나 문을 열고 닫기, 앉고 서기, 걷거나 뛰기 등을 해본다. 이 행동을 쉽게 할 수 있을 때까지 여러 번 해본다. 이제 여기에 어떤 성질들을 부여한다. 고요하게, 확실하게, 짜증스럽게, 슬프게, 비통하게, 교활하게, 부드럽게 그 행동을 한다. 이제 이 행동을 조형, 흐름, 비행, 발산의 성질을 가지고 해본다. 그리고 스타카토, 레가토, 편안함, 형태 등의 성질로 해본다. 온몸이 감각으로 채워지고 자신의 느낌이 이에 쉽게 반응할 때까지 반복한다. 주의할 것은 위의 테크닉을 의심하며 스스로에게 느낌을 강요하면 안 된다. 성급히 결과를 보려 하지 말자.

  훈련 1에서 했던 것처럼 넓고, 큰 동작을 해본다.

  동작이나 움직임에 어떤 성질을 부여하고 말도 두세 마디 추가해본다. 단어들 역시 내면에서 일어난 감각을 사용해 말한다.

  만약 파트너와 함께 하고 있다면, 말을 사용하는 간단한 즉흥 연기를 해보자. 판매원과 고객, 주인과 손님, 재단사 또는 미용사와 고객으로서 즉흥 연기를 해볼 수 있다. 시작하기 전, 각각의 상황에서 어떤 성질을 가질 것인지에 대해 파트너와 함께 정한다.

  파트너들과 이 훈련을 할 때 불필요한 대사를 많이 하지 않도록 한다.

  불필요한 대사는 길을 잃게 만들 가능성이 크다. 활동적인 인상을 줄 수 있지만, 실제로는 행동을 마비시키고, 이성을 사용하는 말이 행동을 대신하게 된다. 결국 대사가 너무 많아지면 평범하고, 활기 없는 대화로 퇴보한다.

이 간단한 훈련들은 내면의 활동과 외적 표현의 조화를 이루는 감각을 강하게 단련시켜 줄 것이다.

다음은 **분위기와 개인의 느낌**에 대한 이번 장을 요약한 것이다.

1. 분위기는 배우에게 영감을 불어넣는다.
2. 분위기는 배우와 배우 사이를 연결시킬 뿐 아니라 관객과 배우도 연결시킨다.
3. 관객의 깊이 있는 이해를 돕는다.
4. 대조되는 두 분위기들은 함께 존재할 수 없다. 그러나 인물들 개인이 가진 느낌은 분위기와 대조될 지라도 동시에 같이 존재할 수 있다.
5. 분위기는 공연의 영혼이다.
6. 일상에서 분위기를 관찰하자.
7. 같은 장면에 다른 분위기들을 부여해 상상하자.
8. 주어진 상황 없이 주위에 분위기를 만들어보자.
9. 분위기와 조화를 이루는 움직임과 말을 해보자.
10. 분위기에 맞는 상황을 상상해 보자.
11. 분위기들을 '기록'하고 표를 만들자.
12. 성질qualities - 감각sensations - 느낌feelings을 가지고 행동business을 해보자.

5

심리 제스처

> 영혼은 신체와 함께 있길 원한다.
> 신체의 요소들이 없다면, 행동하거나 느끼지 못하기 때문이다.
> ─레오나르도 다 빈치

바로 전 장에서 언급했듯이 자신의 느낌을 마음대로 불러낼 수는 없다. 하지만 간접적인 방법으로 유도, 유발할 수 있다. 우리의 욕구, 소망, 갈망, 욕망, 동경도 마찬가지로 항상 느낌과 섞여 있지만 그것들은 의지력will power이라는 영역 내에서 발생한다.

성질quality과 감각sensation으로 우리는 느낌의 금고를 열 수 있는 열쇠를 찾았다. 그러나 의지력을 여는 열쇠는 과연 있는가? 그렇다. 움직임(행동, 제스처)에서 찾아야 한다. 단순하지만 강하고 잘 조형되어 있는well-shaped 제스처를 만들면서 증명할 수 있다. 여러 번 반복하다보면 그 제스처의 영향으로 의지력이 강해지는 것을 볼 것이다. 게다가 어느 종류의 움직임인지에 따라 의지력이 가는 방향과 성향이 정해진다. 즉, 내면에서 확고한 열망, 소망 또는 욕구를 깨우고 그것을 활성화 시킨다는 것이다.

보통 움직임의 강도는 의지력을 자극한다. 움직임의 종류는 내면에서 그에 따른 확고한 갈망desire을 깨우고, 움직임의 성질은 느낌을 떠오르게 한다.

이 단순한 원리가 어떻게 우리의 작업에 적용될 수 있을지 보기 전에, 제스처가 무엇인지에 대한 대략적인 이해를 돕기 위해 몇 가지 예시를 살펴보자.

어떤 인물을 연기한다고 상상하자. 그 인물은 첫인상에 따르면 강하고 꺾이지 않는 의지를 가지고 있으며 헤어 나올 수 없는 갈망에 사로잡혀 있고, 증오와 경멸로 가득 차 있다.

이 인물의 모든 것을 종합해서 표현할 수 있는 적당한 제스처를 찾는다. 아마도 몇 번의 시도 후에 발견할 수 있을 것이다(그림 1을 보자).

이 제스처는 강하고 잘 조형되어 있다. 여러 번 반복하면 의지가 강해진다. 머리의 기울기뿐 아니라 팔, 다리의 방향과 온몸의 마지막 자세가 지배적이고 절제하기 힘든 행위를 하려는 확고한 갈망을 불러일으킨다. 온몸의 모든 근육에 스며들고 채워져 있는 성질이 내면에서 증오와 경멸의 느낌을 불러일으킬 것이다. 제스처를 통해, 자신의 심리 깊숙한 곳까지 꿰뚫고 자극하게 된다.

그림 1

다른 예시

이번에는 인물의 성격을 공격적이고 광적이며 다소 불같은 의지를 가진 인물로 정한다. 이 인물은 '위'에서부터 오는 영향을 받을 준비가 되어

있고 이로부터 '영감'을 받고 얻어내려는 욕구가 강하다. 신비스러움으로
가득 차 있지만 동시에 땅 위에 견고하게 서서 세속적인 세상으로부터도
똑같이 강한 영향을 받는다. 결과적으로 위와 아래에서 오는 영향을 자신
안에서 조화시키려는 인물인 것이다(그림 2를 보자).

그림 2

다음 예시로 두 번째와 대조되는 인물을 고를 것이다. 완전히 내성적이고 위 또는 아래의 세상과 접촉하려는 욕구가 없다. 그러나 약한 인물은 아니다. 고립되려는 욕구는 아주 강할 수 있다. 음울한 성질이 전체적으로 배어있다. 외로움을 즐기려는 것일 수도 있다(그림 3을 보자).

그림 3

다음 예시로 세속적인 삶에 완전히 빠져 있는 인물을 상상하자. 인물의 자기중심적인 강한 의지는 계속해서 아래쪽으로 당겨진다. 열렬히 바라고 갈구하는 모든 것에서 저급하고 비도덕적인 성질이 드러난다. 어느 누구에게도, 어느 것에도 동정심을 갖지 않는다. 불신, 의심, 비난이 편협하고 내성적인 내면을 가득 채운다. 이 인물은 올바르고 정직한 삶을 거부하고 언제나 에둘러가는 삐딱한 길을 택한다. 자기중심적이고 때로는 공격적인 사람이다(그림 4를 보자).

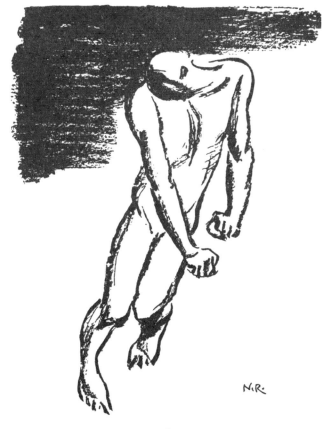

그림 4

또 다른 예시가 있다. 이 인물은 저항과 부정의 의지가 강하다. 주된 성질이 화 또는 분노의 뉘앙스가 담긴 고통처럼 보일 수 있다. 다른 한편으로는 형태에 전체적으로 연약함이 배어 있다(그림 5를 보자).

그림 5

마지막 예시다. 이번에도 약한 인물이다. 살면서 저항하거나 싸워내지 못한다. 매우 예민하며 자기 연민과 고통에 빠지기 쉽고 불만이 크다(그림 6 을 보자).

그림 6

이전에 한 것처럼 제스처와 그 제스처가 끝나는 마지막 자세를 연구하고 연습하면, 심리에 이전보다 몇 배의 영향을 미칠 것이다.

언급한 모든 제스처와 거기에 관한 해석은 단지 예시일 뿐이라는 것을 염두에 두자. 개별적으로 인물의 전반적인 제스처를 찾을 때 그대로 따라 할 필요는 없다.

이 제스처들을 **심리 제스처**Psychological Gestures: PG라고 부른다. 이 제스처들은 배우의 내면에 예술적인 목표와 목적에 맞게 영향을 주고, 자극하며 조형하기 위한 것이다.

이제 심리 제스처를 작업에 적용할 때 생기는 어려움에 대해 알아보자.

희곡이 있고 그 안에 내가 맡을 역이 있다. 아직까지는 단지 문학 작품에 지나지 않는다. 그것을 동료들과 함께 살아 있는 무대 위의 연극적 예술 작품으로 바꿔야 한다. 어떤 작업을 할 것인가.

시작하기에 앞서 가장 처음으로 해야 할 일은 연기할 인물을 면밀히 살펴보고 꿰뚫어보는 것이다. 이때 분석적인 머리analytical mind를 사용하거나 심리 제스처를 사용할 수 있다. 이성적인 머리reasoning mind는 일반적으로 예술 작업을 해내기에 너무 차갑고 추상적이며 창의적이지 못하기 때문에, 긴 시간과 많은 노력을 요한다. 그래서 연기 능력을 약화시키고, 오랜 시간에 걸쳐 그 능력이 발전하는 것을 방해하기 쉽다. 그 인물에 대해 머리로 '알수록' 연기하기 어렵다는 것을 경험해본 적이 있을 것이다. 이것은 심리의 법칙이다. 인물이 가진 느낌과 욕망에 대해서는 너무나도 잘 알지만 아는 것만으로는 무대 위에서 진정으로 그 느낌을 경험하고, 진실로 그 욕망을 수행해내지는 못한다. 과학이나 예술에 대해 잘 알고 있는 것과, 그것을 잘하는 것이 다른 것처럼 말이다. 물론, 평가, 수정, 확인하고 덧붙이며 제안을 하는 작업에 많은 도움을 줄 수는 있다. 하지만 자신의 창의적인 직관이 **충분히**

발휘되기 전에 먼저 그 작업을 해버려서는 안 된다. 역할을 준비함에 있어 이성과 지성을 반드시 사용해야 하지만, 여기에 의지하거나 안주해서는 안 된다. 자신의 창의적인 노력을 방해하거나 간섭하지 않도록 바깥에 남겨두어야 한다.

그러나 더 생산적인 방법으로 인물 연구에 심리 제스처를 적용한다면, 직접적으로 창의적인 힘을 빌려 '학문적인' 또는 기계적으로 암기하는 배우에서 벗어날 수 있다.

많은 배우들이 물었다. "지성을 사용하지 않는다면, 그 인물에 대해 알지 못한 상태에서 어떻게 심리 제스처를 발견할 수 있습니까"

우리는 바로 전에 한 훈련에서 온전한 직관, 창의적 상상, 예술적 시각이 이를테면 인물의 첫인상과 같이, 그 인물에 대해 최소한의 무언가를 준다는 것을 알게 되었다. 인물에 대한 추측에 지나지 않을 수 있지만, 일단 그것에 의지하여 심리 제스처를 구축하는 첫 시도의 발판이 될 수 있다. 스스로에게 그 인물의 주된 욕구가 무엇인지 묻고, 힌트라 할지라도 답을 얻으면 먼저 손과 팔만 사용하여 한걸음씩 심리 제스처를 구축하기 시작하자. 만일 그 욕구가 쥐거나 잡는 것이라면 – 욕심, 탐욕, 과욕, 인색 – 주먹을 쥐고 공격적으로 팔과 손을 앞 쪽으로 내밀 수 있다. 또는 그 인물이 사려 깊고 조심스럽게 무언가를 더듬어 찾기를 원한다면 절제와 신중함으로 손과 팔을 천천히 조심스레 뻗을 수 있다. 인물이 수용을 원하고, 경외심에서 우러나오는 애원과 간청을 한다는 직관이 오면 가볍고 편안하게 두 손과 팔을 위로 향하고 손을 편다. 만일 힘을 써서 제압하려 하고 소유하려는 욕구가 센 인물이면, 두 팔과 손을 거칠게 아래로 향하게 하고 손바닥은 땅을 향하며 손가락은 움켜쥐려는 듯 꺾는다. 이렇게 한 번 하기 시작하면 자신만의 특징적인 제스처가 어깨, 목과 발, 다리, 몸통, 머리의 자세부터 시작하여 신체 전부에까지 적용하는 것이 어렵지 않을 것이다. 저절로 그렇게 된다. 이런 방식으로 작업하면서 인물의 주된 욕구에 대한 첫 추측이 맞는지 알게 될 것이다. 심리 제스처는 이성적인 머리의 과한 간섭 없이 새로운 발견으로 이끌어 줄 것이다. 어떤 경우에는 심리 제스처를 중립적인 자세보다는 인물이 제안하는 자세에서 시작 할 수 있다. 두 번째 심리 제스처(그림 2)를 보자. 완전히 열려있고 확장되어 있다. 소심하고 내성적인 인물이 위에서부터 오는 영향을 적극적으로 수용하고자 하는 주된 욕구를 가졌다면, 중립적인 자세보다 다소 닫힌 자세에서 시작할 수 있다. 시작하는 자세 역시 심리 제스처를 만들 때처럼 자유롭게 고른다.

이제 심리 제스처를 계속 발전시키자. 수정, 개선하며 인물에게서 발견한 성질들을 더하여 서서히 완성의 단계로 가져가 보자. 심리 제스처를 수정하는 방법을 찾는 데에는 그리 긴 시간이 걸리지 않을 것이다. 그리고 완성의 단계에서 자신이나 연출가의 취향에 맞게 발전시키면 되는 것이다.

인물을 더 잘 연기하기 위한 방법으로 심리 제스처를 적용할 때 할 일이 또 있다. 스스로 그 인물을 연기할 준비가 되어야 한다. 더 정교하게 개선하고 완성한 심리 제스처를 연습하면 점점 더 그 인물에 자신이 동화된다. 의지와 느낌이 내면에서 자극 받고 깨어난다. 이 작업을 더 진행시킬수록 심리 제스처가 그 인물을 **압축된** 형태로 보여주며 배우가 그 인물이 가진 **불변의 핵심**unchangeable core을 완전히 소유하는 주인이 되게 해준다(1장 후반에서 살짝 언급하였다).

심리 제스처를 찾는다는 것은 인물의 **본질**essence을 포함해 그 인물에 대한 모든 것을 준비한다는 것이다. 그렇게 하면 무대에서 리허설을 할 때 모든 세세한 부분들을 작업하기 쉬워진다. 목표 없이 여기 저기 더듬으며 허둥대지 않아도 된다. 인물의 척추를 먼저 찾지 않고 살, 피, 힘줄을 입히기 시작할 때 종종 곤란한 일이 일어난다. 심리 제스처는 바로 이 척추가

되어준다. 이 방법은 글로 쓰인 창작물을 연극이라는 예술 작품으로 변형시키는 가장 빠르고 쉬운 예술적 방법이다.

지금까지 인물 전체에 적용하는 심리 제스처에 대해 설명했다. 하지만 이것을 역할의 어느 부분에만, 또는 개별적 장면이나 대사에도, 심지어 문장에도 적용해볼 수 있다. 짧은 부분에 적용하는 방식 역시 인물 전체에 적용하는 방식과 같다.

역할 전체에 대한 종합적이고 전반적인 심리 제스처를 개별 장면들에 대한 하위 심리 제스처들과 연결시키는 데에 의문이 든다면, 다음의 예시가 그 부분을 해결해 줄 것이다.

서로 다른 인물 셋을 상상하자. 햄릿, 『헨리 4세』의 팔스타프, 『십이야』의 말볼리오로 해보자. 각 인물들이 화를 내거나 수심에 잠기거나 웃기 시작한다. 그러나 그들은 모두 똑같은 방식으로 그 행동을 하지 않는다. 서로 다른 인물들이기 때문이다. 분노, 수심, 웃음에 그 차이점이 드러난다. 심리 제스처에서도 마찬가지이다. 인물의 본질을 알면 저절로 총체적인 심리 제스처가 모든 작고 세세한 심리 제스처에 영향을 줄 것이다. 심리 제스처에 대한 감각이 잘 발달되면 (이에 대한 훈련이 다음에 나온다) 모든 하위 심리 제스처들에 어떤 세밀한 뉘앙스가 만들어져야 상위 심리 제스처와 잘 연결될 수 있는지 직관적으로 알게 된다. 심리 제스처에 대한 작업을 많이 할수록 심리 제스처가 얼마나 자유자재로 활용 가능한지, 원하는 대로 채색하는 데 있어서 얼마나 무한한 선택권을 가져다주는지 발견할 것이다. 메마르고 계산적인 머리로 풀리지 않는 문제는 심리 제스처가 던져주는 창의적인 직관과 상상에 의해 쉽게 해결된다.

덧붙여서 하위 심리 제스처는 장면, 대사 등을 연구할 때 필요한 만큼 사용한 후에 전부 없앨 수 있다. 그러나 그 인물에 대한 총체적인 심리 제스처는 항상 가지고 있어야 한다.

또 이런 질문이 나올 수 있다. "내가 찾은 심리 제스처가 맞는 것인지 누가 알려 줄 수 있는가?" 자신 밖에 모른다. 이것은 자신의 개성이 표현해내는 자신만의 자유로운 창작물이다. 예술가로서 스스로를 만족시킨다면 맞는 것이다. 그러나 연출가는 배우가 찾은 심리 제스처에 변화를 요구할 자격이 있다.

스스로에게 해 볼 수 있는 질문은 자신이 그 심리 제스처를 올바르게 실현했는가이다. 즉, 심리 제스처를 만들고 실현하는데 필요한 모든 조건들을 갖추고 있는지 관찰하는 것이다. 이 조건들이 무엇인지 살펴보자.

제스처에는 두 가지 종류가 있다. 하나는 무대 위에서 연기할 때와 일상생활에서 쓰는 자연스러운 일상의 제스처이다. 다른 종류는 원형 제스처 archetypal gesture라는 것인데, 파생되어 나올 수 있는 모든 비슷한 제스처들의 본래 형태이다. 심리 제스처는 두 번째 종류에 속한다. 일상의 제스처는 너무 제한되어 있고 약하고 작아서 의지를 자극할 수 없다. 그 제스처들은 몸 전체와 심리, 영혼을 필요로 하지 않지만 심리 제스처는 원형으로서 그 모두를 완전히 자극한다(1장에 나오는 훈련 1을 통해 원형 제스처를 만들기 위한 준비를 했다. 주위의 공간을 최대한 사용하여 크고 넓은 동작을 하는 것을 배울 때 말이다).

심리 제스처는 의지를 자극하여 그 힘이 커지게 하기 위해 강해야 한다. (힘을 키우지 않고 움직임을 약하게 하는) 불필요한 근육의 긴장은 피해야 한다. 물론, 첫 번째 예시(그림 1)에서처럼 격렬한 심리 제스처를 고른다면 근력을 사용하지 않을 수 없다. 그러나 그런 경우에서도 제스처의 진짜 힘은 신체적이기보다는 심리적이다. 아주 강한 모성의 힘으로 자신의 아기를 가슴에 안고 있는 사랑이 넘치는 어머니를 생각해 보자. 근육은 완전히 편안한 상태이다. 1장에 나온 조형, 흐름, 비행, 발산의 동작을 올바르게, 그리고 충분히 연습했다면 진정한 힘은 사실상 근육을 과도하게 긴장시키는 것과는 상관이 없다는 것을 알고 있을 것이다.

나머지 두 예시에서(그림 5, 6) 우리는 그 인물이 다소 약하다고 가정했다. 그것과 연관되어 이런 질문이 나올 수 있다. 약한 인물을 만들 때 제스처 역시 힘을 빼야 하는가? 절대로 아니다. 심리 제스처는 언제나 강해야 하고 약함은 단지 인물의 성질quality로 여겨져야 한다. 따라서 게으름이나 약함을 포함한 피곤과 같은 성질일 때에도, 그리고 심리 제스처를 조심스럽게, 부드럽게, 따뜻하게, 사랑스럽게 만든다 해도 심리 제스처의 심리적 강도는 줄어들면 안 된다. 덧붙여, 강한 심리 제스처를 만드는 사람은 인물이 아니라 배우이고, 게으르고 피곤하거나 약한 사람은 배우가 아니라 인물이다.

또한, 심리 제스처는 최대한 단순해야 한다. 인물의 복잡한 심리를 쉽게 전망할 수 있도록 요약하고, 인물의 핵심으로 압축해야 하기 때문이다. 복잡한 심리 제스처로는 불가능하다. 진정한 심리 제스처는 마치 예술가가 캔버스 위에 세세한 부분들을 그리기 전에 목탄으로 넓은 선을 그리는 것과 비슷하다. 다시 말하자면, 인물에 대한 복잡한 건축 공사를 하기 전에 비계를 세우는 것이다.

심리 제스처는 또한 아주 명확하고 분명한 형태여야 한다. 애매모호함은 인물의 심리가 가진 핵심과 본질을 드러내지 못한다(1장에서 조형, 흐름 등의 움직임을 훈련할 때 형태에 대한 감각을 언급했다).

발견한 심리 제스처를 연습할 때 **템포** 역시 중요하다. 모두가 다른 템포의 삶을 살아간다. 그 사람의 기질이나 운명에 주로 좌우된다. 극 안에 나오는 인물들도 마찬가지다. 인물의 전반적인 템포는 그 인물의 해석에 따라 크게 달라진다. 그림 2와 3을 비교해보자. 그림 2의 삶의 템포가 그림 3보다 얼마나 더 **빠르다**고 느껴지는가?

같은 심리 제스처라 할지라도 서로 다른 템포들로 만들어지면 성질, 의지의 강도, 다른 색채에 대한 민감성이 달라진다. 제시된 심리 제스처의 예시들 중 하나를 골라 처음에는 느린 템포로, 다음에는 빠른 템포로 해보자.

첫 그림에 나온 제스처를 예로 들어보자. 느린 템포로 해보면 독재자 같은 인물이 상상에서 불러 일으켜진다. 다소 사려 깊고 영리하며 계획과 모의를 잘 하고, 한편으로는 인내와 자기조절에 능한 인물이다. 번개처럼 빠른 템포로 할 때는 이성적인 행동을 할 수 없고 억제되지 않은 의지를 가진 무자비한 범죄자의 인물이 된다. 극 안에서 점점 변화하는 인물인 경우 자신이 찾은 심리 제스처에 템포만 바꾸어 그 변화들을 표현할 수 있다 (무대 위에서의 템포에 대해 나중에 더 자세하게 언급할 것이다).

더 이상 신체가 확장되지 못하는 신체적 한계에 다다를 때에는 그 심리 제스처가 가리키는 방향으로 힘과 성질을 발산하며 신체의 경계 너머까지 가도록 계속 유지(10~15초)한다. 이 발산은 제스처의 심리적 힘을 매우 강하게 하고 내면의 활동에 굉장한 영향을 준다.

앞서 말한 것들은 올바른 심리 제스처를 만들기 위해 지켜야 할 몇 가지 조건들이다.

이제 자신이 만드는 제스처에 대한 **감각을 날카롭고** 세밀하게 발전시켜야 한다.

고요하게 자신을 감싸는 심리 제스처(그림 7)를 예로 들어보자. 연관되어 떠오르는 문장을 찾자. "혼자 있었으면 좋겠어."가 될 수 있다. 절제된 의지와 고요함의 성질이 자신의 심리와 음성에 스며들도록 제스처와 문장을 동시에 해본다. 그리고 그 심리 제스처에 약간의 변화를 주기 시작한다. 예를 들어, 만일 머리가 곧게 세워져 있었다면 살짝 밑으로 숙이고 시선도 따라간다. 심리에 어떤 변화가 생겼는가? 혹시 고요함의 성질에 약간의 고집과 완고함의 색채가 더해졌는가?

그림 7

이 변화된 심리 제스처와 완전히 조화를 이루는 문장을 말할 수 있을 때까지 여러 번 해보자.

새로운 변화를 주자. 이번에는 몸무게를 왼다리에 싣고 오른쪽 무릎을 살짝 굽힌다. 이 심리 제스처에 이제 항복의 뉘앙스가 더해졌다. 두 손을 턱 쪽으로 올리면 항복이라는 성질은 더 강해지고 어쩔 수 없음과 외로움의 뉘앙스가 살짝 들어올 것이다. 머리를 뒤로 젖히고 눈을 감아보자. 고통과 간청의 성질이 드러날 것이다. 손바닥을 바깥쪽으로 향한다. 자기 방어가 된다. 머리를 한쪽으로 기울이자. 자기 연민이다. 양손의 둘째 셋째 넷째 손가락을 구부리자. 약간의 유머가 생겨날 것이다. 각각의 변화를 수용하며 똑같은 문장을 말해보자.

위 예시들은 심리 제스처가 내면에서 불러일으킬 수 있는 많은 예시들 중 몇 개일 뿐이다. 그 범위는 무한하다. 변화된 제스처들을 자유롭게 해석하자. 제스처에 작은 변화를 줄수록 그 변화를 인식하는 내면의 섬세함은 더 커질 것이다.

머리, 어깨, 목의 위치와 팔, 손, 손가락, 팔꿈치, 가슴, 다리, 발의 움직임, 시선의 방향을 포함한 온몸이 심리에 반응을 불러일으킬 때까지 이 훈련을 계속한다.

아무 심리 제스처나 하나 선택해서 느린 템포로 얼마동안 해보자. 그리고 조금씩 속도를 더해 할 수 있는 한 가장 빠른 템포로 간다. 점점 빨라질수록 어떤 심리적 반응이 생기는지 경험해 보자(앞에 나온 예시들로 시작해 봐도 좋다). 각각의 템포에서 떠오르는 새로운 문장들을 찾아 제스처를 하며 말해 보자.

이 섬세함에 대한 훈련은 신체, 심리, 말의 조화에 대한 감각을 크게 향상시킬 것이다. 어느 정도까지 크게 향상 되면, 이렇게 말할 수 있을 것이다. "나는 내 신체와 말을 내 심리가 그대로 연장continuation된 것으로 느낀다. 신체는 내 영혼을 보여주고 말은 내 영혼을 들려준다."

이제는 연기를 하고, 행동business을 하고, 대사를 말하고, 단순하고 자연스러운 제스처를 할 때 심리 제스처가 마음 한 구석에 언제나 존재한다는 것을 발견할 것이다. 또한 영감이 가장 필요할 때마다 옆에서 보이지 않는 안내자, 친구, 연출가처럼 도와주고 이끌어 준다. 그리고 그 창조물을 압축적이고 견고한 형태로 유지시킨다.

그리고 심리 제스처를 통해 내면에서 불러일으켜진 강하고 다채로운 내면의 활동이 보다 큰 표현력을 가져다준다는 것을 알게 될 것이다. 연기가 아무리 간결하고 절제되어 있다 해도 말이다(건축가가 사람들에게 완성된 건물 대신 건물의 비계를 굳이 보여주지 않듯이 관객에게 심리 제스처 자체를 보여주지 않는다. 심리 제스처는 역할의 비계이며 기술적인 '비밀'로 남겨야 한다).

그룹으로 훈련을 한다면 각 참여자들이 서로 다른 심리 제스처를 사용해 짧은 즉흥 연기를 해보자.

그림 7로 시작한 훈련에 덧붙여서 다음 훈련도 추천한다.

짧은 문장을 고른 후 여러 가지 자연스러운 자세들을 취하거나 일상의 움직임(심리 제스처가 아닌)을 하며 말해본다. 앉기, 눕기, 서있기, 방을 걷기, 벽에 기대기, 창밖을 보기, 문을 열거나 닫기, 방에서 나가거나 들어오기, 물건을 들고 내려놓거나 던지기 등이 될 수 있다. 각각의 신체의 움직임이나 자세는 어떤 심리 상태를 불러일으키며 어떻게, 어떤 강도intensity나 성질, 템포로 그 문장을 말할 지 즉각 알려줄 것이다. 자세나 동작을 바꾼다. 그러나 바꿀 때마다 같은 문장을 말한다. 신체, 심리와 말 사이의 조화에 대한 감각이 향상될 것이다.

이제, 충분히 그 섬세함을 발전시켰다면 원형, 강도, 단순함 등 이전에 언급한 조건들에 주의하며 인물에 대한 심리 제스처를 여러 개 만들어 보자. 처음에는 연극, 문학, 역사에 나오는 인물들로 한 후 일상에서 자신이 잘 아는 사람들에 대한 심리 제스처를 찾는다. 그러고 나서 거리에서 우연히, 잠깐 본 사람들로 해본다. 마지막으로 상상으로 인물을 만든 후 그 인물의 심리 제스처를 찾는다.

이 훈련의 다음 단계로, 이전에 본 적이 없거나 연기한 적 없는 연극에서 인물을 고른다. 심리 제스처를 찾고 다듬는다. 완전히 흡수한 후, 그 심리 제스처를 바탕으로 극에서 가장 짧은 장면을 연습해 보는 것으로 시작한다(가능하면 파트너들과 함께 한다).

템포에 대한 마지막 부연 설명이다.

우리는 일반적으로 무대 위의 템포를 이해할 때 내적, 외적 변화가 어떻게 다른지를 간과한다. 내적 템포는 생각, 이미지, 느낌, 의지의 자극 등에 가해지는 빠르거나 느린 변화로 정의할 수 있다. 외적 템포는 빠르거나 느린 행동과 말로 그대로 표현된다. 서로 반대되는 외적, 내적 템포를 무대 위에서 동시에 보여줄 수 있다. 예를 들어, 어떤 사람이 누군가를 또는 무언가를 조급하게 기다린다. 그 사람의 머리에 있는 이미지들이 빠르게 연속으로 지나간다. 생각과 욕구들이 머릿속에서 계속 튀어나온다. 서로를 쫓으며 나타났다가 사라진다. 의지는 고조된다. 그러나 동시에 그 사람은 스스로를 조절하며 외면의 행동, 움직임, 말을 조용하고 느린 템포로 유지한다. 외적으로 느린 템포는 빠른 내적 템포와 공존할 수 있으며 그 반대 역시 마찬가지이다. 무대 위에서 두 대조적인 템포가 동시에 흐르는 것은 관객에게 강한 인상을 주기 마련이다.

느린 템포를 배우 스스로의 수동성이나 부족한 기운으로 오해해서는 안 된다. 무대 위에서 얼마나 느린 템포를 사용하든지 예술가로서의 자신은 언제나 활동적이어야 한다. 다른 한편으로는, 공연에서의 빠른 템포를 노골적인 서두름이나 불필요한 심리적, 신체적 긴장으로 만들어서는 안 된다. 유연하고, 잘 훈련된 충실한 신체와 좋은 화술은 이런 실수를 피하고 대조적인 두 템포의 공존과 템포의 변화가 가능하게 도와준다.

훈련 • 17

대조되는 내적, 외적 템포를 사용하여 즉흥 연기를 해보자.

예시: 밤이고 큰 호텔이 있다. 짐꾼들이 빠르고 노련하고 익숙한 움직임으로 승강기에서 짐을 나른다. 밤기차를 타야하기 때문에 대기하고 있는 자동차에 서둘러 옮겨 실어야 한다. 일꾼들의 외적 템포는 빠르지만 체크아웃을 하는 손님들의 흥분과는 무관하다. 짐꾼들의 내적 템포는 느리다. 반대로, 떠나는 손님들은 외적인 고요함을 유지하면서 내적으로는 흥분되어 있고, 기차를 놓칠까봐 두렵다. 그들의 외적 템포는 느리고 내적 템포는 빠르다.

내적, 외적 템포에 대한 추가적 훈련들은 11장에 나오는 예시들로 하면 된다.

희곡을 읽으며 서로 다른 템포들이 혼합되어 있는지 살펴보자.

심리 제스처에 대한 요약이다.

1. 심리 제스처는 의지의 힘을 자극하고 명확한 방향을 알려주며 느낌을 깨우고 인물을 압축해 준다.
2. 심리 제스처는 원형적이고 강하고 단순하며 잘 조형well formed되어 있어야 한다. 올바른 템포로 발산하고 실현되어야 한다.
3. 심리 제스처에 대한 섬세한 감각을 발전시켜야 한다.
4. 내적, 외적 템포를 구별한다.

6

인물과 성격 부여

> 변신—이것은 배우의 본성이 의식적으로 혹은
> 무의식적으로 갈망하는 것이다.

이제 인물 창조의 문제에 대해 논의해 보자.

흔히들 말하는 대로 '뻔한'straight 역할이나, 아니면 배우가 관객에게 일상의 자기 자신과 항상 똑같은 '전형'type을 보여주는 역할은 존재하지 않는다. '진실한 연극'에 관한 안타까운 오해가 만들어지는 이유는 여러 가지가 있지만, 여기서 일일이 설명할 필요는 없다. 다만, 이처럼 '자기 자신'을 고수하려는 해로운 태도가 판을 치게 내버려 둔다면, 연극은 성장하고 발전할 수 없다. 모든 예술은 인생의 새로운 지평과 인간의 새로운 일면을 발견하고 드러내는 목적을 갖고서 이를 추구한다. 만일, 무대 위에서 배우가 변함없이 자기 자신만을 보여준다면 관객들이 새로운 발견을 하게 되는 일은 없어질 것이다. 가령, 어떤 희곡 작가가 모든 작품에서 빠짐없이 자기 자신을 주인공으로 삼는다면, 또는 어떤 화가가 자화상 말고는 아무것도 그릴 수 없다면 그는 어떤 평가를 받게 될까?

살면서 엄밀하게 똑같은 두 사람을 절대 만날 수 없는 것처럼, 희곡에서도 완전히 동일한 두 역할을 만날 수는 없다. 차이를 만들어내는 것이 역할을 인물로 만들어 준다. "나 자신과 극작가가 묘사해 놓은 인물 사이의 차이(그 차이가 아무리 미묘하고 사소하더라도)는 무엇인가를 자문해보는 것은 배우가 자신이 무대에서 연기할 인물에 관한 최초의 아이디어를 잡아내기 위한 좋은 출발점이 될 수 있다."

그렇게 함으로써 '자화상'을 반복해서 그리고 싶어 하는 욕망을 내려놓게 될 것이고, 그뿐 아니라 인물이 가진 주요한 심리적 개성 또는 특징을 발견할 것이다.

그런 다음에 이제 자기 자신과 인물의 차이를 만들어내는 성격적인 특징들을 통합해낼 필요가 있다. 이 과제에 대해서는 어떻게 접근할 수 있을까.

가장 빠르고, 가장 예술적인 (그리고 즐거운) 접근법은 인물의 가상의 신체를 발견하는 것이다. 적절한 예시로, 자신이 (신체적으로나 심리적으로나) 게으르고 나태하고 어수룩한 특징을 갖고 있는 인물을 연기한다고 상상해보자. 이러한 성질들을 마치 희극에서처럼 꼭 두드러지거나 강조해서 표현할 필요는 없다. 그저 거의 눈에 띄지 않는 암시만으로도 좋다. 그렇게 해도 인물의 고유한 특성으로서 드러나게 된다.

자기 자신과 비교해서 자기 배역의 특성과 성질의 윤곽을 잡아냈다면, 이제 그런 게으르고 어수룩하고 느린 사람이 어떤 종류의 신체를 가질 법한

지를 떠올려보자. 어쩌면 그 사람은 뚱뚱하게 살이 찌고 키 작은 몸통에 축 늘어진 어깨와 두꺼운 목, 긴 팔이 생기 없이 매달려 있고, 크고 무거운 머리를 갖고 있을 것이다. 이 신체는 당연히 자기 자신과는 상당히 거리가 멀다.

그러나 그 사람처럼 보여야 하며 그 사람이 행동하는 것처럼 행동해야 한다. 진짜로 닮아 보이는 효과를 만들어내려면 어떻게 작업할 수 있을까? 다음과 같은 방법이 있다.

한 공간에 자신의 진짜 신체가 공간을 차지하고 있고, 또 다른 신체, 즉 방금 자신이 마음속으로 창조해낸 가상의 신체Imaginary Body가 존재한다고 상상해 보자.

원래 그래왔다는 듯이 이 신체를 입어보자. 옷처럼 몸에 입히면 된다. 이 '변장'의 결과로 무엇이 따라올까? 조금 뒤에 (어쩌면 순식간에!) 자신을 다른 사람으로 느끼고 생각하기 시작할 것이다. 이 경험은 실제로 변장하는 것과 아주 비슷하다. 일상생활에서도 다른 옷을 입는 것만으로도 자신이 얼마나 달라지는지 느껴본 적이 있지 않은가? 가운을 입거나 이브닝드레스를 입었을 때, 오래되고 낡은 정장 아니면 새로 산 정장을 입었을 때 "다른 사람"이 되지 않았던가? '다른 신체를 입는 것'은 어떤 옷이나 의상을 입는 것 이상의 효과를 갖는다. 인물의 가상의 신체라는 형상을 가정해보는 것이 배우의 심리에 어떤 의상보다도 열 배는 더 강한 영향을 준다!

가상의 신체는 이를테면 자신의 실제 몸과 심리 사이에 자리를 잡고 양쪽에 동등한 힘으로 영향을 준다. 점차 단계적으로 가상의 신체와 조화를 이루면서 움직이고, 말하고, 느껴보자. 말하자면, 그 인물이 자기 안에서 살게 되는 것이다(혹은, 자신이 인물 안에 산다고 하는 쪽이 더 좋다면 그렇게 표현할 수도 있다).

연기를 하는 동안 가상의 신체의 성질을 얼마나 강하게 표현할지는 연극의 종류와 개인적인 취향과 욕망에 따라 달라질 것이다. 그러나 어떤 경우이든 자신의 전존재가 심리적으로, 또 신체적으로 인물에 의해 변하게 될 것이며, 심지어 **사로잡히게** 될 것이다. 실제로 이 사실을 받아들이고 훈련을 하면, 가상의 신체는 배우 자신의 의지와 느낌을 흔들어 놓을 것이다. 또한 배우의 의지와 느낌이 조화롭게 특징적인 말하기 및 움직임 방식으로 이끈다. 이때 배우가 다른 사람으로 변신하게 되는 것이다! 단순히 인물을 정신적으로 분석하면서 그에 대해 논의하는 것에 그친다면 바라는 효과를 얻지 못하게 된다. 왜냐하면 이성적인 사고는 아무리 능숙하더라도, 배우를 냉정하고 소극적인 상태로 만들기 쉽기 때문이다. 반면에 가상의 신체에는 배우의 의지와 느낌에 직접적으로 호소하는 힘이 있다.

인물을 창조하고 추측해보는 것이 짧고 간단한 일종의 게임이라고 생각해보자. 가상의 신체를 갖고 '놀아'보는 거다. 결과에 자기가 완전히 만족할 때까지 가상의 신체를 바꾸고 완벽하게 만들어 가보자. 결과물을 보려고 참을성 없이 서두르지만 않으면, 이 게임에 절대 실패란 없다. 예술적인 본성에 자연스럽게 이끌려갈 것이다. 너무 조급하게 가상의 신체를 억지로 만들어서 '연기'하지 않는다면 말이다. 완전한 자신감을 갖고 자신의 창조적 본성에 의지하는 법을 배우면, 절대 배신당하지 않을 것이다.

'새로운 신체'로부터 자신에게 찾아온 섬세한 영감이 있다면, 일부러 강조하고, 재촉하고, 오버액션을 함으로써 외적으로 과장해서 표현하지는 말자. 그리고 가상의 신체가 완전히 자유롭고 진실하며 자연스럽다고 느끼기 시작할 때에야 비로소 대사와 행동business을 가지고 집에서든 무대에서든 인물 연습을 시작해야 한다.

경우에 따라서는 신체의 한 부분만 이용해도 충분하다고 느낄 수도 있다. 예를 들어, 길고 의존적인 두 팔이 갑자기 전체적인 심리를 바꾸게 되고, 적합한 형상을 제시해주는 경험을 할지도 모른다. 그러나 언제나 자신의 전존재가 자신이 묘사할 인물로 변신할 수 있도록 주의하자.

가상의 신체에 **가상의 중심**Imaginary Center을 추가한다면, 가상의 신체 효과는 강화될 것이고 예상치 못했던 많은 뉘앙스를 획득하게 될 것이다(1장을 참고하자).

중심이 가슴의 가운데(몇 센티미터 깊이에 있다고 가정해보자)에 있으면, 여전히 자기 자신의 상태이며, 완전히 의지대로 지휘할 수 있다고 느낄 것이다. 여기에 에너지를 더 풍부하고 조화롭게 사용한다면 몸이 '이상적인' 모습에 접근하게 된다. 그런데 중심을 신체 내부와 외부의 다른 곳으로 옮기려고 하면, 자신의 심리 및 신체적인 태도 전체가 바뀌는 것을 느끼게 될 것이다. 이것은 가상의 신체에 들어갔을 때 몸이 바뀌게 되는 것과 비슷하다. 가상의 중심은 자신의 전 존재를 한 점으로 끌고 가서 그곳에 집중시킬 수 있고, 거기에서부터 활동activity이 생겨나고 발산이 시작된다. 이 지점에 대해 설명하기 위해 예를 들면, 중심이 가슴에서 머리로 옮겨간다고 했을 때, 생각이라는 요소가 연기에 어떤 특징을 부여한다는 것을 인식하게 될 것이다. 머리에 있는 중심이 생각이 자신의 연기에 밀접하게 관련된 중요한 요소라는 감각을 자연스럽게 경험하게 할 것이다. 이로써 갑자기, 또는 서서히 모든 움직임들을 조정하고, 신체를 사용한 태도 전체에 영향을 주며, 행위에 동기를 부여하고, 자신의 심리를 조율해갈 것이다.

중심을 어디 두느냐에 관계없이, 중심의 **성질**을 바꾸는 것만으로도 완전히 다른 효과가 생겨난다. 예를 들어, 중심을 머리에 두고 알아서 움직이게 하는 것만으로는 충분하지 않을지도 모른다. 그럴 때는 원하는 대로 다양한 성질을 탐구해봄으로써 중심을 훨씬 더 자극해야 한다. 이를테면, 현명한 사람의 중심은 머리에서 커다랗게 빛나며 발산한다고 상상할 수 있다.

반면에, 멍청하거나 광적이거나 편협한 사람의 중심은 작고 팽팽하고 단단하다고 상상해볼 수 있다. 이처럼 다양한 변주들이 자기가 연기하는 역할과 부딪히지만 않는다면, 아무런 제약 없이 자유롭게 여러 가지 방식으로 중심을 상상해 볼 수 있다.

잠시 동안 몇 가지 실험을 해보자. 부드럽고, 따뜻하고, 너무 작지는 않은 중심을 자신의 배 안에 두자. 그랬을 때 자만심 있고, 저속하고, 다소 무겁고 심지어 우스운 심리를 경험하게 될 지도 모른다. 작고 단단한 중심을 코끝에 가져가보자. 그러면 호기심 가득하고, 캐묻고 싶고, 심지어 참견하고 싶어질지도 모른다. 중심을 한쪽 눈으로 옮겨보면 순식간에 자신이 음흉하고, 교활하고, 어쩌면 위선적으로 변했다고 느낄 것이다. 이번에는 크고, 무겁고, 둔하고, 질척질척한 중심이 바지의 엉덩이 부분 바깥쪽에 있다고 상상해보자. 겁쟁이에, 아주 정직하지는 않고, 우스꽝스러운 인물이 될 것이다. 눈이나 이마에서 수십 센티미터 떨어진 곳에 위치한 중심은 예리한 감각과, 꿰뚫어보고, 어쩌면 현명한 정신을 불러일으킬 수도 있다. 따뜻하고, 뜨겁고, 불같은 중심이 심장 속에 자리하고 있다면 자기 안에 있는 영웅적이고, 낭만적이며, 용감한 느낌을 일깨울 수도 있다.

또한 움직이는 중심을 상상해 볼 수도 있다. 이마 앞에서 천천히 흔들리거나 이따금씩 머리 주위를 원을 그리며 돌게 해보자. 갈피를 못 잡는 사람의 심리를 감지할 수 있을 것이다. 혹은 몸 전체 주변을 불규칙적으로 원을 그리며 돌게 해보자. 템포를 바꿔보고, 이제 위로 올라갔다가 그런 다음 아래로 가라앉게 해보자. 틀림없이 그 효과는 일종의 취한 상태가 될 것이다.

이런 식으로 자유롭게 놀이 하듯이 실험하다 보면 우리에게 무한한 가능성이 열릴 것이다. 이제 곧 이 '게임'에 익숙해질 것이고, 즐거운 만큼 엄청나게 실용적인 진가를 알게 될 것이다.

가상의 중심은 주로 인물과 관련해서 사용한다. 그런데 장면들이나 개별적인 움직임들에도 사용할 수 있다. 가령, 돈키호테라는 인물을 가지고 작업한다고 가정해보자. 늙고, 야위고, 연약한 몸이 보인다. 그의 정신은 고귀하고, 열정적이며, 동시에 괴짜 같고, 들떠있다. 이제 그의 머리 위 높은 곳에서 작지만 강하고, 발산적이며, 계속해서 빙빙 도는 중심을 두기로 하자. 이 중심이 돈키호테 인물 전체를 만드는 데 유용할 수도 있다. 이제 그가 상상 속의 적들과 마법사들과 싸우는 장면으로 가보자. 기사는 몸을 구부렸다가 빛의 속도로 허공에 점프한다. 그의 중심은 이제 어둡고 단단해졌으며, 높은 곳에서 발사되어 가슴으로 옮겨왔고 숨이 차다. 중심이 긴 고무줄 위에 있는 공처럼 앞으로 날아갔다가 재빨리 돌아오면서, 적들을 찾아서 좌우로 좌충우돌한다. 기사는 싸움이 끝날 때까지 '공'을 따라서 사방으로 돌진한다. 기사가 지쳐버렸을 때, 중심은 천천히 땅으로 가라앉는다. 그런 다음 다시 천천히 원래 위치까지 떠올라서는 이전처럼 발산하며, 또 불안정하게 회전한다.

명쾌하게 설명하기 위해서 어느 정도 분명하고, 어쩌면 터무니없을 지도 모를 예들을 제시했다. 그러나 가상의 중심을 적용할 때에는 대부분 (특히 현대 연극에서는) 훨씬 정교하게 사용해야 한다. 중심이 자기 안에서 만들어내는 감각이 아무리 강하더라도, 연기할 때 그 감각을 어느 정도까지 보여줄지는 항상 자신이 판단하면 된다.

가상의 신체와 중심은 이 두 가지를 조합해서 사용하든, 아니면 한 번에 하나씩만 사용하든 관계없이 인물 창조에 도움을 줄 것이다.

이번에는 전체로서의 인물과, 인물의 작은 **특이성**peculiar feature이라고 정의할 수 있는 **성격 부여 작업**Characterization을 구별해보자. 성격 부여, 다른 말로 특이성은 그 인물만 갖고 있는 것은 뭐든지 된다. 이를 테면, 전형적인 움직임, 특징적인 말하기 방식, 반복적인 습관, 특정하게 웃는 방식, 걷거나 옷 입는 방식, 손을 잡는 이상한 방식, 또는 독특하게 고개를 기울이는 것 등이 될 수 있다. 이러한 작은 특이성들은 말하자면 예술가가 자신의 작품에 가하는 '마무리 손질'이라고 할 수 있다. 인물에 작은 특이성을 부여하자마자 인물 전체가 더 생생해지고, 더 인간적이 되며, 더 진실해진다. 관객은 일단 인물에 관심을 갖게 되면, 그와 사랑에 빠지고, 기대하게 된다. 이와 같은 성격 부여 작업은 인물의 전체적인 모습을 보면서 진행되어야 하며, 인물의 심리적 기질의 중요한 부분에서 도출되어야 한다.

몇 가지 예를 들어 보자. 게으르고, 수다스러우며, 아무 일도 할 줄 모르는 사람은 옆구리 부근에 양팔이 짓눌린 채로, 팔꿈치는 직각으로 꺾여 있고, 양손은 힘없이 매달린 모습으로 자신을 표현할 수 있다. 정신이 나간 인물의 경우에는, 다른 사람과 대화를 하고 있는 동안에 특징적으로 눈을 빠르게 깜빡이고, 그와 동시에 손끝이 상대방 쪽을 가리키는 제스처를 하고서, 말을 입 밖에 꺼내기 전에 생각을 모으느라 입을 살짝 벌린 채로 멈춰 있을 수도 있다. 고집불통의 싸움꾼이라면, 사람들의 말을 듣고 있는 동안 마치 부정적인 대답을 준비하고 있다는 듯이 살짝 고개를 흔드는 무의식적인 습관을 갖고 있을 수도 있다. 수줍음을 타는 사람은 자기 옷을 만지작거리면서 단추를 만지거나 구겨진 부분을 펼지도 모른다. 소심한 사람은 양손 엄지를 숨긴 채 손가락을 모으고 있을 수 있다. 현학적인 인물은 주변에 있는 것들을 무의식적으로 만지다가 반듯이 놓거나 대칭적으로 정리할 것이다. 염세주의자는 거의 무의식적으로 자기 손에 닿는 것들을 멀리 밀어낼 수도 있다. 그다지 진실하지 못하고 야비한 사람은 말을 하거나 듣는 동안 천장을 재빨리 흘깃 쳐다보는 습관을 갖고 있을 지도 모른다. 기타 등등.

때로는 성격 부여 작업을 하는 것만으로도 빠르게 인물 전체를 불러낼 수도 있다.

인물을 창조하고 그를 위해 성격 부여 작업을 하는 동안에 주위 사람들을 관찰하는 것이 큰 도움이 되고, 어쩌면 많은 영감을 제시해준다고 생각할지도 모른다. 그러나 단순히 삶을 모방하는 것에 그치지 않기 위해서, 첫째로 자기 자신의 창조적인 상상력을 잘 써보기 전까지는 관찰 작업을 권하지 않는다. 게다가 관찰하는 능력은 자신이 정확히 무엇을 찾고 있는지 알고 있을 때 더 예리해진다.

이 장에서는 특별히 훈련을 제시할 필요가 없다. 오히려, 가상의 신체와 움직이고 변화하는 중심을 갖고 '놀이'를 해봄으로써, 또 그에 적합한 성격 부여 작업을 생각해냄으로써 훈련을 직접 찾아낼 수 있을 것이다. 그런 '놀이'에 덧붙여서 도움이 되는 것은 실제 삶에서 사람들이 어디에, 그리고 **어떤 종류**의 중심을 갖고 있는지 관찰하고 발견하는 것이다.

7

창조적 개성

영감을 얻어 창작하기 위해서는
반드시 자기 자신만이 가진 개성을 알아야 한다.

이 책에서 사용된 '예술가의 창조적 개성'이라는 말에는 약간의 설명이
필요하다. 창조적 개성의 몇 가지 성질에 대해 간단히 이해하는 것만으로
도 내면의 힘을 자유롭게 확장하는 방법을 찾고 있는 배우들에게 도움이
될 것이다.

예를 들어, 똑같이 재능 있는 화가 두 명에게 똑같은 풍경을 최대한 정
밀하게 그리라고 주문했을 때, 두 그림은 확연히 다를 것이다. 그 이유는
분명하다. 화가들은 각자가 풍경에서 받은 개인적인 인상을 그릴 수밖에

없기 때문이다. 둘 중 한 명은 풍경의 분위기, 선의 아름다움, 형태의 묘사를 선호하는 한편, 다른 한 명은 어쩌면 대비를 주거나, 빛과 그림자를 실험하거나 자신만의 취향이나 표현법에 맞는 부분들을 강조하고 싶을지도 모른다. 중요한 것은, 똑같은 풍경도 두 화가에게는 각자의 **창조적 개성**을 표현하는 매개체로 사용된다는 것이며, 어떻게 다른지도 둘의 그림에서 분명하게 드러난다는 것이다.

　루돌프 슈타이너Rudolf Steiner는 실러Johann Christoph Friedrich von Schiler의 창조적 개성을 그의 도덕적 성향으로 특징지을 수 있다고 규정했다. 그것은 바로 **선**과 **악**의 대결이다. 메테를링크Maurice Maeterlinck는 외적인 사건들 이면에서 미묘하고 신비주의적인 뉘앙스를 찾아내려 한다. 괴테는 수많은 현상들을 통합해서 원형archetypes을 발견한다. 스타니슬랍스키는 도스토예프스키가 『카라마조프 가의 형제들』에서 신을 향한 추구를 표현했다고 언급했는데, 우연인지 몰라도 이와 같은 주제가 그의 모든 주요 소설에 적용된다. 톨스토이의 개성은 명백하게 자기 완성적인 성격으로 드러나고, 체홉은 부르주아적인 삶의 시시함과 싸운다. 요컨대, 모든 예술가의 창조적 개성은 그의 작품에서 반복적으로 나타나는 주제leitmotif처럼, 언제나 지배적인 주제 안에서 표현되며, 자신의 모든 창작물에 투영된다. 이는 분명 배우-예술가의 창조적 개성에 대해서도 똑같이 적용된다.

　우리는 셰익스피어가 오직 하나의 햄릿을 창조했다고 알고 있다. 그러나 셰익스피어의 상상 속에 존재한 햄릿이 정확히 어떤 모습이었는지 말할 수 있을까? 사실상 햄릿을 해석하겠다고 달려든 재능 있고 영감을 받은 배우의 수만큼 무수한 햄릿이 존재하며, 또 그래야만 한다. 각자의 창조적인 개성이 틀림없이 자신만의 유일한 햄릿을 결정할 것이다. 무대 위에서 예술가이고 싶은 배우라면 반드시 자신의 배역에 대해 때로는 과감하고 때로는 겸손한 자세로 개성적인 해석을 추구해야 한다. 그렇다면 배우가 영감의 순간에 창조적인 개성을 경험하려면 어떻게 해야 할까?

일상생활에서 우리는 자신을 '나'라고 규정한다. "나는 바란다, 나는 느낀다, 나는 생각한다."의 주인공이 된다. '나'에는 평상시의 자기 존재를 구성하는 몸, 습관, 생활방식, 가족, 사회적인 위치 등 기타 모든 것이 관계되어 있다. 그러나 영감의 순간에 예술가로서의 나는 일종의 변신을 경험한다. 그런 순간에 자신이 어땠었는지 떠올려보자. 일상의 '나'에게 무슨 일이 벌어진 것일까? 또 다른 나에게 자리를 내어주고 물러나버리지 않았나? 자기 안에 있는 진정한 예술가라는 느낌을 받지는 않았는가.

그런 순간을 경험해보았다면, 새로운 나의 등장과 함께 무엇보다도 일상에서는 절대 경험하지 못했던 힘이 밀려들어왔던 느낌을 기억할 것이다. 이 힘은 자신의 전 존재에 침투해서 자기로부터 주위로 발산되고, 무대를 가득 채우고 무대 바닥을 흘러 넘쳐서 관객에게 전해진다. 또한 자신과 관객을 하나로 통일시키며 자신의 모든 창조적 의도와 생각, 이미지, 느낌을 관객에게 전해준다. 이 힘 덕분에, 이전에 언급했던 무대 위의 참 존재로서 순도 높은 경험을 할 수 있게 된다.

강력한 다른 나의 영향 하에서 자신도 통제할 수 없는 엄청난 의식의 변화를 경험할 수밖에 없다. 이는 보다 **고차원적인**higher-level 나이며, 의식을 강화하고 확장시킨다. 이제부터 자신 안에 있는 **세 가지 다른 존재**를 구분하기 시작할 것이다. 이들은 각자 뚜렷한 성격을 갖고 있으며, 특별한 임무를 담당하며, 비교적 독립적이다. 잠시 멈춰서, 이 존재들을 살펴보고 이들의 고유한 기능을 알아보자.

무대 위에서 인물을 연기하는 동안 배우는 자신의 감정과 목소리, 몸의 움직임을 사용한다. 이런 것들이 고차원적인 자신, 즉 자신 안의 진짜 예술가가 공연을 위해 인물을 창조하는 '인물 구축의 재료'가 된다. 고차원적인 자신은 단순히 인물 구축의 재료를 가져다 쓴다. 그 순간 배우는 자신이 그 재료에서 분리되며, 심지어 아예 동떨어져 있다고 느끼기 시작하며, 결과적으로 일상적인 자기 자신과 거리를 두고 있다고 느끼게 된다. 이제 배우는 활동을 시작한 창조적이고 고차원적인 나를 자기 자신과 구별하게 된 것이다. 그리하여 배우는 자신 안에서 나란히 공존하는 확장된 자신과 보통의 일상적인 '나'를 둘 다 자각하게 된다. 창작하는 동안 배우는 두 존재가 되며, 각각의 존재가 수행하는 서로 다른 기능을 분명히 구별할 수 있게 된다.

일단 고차원적인 존재가 인물 구축의 재료를 손에 잘 갖고 있다면, 고차원적인 존재는 내부로부터 형상을 갖추기 시작한다. 배우의 몸을 움직이고, 창조적인 내적 자극에 대해 유연하고 예민하고 수용적으로 반응하게 한다. 또한 자신의 목소리로 말하게 하며, 상상력을 발동시키고 내적인 활동을 증폭시킨다. 그뿐만 아니라 진실한 느낌을 갖게 하고, 독창적이고 창의적으로 만들어주며, 즉흥적인 능력을 일깨우고 유지시켜 준다. 다시 말해, 고차원적인 존재는 배우를 창조적인 상태에 들어가게 한다. 배우는 고차원적인 존재의 영감에 따라 연기하기 시작할 것이다. 배우가 무대 위에서 하는 모든 것에 대해 관객만큼이나 배우 스스로 놀랄 것이다. 모든 것이 완전히 새롭고 예상하지 못한 것처럼 느껴질 것이다. 이런 것들이 자연스럽게 이루어진다는 것과 자기는 아무것도 하지 않았는데도 고차원적 존재를 표현하는 매개체가 되고 있다는 인상을 받을 것이다.

한편, 고차원적인 자신이 창조적인 과정 전체에서 주도권을 잡을 만큼 충분히 강함에도 불구하고, 그만의 아킬레스건을 갖고 있다. 즉, 정해진 경계선을 무시하고, 연습을 하는 동안 쌓아온 한계선을 넘어버린다는 것이다. 자기 자신과 자신의 지배적인 주제를 너무나 열렬히 표현하려 하고, 너무나 자유롭고 너무나 강하며, 또 너무 독창적이라서, 극도의 무질서에 가까워진 것이다. 도스토예프스키는 영감의 힘은 언제나 표현 수단보다 강렬하다고 했다. 영감은 통제될 필요가 있다.

그것이 바로 일상의 의식이 해야 할 일이다. 그렇다면 일상의 의식은 영감이 찾아온 순간에 무엇을 할까? 그것은 바로 창조적인 개성이 그림을 그리는 바탕이 되는 캔버스를 통제하는 일이다. 일상의 의식은 고차원적인 자신을 상식선으로 제어하는 역할을 함으로써, 일이 제대로 굴러가게 하고, 정해진 미장센이 바뀌지 않게 지키고, 무대 위에서 상대 배우와 약속된 내용이 깨지지 않게 한다. 심지어 인물의 심리적인 흐름 전체도 연습기간에 찾은 대로 충실하게 지켜야 한다. 일상적인 자신이 갖춘 상식에 의존해서, 공연을 위해 찾아내고 고정시킨 형식을 보호하게 된다. 따라서 일상의 의식과 고차원적인 의식이 함께 협업해서 공연이 가능해지는 것이다.

그러면 앞서 말한 세 번째 의식은 어디에 있으며, 어디에 속하는 것일까? 세 번째 의식의 소유자는 배우가 창조한 인물이다. 인물은 비록 환상에 불과한 존재이지만, 그럼에도 불구하고 독립적인 삶과 고유한 '나'를 갖고 있다. 배우의 창조적인 개성은 공연을 하는 동안에 애정을 갖고 이를 조각해낸다.

앞에서 '독창적인', '예술적인', '진정한'이라는 말이 무대 위에서 배우가 갖는 느낌을 묘사하기 위해 자주 사용되었다. 그러나 자세히 들여다보면, 인간의 느낌은 두 개의 카테고리로 나뉜다. 모두가 알고 있는 느낌이거나, 아니면 창조적인 영감이 찾아온 순간에 예술가들만이 가질 수 있는 느낌이다. 배우는 두 가지 사이의 중요한 차이점을 인식할 수 있어야 한다.

보통의, 일상적인 느낌은 오염되어 있고, 이기주의에 물들거나, 개인적 필요에 의해 좁아져 있고, 제한되어 있고, 시시하며, 심지어 전혀 미적이지 않거나 진정성이 없는 경우도 있다. 이런 것들은 예술에 사용되어선 안 된다. 창조적인 개성은 이들을 거부한다. 이들과 달리 완전히 비개인적이고, 정화되었으며, 이기주의와 거리가 멀고, 따라서 미적이며, 중요하고, 예술적으로 진실한 느낌을 원하는 대로 쓸 수 있다. 고차원적인 자신은 배우가 연기를 하는 동안 이러한 부분만을 허용한다.

삶에서 경험하는 모든 것, 관찰하고 생각하는 것, 행복과 불행을 주는 것, 후회하고 만족하는 것, 사랑하고 싫어하는 것, 갈망하고 피하는 것, 성공하고 실패하는 것, 태어나면서 생긴 기질, 능력, 성향 등도 잘 발달되었든 그렇지 않았든, 이 모든 것이 깊은 무의식의 영역에 속한다. 거기에서는 자신은 잊었거나 자각한 적이 없더라도 이런 것들이 모든 이기주의로부터 정화되는 과정을 거친다. 삶에서의 모든 경험은 그 자체로 느낌이 된다. 그렇기 때문에 창조적 개성은 그 경험들을 떼어내고 변형해서 인물의 심리, 즉 환상의 '영혼'을 창조해내는 재료의 일부분이 된다.

그런데 우리의 심리가 가진 이 어마어마한 풍부함을 정화하고 변형하는 것은 무엇일까? 우리들 중 일부를 예술가로 구분 짓는 개성, 즉 마찬가지로 고차원적인 존재이다. 따라서 이러한 개성은 창조적인 순간들 사이사이에 분명하게 존재하고 있다. 단, 창조적인 상태에서만 자각된다. 한편 일상의 의식이 인식하지 못하는 동안에도 창조적 개성은 자신만의 지속적인 삶을 이어가고 있다. 계속해서 자기만의 더 고차원적인 경험을 계속 발전시키며, 이것들이 우리의 창조적인 개성에 풍부한 영감을 제공한다. 우리가 아는 한 소소한 일상을 살았던 셰익스피어와, 잔잔하고 만족스러운 삶을 살았던 괴테가 창조적인 아이디어를 개인적인 경험에서만 끄집어냈다고는 상상하기 어렵다. 사실 크게 성공하지 못한 작가들이 개인적인 삶에서는 거장들보다도 훨씬 극적인 일대기를 남기기도 했지만, 그들의 작품이 셰익스피어나 괴테에 필적하지는 못한다. 내적인 활동의 깊이가 정화된 느낌들을 만들어내고, 모든 예술가의 창작 과정에서 창작물의 품격을 최종적으로 결정짓는다.

개성으로부터 창작된 인물에서 나오는 모든 느낌들은 정화되었으며, 자기 자신에게만 국한되어 있지 않은 동시에, 두 가지 다른 속성을 갖고 있다. 먼저, 제아무리 심오하고 설득력이 있어도 이런 느낌들은 인물 그 자체가 가진 '영혼'처럼 '실제가 아니다'unreal. 그저 영감에 따라 찾아왔다가 가버리는 것이다. 그렇지 않다면 그런 느낌들은 영원히 배우에게 남아있을 것이며, 공연이 끝난 뒤에도 배우에게서 떨쳐지지 않고 각인될 것이다. 또 일상생활에 끼어 들어와서 이기주의로 오염될 것이고, 비예술적이고 비창조적인 존재에서 떼어낼 수 없는 일부가 되어버릴 것이다. 더 이상 인물의 허구적인 삶과 배우 자신의 삶 사이의 경계를 구별할 수 없게 될 것이다. 배우는 머지않아 미쳐버릴지도 모른다. 창조적인 느낌들이 '실제'라면 배우는 악당이나, 다른 바람직하지 못한 인물들을 연기할 할 때 즐기지 못할 것이다.

성실한 배우가 자신의 실제 생활의 느낌들을 무대에 적용하다가 자기를 쥐어짜면서 하는 실수들이 얼마나 위험하고 예술적이지 못한지 알 수 있다. 머지않아 그런 시도들은 배우의 건강을 해치며, 신경질적 상태로 내몰게 된다. 특히, 정서 불안과 신경쇠약이 찾아올 수도 있다. 실제 생활의 느낌들은 영감을 차단하며 그 반대로 영감 역시 일상의 느낌들을 배제한다.

창조적 느낌들의 또 다른 속성은 공감한다는 것이다. 고차원적인 자신은 인물에 창조적인 느낌을 부여한다. 또한 동시에 자신의 창조물을 바라볼 수 있기 때문에, 자기 인물과 인물의 운명에 공감한다. 따라서 자신 안에 있는 진정한 예술가는 햄릿을 위해 괴로워할 줄 알고, 줄리엣과 함께 울며, 팔스타프의 장난을 두고 웃을 수 있다.

공감은 모든 좋은 예술의 근본 요소일 것이다. 그 자체로서 다른 존재들이 무엇을 느끼고 경험하는지를 알게 하기 때문이다. 공감 능력만이 개인적인 한계와 인물의 연결고리가 되어줄 것이며, 다루고 있는 인물의 내면 깊은 곳에 접근하게 해 줄 것이다. 이걸 이루지 못하면 공연을 위한 인물을 온전하게 준비할 수 없다.

앞에서 말한 것을 간단히 요약하자면, 배우 - 예술가의 진정한 창조적인 상태는 의식의 삼중 기능으로 통제된다. 고차원적인 자신은 연기에 영감을 주며 진정한 창조적 느낌을 갖게 한다. 일상의 자신은 상식적인 선에서 영감의 힘을 제어하는 역할을 하고, 가상의 '영혼'은 고차원적인 자신의 창조적인 충동의 중심점이 된다.

여기서 다루고 넘어가야 할 배우의 일깨워진 개성이 갖는 또 다른 기능이 있다. 그것은 어디서나 존재한다는 것이다.

일상의 자신과 가상의 인물로부터 비교적 자유로운 동시에 엄청나게 확장된 의식을 가진 개성은 무대 위와 아래를 가로질러 다니는 것이 가능하다. 개성은 인물의 창조자인 동시에 관객이 되기도 한다. 무대의 한쪽 끝에서 관객의 경험을 따라가고, 그들의 열정과 흥분, 실망을 함께 느낀다. 심지어 관객의 반응을 한 발 먼저 예감할 수도 있다. 무엇이 관객을 만족시킬지, 무엇이 그를 열광시킬지, 또 무엇이 차분하게 만들지 잘 알고 있다. 그렇기 때문에 이 고차원적인 나를 자각하고 있는 배우에게, 관객은 시대가 요구하는 욕구를 연결해주는 고리 역할을 하는 것이다.

배우는 창조적 개성의 이런 능력을 통해 동시대 사회의 진정한 필요와 무작위적인 나쁜 취향을 구별하는 법을 배우게 된다. 공연 중에 객석에서 말을 걸어오는 '목소리'를 듣고서, 배우는 자신을 세계와 자신의 형제들에게 서서히 연결시킨다. 그는 극장 밖에 있는 삶에 자신을 연결시키고, 동시대적인 책임을 일깨우게 하는 새로운 '감각기관'을 획득한다. 자신의 직업에 대한 흥미를 무대 너머로 확장시키고, 질문하기 시작한다. "관객은 오늘 무엇을 경험하고 있지? 분위기는 어떻지? 이 시대에 이 연극이 왜 필요하고, 이렇게 다양한 관객들이 여기서 무엇을 얻어갈까? 이 공연의 사상과 연기 방식이 동시대에 무엇을 불러일으킬까? 이런 형태의 연극과 공연이 관객들로 하여금 삶 속의 사건들에 더 민감하게 반응하고 수용하게 만들까? 관객들에게 도덕적인 느낌을 일깨울까, 아니면 그저 즐겁기만 했을까? 연극이나 공연이 관객의 원초적인 본능을 건드렸을까? 공연이 재미있었다면, 어떤 종류의 재미였을까?" 질문은 얼마든지 할 수 있지만, 배우가 질문에 답하게 하는 것은 **창조적인 개성**이다.

이것을 시험해보려면 다음 실험을 해보면 된다. 특정한 유형의 관객으로 채워진 공연장을 상상해 보자. 이를테면 공연장이 과학자만으로, 또는 선생님, 학생, 어린이, 농부, 의사, 정치인, 외교관, 단순하거나 교양 있는 사람, 다양한 나라에서 온 사람들, 또는 심지어 배우들만으로 채워져 있다. 이제 그들에게 앞에 나왔던 질문이나 그와 비슷한 질문을 해보면서 각 관객들이 어떻게 반응할지 직관적으로 느껴보자.

이 실험은 배우에게 관객에 대한 새로운 감각을 점차 발전시킬 것이다. 이를 통해 배우는 현대 사회에서 연극이 갖는 의미를 수용할 수 있고, 또 그에 대해 의식적으로 정확하게 응답하게 될 것이다.

실제로 배우는 이 장에 나온 모든 생각들을 완전히 이해할 때까지 고민하면서 실험을 해낼 것이다. 그렇게 해보면서 전문적인 접근법인 이런저런 훈련들이 왜 이런 순서로 제시됐는지 이해하게 될 것이다. 마침내 이 책의 원리들이 분명하게 드러날 것이고, 전체로 잘 통합될 것이다. 그 모든 단계에서 배우가 늘 영감 있는 예술가가 되고, 배우라는 직업이 인류에게 유용할 수 있도록, 배우가 개성을 이끌어 내서 자신의 작업에 반영하도록 고안하였다. 방법론을 적절하게 이해하고 적용한다면 그 중 많은 부분이 배우 자신의 것이 될 것이다. 결국에는 배우가 자유롭게 써볼 수 있게 될 것이고, 심지어 자기가 필요하고 바라는 대로 여기저기 손을 봐서 사용할 수도 있다.

8

공연의 구성

> 고립된 것은 이해하기 어려워진다.
> ─루돌프 슈타이너
> 모든 예술은 음악을 닮기 위해 끊임없이 노력한다.
> ─W. 파레트(W. Paret)

우주와 지구, 인간의 삶을 지배하는 근본원리와 음악과 시, 건축에 조화와 리듬을 부여하는 원리들이 모여서 **구성의 법칙**Laws of Composition을 이룬다. 이 법칙은 많든 적든 정도의 차이는 있겠지만 모든 연극에 대해서도 적용된다. 배우의 기술에 가장 직접적으로 관련된 가르침들이 이 시점에서 소개될 것이다.

셰익스피어의 비극 『리어왕』을 통해, 앞으로 다루고자 하는 모든 법칙들을 설명해 볼 것이다. 이 희곡을 고른 주된 이유는 모든 법칙들을 실제적으로 적용해볼 수 있는 부분들이 많기 때문이다. 순전히 개인적인 의견을 말하는 것이 적합하지 않을지도 모르지만, 현대 연극에서 모든 셰익스피어 극은 길이를 줄여야 하고, 이에 적절한 템포를 부여하고 원동력을 강화하기 위해서는 심지어 재배치되어야 한다. 그러나 이 장의 목적을 감안해서 여기서는 그러한 각색에 대해 구체적으로 설명하지 않겠다.

또한 이 장에서는 배우와 연출이 갖는 심리의 차이를 좁히기 위해 노력할 것이다. 좋은 배우는 연출자처럼 공연을 폭넓게 보고, 전체를 아우르는 관점을 가져야 한다. 배우가 자신의 배역이 연출의 관점과 충분히 조화를 이루기 바란다면 말이다.

구성의 첫 번째 법칙은 세 부분의 법칙the law of triplicity이다. 잘 써진 희곡에는 언제나 선과 악이라는 원초적인 두 힘 사이의 대립이 존재한다. 이러한 전투야말로 희곡을 살아 있게 하는 충동이자 원동력이며, 모든 플롯 구조의 기반이 된다. 그런데 이 전투는 필연적으로 세 부분으로 귀결된다. 플롯이 발생하고, 전개되고, 마무리된다. 어떤 희곡이든지 구조가 아무리 복잡해도 반드시 이 과정으로 귀결되며 따라서 위의 세 부분으로 나뉠 수 있다.

리어의 왕국이 아직 건재하고 악의 세력이 소극적인 기간은 확실히 첫 번째 부분이라고 볼 수 있다. 두 번째 부분으로의 전환은 파괴적인 활동이 시작될 때 분명해지며, 파괴적인 영향력이 발생해서 비극이 고조되어 정점을 찍을 때 완전히 두 번째 부분 안에 들어와 있는 것이다. 세 번째 부분으로 들어가는 것은 결말이 발전되는 때이고, 여기에서 악의 세력이 모든 사람을 파괴하고 주변에 있는 모든 것을 망가뜨린 다음에 사라지는 걸 볼 수 있다.

세 부분의 법칙은 또 다른 법칙인 양극성의 법칙the law of polarity과도 연결된다. 진정한 예술 작품―우리의 경우에는 영감에 의한 연기―은 원칙적으로 시작과 결말이 서로 극과 극이거나, 혹은 그래야만 한다. 첫 번째 부분의 주요한 성질들은 전부 마지막 부분에서 반대되는 성질들로 변형되어야 한다. 희곡의 시작과 결말을 단순히 첫 장면과 끝 장면으로 정의할 수 없는 것은 분명하다. 보통 시작과 결말에는 각각 연속적인 장면들이 포함된다.

시작이 결말에 가서 그 양극성으로 변형되는 과정이 중간 단계에서 일어난다. 이것이 **변형**transformation이며, 세 번째 구성의 법칙이다.

연출과 배우가 긴밀하게 관계된 세 **부분**, **양극성**, **변형**의 법칙을 안다면 많은 것을 얻을 수 있다. 이 법칙들을 통해서 공연에서 미학적인 아름다움과 조화 그 이상의 것을 달성할 수 있다.

예를 들어 양극성 하나만 보더라도, 대조 효과로 인해 공연이 단조로움에 빠지지 않게 하며, 표현력을 더 풍부하게 하고, 양 극단의 의미에 깊이를 더한다. 예술에서도 삶에서처럼 대상을 진정한 대조성에 비추어 생각했을 때 우리는 다르게 평가하고, 이해하고, 경험하기 시작한다. 그런 반대 항들에 대해서 생각해 보자. 예를 들면 삶과 죽음, 선과 악, 정신과 물질, 진실과 거짓, 행복과 불행, 건강과 병, 아름다움과 추함, 빛과 어둠이 있으며, 또는 더 구체적인 현상으로는 짧고 김, 높고 낮음, 빠르고 느림, 레가토와 스타카토, 크고 작음 등이 있다. 한쪽에서 반대 항이 빠지면 그 본질이 쉽게 잡히지 않을지도 모른다. 시작과 결말 사이의 대조성은 참으로 잘 짜인 공연의 정수이다.

양극성의 예를 조금 더 깊게 파고들어보자. 『리어왕』 희곡에서 서로 극을 이루는 시작과 끝을 본다는 생각으로 작품을 반복해서 상상해 보자. 그동안에는 중간 또는 변형 단계는 생략한다.

전설적인 리어 왕국이 드러난다. 광대하고, 화려하고, 호사스럽지만 어딘지 어둡고 우울하며, 폭정으로 억압된 분위기가 뒤덮고 있다. 국경선은 끝이 없어 보이지만, 그러면서도 거대한 요새처럼 고립되고 닫혀 있다. 왕국은 중심을 향해 있고, 그 중심은 리어 자신이다. 리어는 지쳐버렸고, 자기 왕국만큼이나 늙었다고 느끼면서, 평화와 조용함을 열망한다. 또 죽음에 대해 말한다. 고요함과 부동성이 그의 전체 환경을 속박한다. 악은 굴복과 순종으로 위장해서 숨어 있다가, 리어의 졸린 정신에서 빠져 나온다. 리어는 아직 연민을 모르고 선과 악을 분별하지 못한다. 세속적인 위엄 안에서 그는 적도 없고 친구도 바라지 않는다. 그는 인간적이고 정신적인 가치들에 대해서 눈이 멀고 귀가 먹었다. 세상은 그에게 모든 보물을 내어주었고, 강철 같은 의지를 단련시켰으며, 지배하라고 가르쳤다. 그는 독보적이고, 자신과 대등한 것을 용납하지 않으며, 자신이 왕국 그 자체다.

이제 비극의 시작이 떠올랐을지도 모르겠다. 그렇다면 그 반대쪽 끝은 무엇일까.

우리는 리어의 절대 군주 왕국에 무슨 일이 일어나는지 잘 알고 있다. 왕국은 산산이 조각나고, 붕괴되고, 국경선이 지워진다. '그늘진 숲과 비옥한 평야, 풍부한 강물과 드넓게 펼쳐진 초원' 대신에 비참하고 쓸쓸한 황무지가 된다. 헐벗은 바위와 천막들이 성 안의 호화로운 회랑과 방을 대체한다. 시작할 때의 죽음과 같은 고요함이 이제는 전쟁의 비명과 쇠가 부딪히는 소리로 변형되었다. 충성스러운 사랑이라는 가면 아래 숨어 있던 악이 이제 정체를 드러낸다. 거너릴과 리건, 에드먼드, 콘월은 처음에는 줏대가 없어 보이지만 이제 고집스럽고 무자비한 의지를 보여준다. 리어에게 세속적인 삶은 더 이상 중요하지 않다. 고통과 수치심과 절망이 의식의 경계를 무너뜨렸다. 이제야 그는 눈으로 보고 귀로 듣고, 선과 악을 구별할 수 있다. 그의 거칠고 무자비한 의지는 이제 강렬한 부성애로 나타나게 된다. 리어는 다시 한 번 중심에 서는데, 이때의 리어는 새로운 세계의 새로운 리어다. 그는 이전과 똑같이 독보적이지만, 이제는 절망적으로 외로운 신세다. 절대 권력자가 힘없는 포로이자 남루한 거지가 되었다.

시작과 결말 사이의 구성은 이런 식이다. 각 부분이 대조의 힘으로 나머지 한쪽을 설명해주고 보완하면서 서로의 실마리를 던져준다. 관객이 공연의 결말 부분을 보는 동안 머릿속에 공연의 시작 장면이 다시 떠오를 텐데, 그 장면을 불러내는 것이 바로 양극성의 법칙이다.

이러한 양극성을 적용하는 방법은 당연히 전적으로 연출과 그와 함께 작업하는 사람들에게 달려 있다. 위엄이 있지만 침울하고 어두운 시작 부분에서, 예를 들면 우울함의 분위기를 선택했다고 하자. 공연의 이곳저곳에서 흘러나오는 음악은 우울한 분위기의 힘을 배가시킬 것이다. 어쩌면 무대 디자인에서 진보라색, 시퍼런 색과 회색의 거대하고 묵직한 건축 형식을 사용할 수도 있다. 디자이너들은 아마도 무대의 건축물 및 색깔과 어울리는 뻣뻣하고 단순한 의상을 사용할 것이다. 다소 희미한 조명이 이 목적에 훨씬 도움을 준다. 연출은 연기를 무대화할 때, 템포를 보통으로 연출하고, 크고 잘 조형된 뚜렷한 움직임을 연출하며, 앙상블들의 구도는 조형물들처럼 치밀하고 장엄하며 불변한다. 음성을 최소한으로 사용할 수도 있다. 『리어왕』은—루돌프 슈타이너의 해석에 따르면—시작 부분에 사이pause들이 있어서 상대적으로 느린 템포로 공연될 수도 있다. 이와 비슷한 표현 방법들이 공연의 결말과 대조를 만들어내는 데 좋은 준비가 된다.

결말에서 분위기는 여전히 비극적이지만, 기분 좋은 음악이 지배적이다. 더 밝은 조명, 큰 공간과 텅 빈 느낌을 만들어내는 평면적인 무대와 노란색, 오렌지색, 더 가벼운 의상, 사이가 없는 더 빠른 템포, 더 자유로운 움직임과 다소 동적인 앙상블. 이러한 것들은 연출이 공연의 결말이 시작과 정반대를 이루기 위해 선택할 수 있는 것들이다.

구성을 훨씬 더 완전하게 만들려면 연출과 배우가 작품의 큰 틀 안에서 또 다른, 더 작은 대조들을 찾아야 한다.

그 예로, 황야에서 리어가 하는 대사 세 개를 보자.

"바람아 불어라, 너의 뺨이 터지도록!"　　　　　　　　　　　　　－3막 2장

"너희들이 어디에 있든 가난하고 헐벗은 딱한 사람들아."　－3막 4장

"너는 차라리 무덤 속에 있는 게 낫겠다."　　　　　　　　　－3막 4장

상상 속에서 위의 세 대사들을 여러 번 가지고 놀아보자. 그러면 이 대사들이 심리적으로 세 가지 다른 재료에서 나온다는 것을 알게 될 것이다. 첫 번째 대사는 리어의 의지will에서 리어가 자연의 섭리에 반항하는 듯이 폭풍처럼 뿜어져 나오고, 두 번째 대사는 그때까지 그가 거의 인지하지 못했던 느낌feelings의 영역에서 생겨난다. 세 번째 대사는 인간의 본질을 통찰하려 하는 동안, 그리고 비로소 그것을 이해했을 때 그의 생각thoughts에 따라 나온다.

첫 번째와 세 번째 대사들은 의지와 생각이 그렇듯이 서로 대조를 이룬다. 두 대사 사이에서 느낌에서 발생한 두 번째 대사가 전환을 위한 연결고리가 된다. 연출과 배우는 다른 표현 방법들을 사용해서 관객에게 대조 효과를 전달할 것이다. 연출이 제시하는 미장센이 다를 것이다. 배우는 다른 움직임과 대사[26])를 보여줄 것이다. 또 배우는 자기 안에서 심리적으로 일

---

26) 루돌프 슈타이너의 언어 오이리트미(Lauteurhythmy)에 의지나 느낌, 생각을 표현하는 예술적인 대사를 운용하는 방법에 대한 지침이 나와 있다.

깨워진 각기 다른 태도들로 각각의 대사들을 다룰 것이다.

또 다른 대조는 리어왕의 두 주인공인 리어와 에드먼드의 병치에서도 발견된다. 맨 처음 시작에서 리어는 우리 앞에 세속적인 독재자의 모든 특권을 가진 인물로 모습을 드러낸다. 반대로 에드먼드는 아무도 아니며, 모든 특권을 빼앗긴 글로스터의 사악한 아들이다. 그는 아무것도 없이 삶을 시작한다. 그는 '없음'nothingness 그 자체다. 리어는 잃고, 에드먼드는 얻는다. 극의 마지막에, 에드먼드는 영광과 힘을 회복하고, 거너릴과 리건의 사랑을 얻게 된다. 그는 '모든 것'everything이 되고, 리어는 '없는 것'nothing이 된다. 그들의 상황이 역전되고, 대조의 구성이 완성된다.

그러나 이 양극성의 진정한 의미는 더 높은 차원에 존재한다. 마지막에 전체 비극은 시작과 대조를 이루게 된다. 이 극은 세속적인 차원으로부터 정신적인 차원을 갈망하게 되고, 가치들이 재평가된다. '모든 것'과 '없는 것'은 다른 의미를 얻게 된다. 리어는 세속적인 의미로 '없음'의 상태로부터 마지막에 정신적인 면에서는 '모든 것'이 되고, 에드먼드는 세속적으로 '모든 것'에서 시작해서 정신적으로 아무것도 없어진다.

연출과 배우는 이러한 대조의 표현 방법을 쉽게 찾을 수 있다. 처음에 리어는 움직임과 말하기에서 강하고 조형적인 성질을 (무겁지만 귀족적이고 고상하게) 사용할 수 있고, 반면 에드먼드의 연기와 말하기는 편안함과 가벼움의 성질을 취할 수 있다(결코 희망적이고 숭고한 성질은 아니고, 교활하고 음흉한 뉘앙스를 사용해서 거짓 겸손과 자신을 내세우지 않는 인상을 만들 수 있다). 동작에 있어서 에드먼드는 벽과 그림자에 붙어 있을 수 있지만, 절대로 무대의 두드러진 공간을 차지하지 않는다. 마지막에, 모든 비극이 더 높은 영역으로 옮겨갔을 때, 두 주인공은 성질을 맞바꾸게 된다. 리어는 숭고하고, 고귀하며, 희망적인 성질로서 가벼움과 편안함의 성질을 사용하고, 반면에 에드먼드는 자신의 성질을 무겁고, 버릇없고, 무례하며, 목소리가 걸걸해지도록 형상을 개조하게 된다.

연출이 이런 방식으로 양극성을 강조할수록 이 비극의 주제 중의 하나이자, 가장 심오한 주제가 드러난다. 가치라는 것은 정신적인 빛을 받거나 또는 물질적인 어둠에 잠식되어 변한다는 것이다.

이제 리어왕의 세 단위로 다시 돌아와서, 양 극단에 있는 점들 사이의 전환 역할을 하는 두 번째 단위에 대해 말해보자. 이것이 변형이 지속되는 과정이라고 생각해 보면, 매순간 상호적으로 변화하는 것을 알 수 있다. 한 번 스스로 질문해 보자. 중간 부분의 어떤 특정한 순간이 시작 부분에서 나와서 끝 부분으로 옮겨가고 있는가? 어떤 맥락에서 시작 부분이 이미 끝 부분으로 변형되어 가고 있는가?

『리어왕』을 예로 들면, 시작할 때 장엄함의 분위기 속에서 무대 위에서 일어나는 행동에는 왕국의 분할, 두 딸의 거짓 사랑 고백, 코델리아의 용감한 진실성, 켄트의 추방, 왕관을 넘겨버림으로써 벌어지는 왕국의 파멸 등이 있다. 변형이 시작된 것이다! 극 속의 세계는 시작부분에서 아주 안정적이고, 견고해 보이지만, 이제 산산이 부서져서 텅 비어 있다. 리어는 외치지만 그의 목소리가 들리지 않는다. "온 세상이 잠든 것 같구나." 광대는 "황금 관을 양도했을 때" "당신 대머리 속에는 통 분별력이 없었네요"라고 말한다. 무겁고 불길한 의심이 리어의 마음을 비집고 들어오고, 광대만이 그걸 말로 옮겨낸다. "여기 나를 아는 사람이 있는가." 리어가 소리친다. "내가 누군지 말해줄 사람이 있느냐!" 광대가 대답한다. "리어의 그림자죠." 이 극의 시작이 서서히 중간 부분으로 변형된다. 리어는 이미 자신의 왕국을 잃었지만 아직도 그 사실을 깨닫지 못한다. 거너릴과 리건, 에드먼드는 이미 가면을 살짝 들어 올렸지만 완전히 찢어버리지는 않았다. 리어는 이미 첫 번째 상처를 받았지만, 아직 심장이 피를 흘릴 정도는 아니다. 그의 독재자 정신은 이미 흔들렸지만, 기존의 생각이 새로운 생각으로 대체될 기미가 아직 보이지 않는다.

점차 맨 끝으로 향해 가면서, 연출과 배우는 왕이 거지로, 독재자가 자식을 사랑하는 아버지로 변형되는 과정을 따라간다. 이러한 '이미'alreadies 와 '아직'not yets은 모든 과거(시작)의 지점들을 현재의 것으로 엮고, 동시에 점차적으로 미래(끝)의 패턴을 예견한다. 각 장면과 인물은 항상 존재하는 중간 단계에서의 변형을 통해 매순간 진정한 의미와 중요성을 드러낸다. 왕좌의 위엄을 포기하는 리어와 첫째로 거너릴의 성에 찾아가는 리어는 다른 두 리어이다. 두 번째 리어는 첫 번째 리어에게서 생겨나며, 세 번째 리어는 두 번째 리어에게서 생겨나는 방식이 맨 끝까지 이어진다. 그리고 끝에 가서 '아직'들은 모두 끝나고, 모든 '이미'들이 비극의 장엄한 최종적인 그림으로 합쳐지게 된다.

구성의 세 가지 법칙의 영향으로 모든 장면이 다른 장면으로 어떻게 변형해 가는지를 유념하면, 연출과 배우는 중요한 것과 중요하지 않은 것, 주요한 것과 사소한 것을 쉽게 구별해 낼 수 있다. 이로써 세부사항들 사이에서 길을 잃지 않고, 희곡의 기본 선과 거기서 벗어나지 않고 갈등들을 따라갈 수 있게 된다. 구성의 관점에서 생각해 보면, 장면 스스로가 연출에게 어떻게 가장 잘 무대화될 수 있는지 일러줄 것이다. 왜냐하면 각 장면이 전체 연극에서 갖는 중요성이 실수 없이 드러날 수밖에 없기 때문이다.

세 부분의 법칙, 양극성의 법칙, 변형의 법칙은 그 다음 구성의 법칙으로 이어진다. 그것은 세 개의 부분들 혹은 단위들의 **클라이맥스** 찾기로 이루어진다.

각 단위들은 고유한 의미, 특징적인 성질, 지배적인 힘을 갖고 있지만,

각 단위 안에 고르게 분배되어 있지는 않다. 강도 면에서 흥했다가 기울기도 하고, 파도처럼 올라갔다가 내려가기도 한다. 긴장감이 최대치인 순간들을 **클라이맥스**climaxes라고 부르자.

잘 쓰이고 잘 공연된 희곡에는 각 단위 별로 하나씩, 세 개의 주요 클라이맥스가 존재한다. 세 단위처럼, 각각의 클라이맥스도 서로 연결되어 있다. 첫 번째 단위의 클라이맥스는 그때까지의 플롯에 대한 일종의 요약이다. 두 번째 클라이맥스는 두 번째, 즉 중간 단위의 플롯이 어떻게 발전하는지를 압축적으로 보여준다. 세 번째 클라이맥스는 마지막 단위의 틀 안에서 플롯의 종결을 구체화한다. 따라서 세 개의 클라이맥스들은 모두 각 단위처럼 세 부분, 변형, 양극성의 법칙으로 규정된다. 『리어왕』의 다른 예들로 이를 설명해보겠다.

부정적이고 세속적인 힘, 우울한 분위기, 어두운 행동과 생각들이 『리어왕』의 첫 번째 단위에서 위협적으로 작용한다. 이 단위의 성질과 힘, 의미가 첫 단위의 어느 부분에서 극도의 명확함과 밀도로, 또 가장 집중된 형식으로 표현되고 있는지 자문해본다면, 리어가 코델리아를 저주하고, 적들에게 왕관을 집어 던지고, 충직하고 헌신적인 신하인 켄트를 추방하는 장면에 모든 주의가 쏠릴 것이다(1막 1장). 비교적 짧은 이 장은 씨앗이 갑자기 껍질을 뚫고 나와서 식물이 자라나기 시작하는 것에 비유할 수 있다. 이 장에서 리어의 주위에, 그리고 리어 안에 숨어 있었던 악의 세력이 첫 번째 징후를 보인다. 이러한 힘들이 이제 리어의 존재 안으로 거칠게 침입해 들어가서, 그의 주위에 부정적인 세력들을 풀어놓는다. 이제까지 너무나 완전하고 조화로웠던 리어왕의 세계가 붕괴되기 시작된다. 눈 먼 자기중심주의 때문에 리어는 코델리아를 알아보지 못한다. 거너릴과 리건은 왕관에 뒤따라온 힘을 거머쥐고, 불길한 분위기가 자라나서 퍼진다. 이 짧은 장에서 『리어왕』의 모든 비극적 요소들이 풀어진다. 이것이 첫 번째 단위의 클라이맥스다(1막 1장 리어의 대사 "네 마음대로 해라."에서 시작해서 켄트의 퇴장으로 끝난다).[27]

두 번째 단위의 클라이맥스를 찾기에 앞서, 반드시 세 번째 단위의 클라이맥스를 살펴보는 것이 선행되어야 한다.

시작 부분과 대조적으로 세 번째 단위에서는 긍정적이고 정신적인 힘과 성질이 지배적이다. 리어가 받은 고통과 악이 사라져서 환해진 깨달음의 분위기가 끝부분을 지배한다. 모든 힘과 성질들이 세 번째 단위의 의미를 이루는 장엄한 대미로 모아진다는 것을 알 수 있다. 그것은 비극이 진행되는 동안 씨앗이 자라나고 발전해서 얻은 결실이다. 클라이맥스는 리어가 죽은 코델리아를 두 팔로 안고 등장하는 순간에 시작된다(5막 3장). 그의 세속적이고 물질적인 세계가 사라졌다. 그 대신 정신적 가치들로 무장한 새로운 세계가 출현한다. 내적으로나 외적으로나 분투하면서 악이 준 고통을 견디는 동안 그는 새롭고 정화된 리어로 변형되었다. 그는 눈을 뜨게 되었으며, 이제야 코델리아의 참모습을 보게 된다. 그가 왕좌에 있을 때 눈앞의 그녀를 보지 못했던 것과 달리 그녀를 알아보게 된다.[28] 세 번째 클라이맥스는 리어의 죽음으로 끝맺는다. 두 개의 주요 클라이맥스의 양극성은 극의 시작 부분과 끝 부분이 이루는 양극성과 같다.

이제 변형이 이뤄지는 시련의 장인 두 번째 단위의 클라이맥스로 돌아가 보자.

리어를 추적해서 가차 없이 고통을 주는 혼란스럽고 격렬하고 파괴적인 힘이 두 번째 단위의 특징이 된다. 그런 다음 폭풍이 멈추고 허무하고 고독한 분위기가 퍼진다. 리어가 가진 본래의 의식이 달아나버렸고, 그는

---

27) 도표, I 참조.
28) 도표, III 참조.

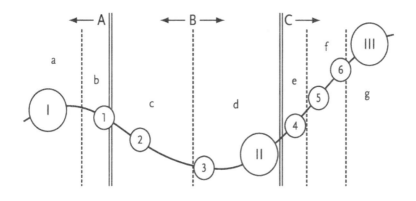

A, B, C: 세 개의 큰(주요) 단위들
I, II, III: 주요 클라이맥스들

1, 2, 3, 4, 5, 6: 보조 클라이맥스들
a, b, c, d, e, f, g: 세부 단위들

도표

미친 사람처럼 황야를 돌아다닌다. 그렇다면 이 단위의 클라이맥스를 어디에서 찾을 수 있을까. 과연 이 희곡의 시작 부분을 끝 부분으로 변형시키는 것을 표현하고, 과거가 사라지는 동시에 미래가 찾아오는 시점을 찾아낼 수 있는 장이 있을까? 그렇다. 그런 장은 존재하며, 반드시 있어야만 한다. 그것은 바로 셰익스피어가 두 명의 리어를 동시에 보여주는 장이다. 한 리어가 죽어가고(과거), 다른 리어는 자라나기 시작한다(미래). 흥미로운 점은, 이 경우에 그러한 변형이 드러나는 방식이 대사의 내용이나 특정한 말의 의미로 표현되기보다는, 오히려 상황 그 자체와 리어가 미쳤다는 사실에서 발견된다는 것이다. 이 클라이맥스는 미친 리어가 도버 근처의 벌판에서 등장하는 것으로 시작되며 그가 떠나면서 끝난다(4막 6장).[29]

이제 이 장의 의미를 스스로에게 질문해 보자. "시작 부분에서 내가 보고 알게 된 리어와 이어진 장면들 속의 리어는 같은 리어일까." 그 대답은

---

29) 도표, II 참조.

반드시 "아니다. 그는 겉껍데기만 남았고, 이전의 왕다운 리어의 비극적인 캐리커처일 뿐이다."가 되어야 한다. 그의 정신이 망가지고 허름한 겉모습이 정점에 도달한 건 사실이지만 이런 것들은 리어의 운명에서 최종 목적지가 아니라는 것을 알 수 있다. 그의 고통과 눈물, 절망, 회한이 리어의 하얀 머리 위에 내려앉은 것은 리어를 미친 사람으로 만들려고 의도된 것일까? 그럴 리 없다. 그렇다면 그 의도에 대해서는 아무런 의미나 목적을 찾을 수 없다.

그의 찢겨진 가슴과 긍지, 위엄은 모두 허무한 것이었을까? 그렇다면 그의 용기와 용감한 싸움, 그리고 자랑스럽고 굽힐 줄 모르는 왕다운 의지도 마찬가지일까? 그렇다면 정말로 아름다운 인물을 얼마나 낭비한 셈인가! 그러나 리어의 비극은 아직 해소되지 않았다는 것을 알 수 있고, 느낄 수 있다. 미친 사람 변장 뒤에 무엇이 숨겨져 있는지 기다려보자. 아직까지는 새로운 리어의 미래를 짐작밖에 할 수 없지만, 거기에는 분명 훨씬 고귀한 해결이 기다리고 있을 것이다. 그리고 미래의 리어를 기다리면서 마음의 눈으로 이미 그를 예상해 볼 수 있다. 그의 무기력한 허울 이면에 새로운 리어로 재탄생하는 과정이 진행되고 있으며, 그가 곧 나타날 것을 알 수 있다. 그리고 그가 코델리아의 천막에서 그녀에게 무릎을 꿇고 용서를 구하는 새로운 모습을 보게 될 것이다. 바로 지금 두 사람의 리어가 눈앞에 있다. 하나는 영혼이 없는 텅 빈 몸이며, 다른 하나는 몸이 사라진 정신이다. 여기서 벌어지는 일이 바로 과거가 미래로 변형되는 과정이다. 양극성이 형태를 갖추게 되는 과정이 진행되는 것이다. 이곳에서 중간 부분의, 일시적인 단위의 클라이맥스를 경험하게 되는 것이다.

세 개의 주요 클라이맥스들은—이성적인 추론보다는 예술적인 직관에 의해, 이들이 바르게 찾아졌다면—희곡의 주제와 기본적인 동력에 이르는 열쇠를 제공할 것이다. 각각의 클라이맥스들은 각 단위가 표현하는 본질을 나타낸다. 상대적으로 짧은 세 장면은 리어의 내적이고 외적인 행보와 전체적인 운명을 추적한다. 리어는 많은 죄를 짓고 어두운 세력들을 풀어놓는다. 혼란과 고통과 광기가 리어가 이전에 가졌던 의식과 함께 그의 늙은 몸과 세계를 산산이 찢어버린다. 그 결과로서 새로운 의식, 새로운 리어와 새로운 세계가 생겨나기 시작한다. 이 비극은 세속적인 차원에서 정신적인 차원으로 올라가며, 그 안에서 긍정적인 힘이 승리한다. 세 개의 클라이맥스를 떠올려보는 것만으로도, 이 비극의 전체 내용과 의미를 세 단어로 표현할 수 있다. 그것은 바로 죄, 심판, 그리고 깨달음enlightenment이다. 이처럼 세 클라이맥스는 이 희곡의 주제의 일면을 선명하게 드러낸다.

이 지점에서 연출은 세 개의 주요 클라이맥스를 가지고 연습해볼 수도 있을 것이다. 연극 연습이 반드시 맨 첫 장면에서 시작해서 옆길로 새지 않고 연속적으로 이어져야 한다는 것은 잘못된 인식이다. 그것은 습관에서 생겨난 것이지, 창조적 필요성 때문이 아니다. 희곡 전체가 상상 속에서 생생하다면, 시작부분부터 연습할 필요가 없다. 희곡의 핵심을 표현하는 장면으로 연습을 시작하고, 그런 다음에 부차적인 장면으로 옮겨가는 편이 더 좋을 것이다.

희곡의 세 개의 주요 단위들은 각각 더 작은 단위로 얼마든지 세분화될 수 있다. 이러한 작은 단위들은 독자적인 클라이맥스를 가지며, 이를 주요 클라이맥스와 구별하기 위해 **보조 클라이맥스**라고 하겠다. 『리어왕』을 세분화 하면 다음과 같다.

첫 번째 주요 단위 (A)는 두 개의 작은 단위들로 나뉜다. 첫 번째 (a)에서 리어는 모든 위엄과 끝없는 절대 권력을 보여주며 관객 앞에 등장한다. 그는 세 가지 죄를 저지른다. 코델리아를 저주하고, 왕권을 나눠주고, 켄트를 추방한다. 두 번째 세부 단위 (b)에서는 부정적이고 악한 세력이 전복적이고, 파괴적인 활동을 시작한다.

첫 번째 클라이맥스 (I)은 첫 번째 세부 단위 (a)의 클라이맥스와 일치하지만, 두 번째 세부 단위 (b)는 고유한 보조 클라이맥스 (1)을 갖는다. 분노한 리어가 왕좌를 떠나고 프랑스 왕이 코델리아를 데려간 후에, 음모와 비밀의 분위기에서 거너릴과 리건이 속삭이는 소리가 들려온다(1막 1장). 거너릴의 대사 "일러 둘 얘기가 한두 가지가 아니다, 동생아."에서처럼 그들은 계략을 꾸미고 있고, 이것이 보조 클라이맥스 (1)의 시작이다. 소리 없이 시작된 악의 주제는—극이 막 시작됐을 때부터 분위기를 통해서 약간씩 감지되었다—갑자기 리어의 분노와 함께 폭발한 뒤, 이제 세 번째 가장 중요한 발전 단계로 들어선다. 악은 의도적이고 계획적인 음모의 확실한 형태를 획득한다. 이 클라이맥스에는 에드먼드의 독백이 포함되는데, 구성의 관점에서 보려면 작가가 정한 막과 장의 구분은 제쳐두어야 하기 때문이다(1막 2장). 따라서 이 클라이맥스는 글로스터의 등장으로 끝난다.

중간 단위 (B)는 두 개의 작은 단위들 (c와 d)로 세분된다. 첫 번째 부분은 격정적이고 폭풍우가 몰아치고 혼란스럽다. 자연적인 힘이 맹위를 떨치며, 서서히 리어의 의식 깊은 곳에 침투하여 그의 의식을 괴롭히고 망가뜨린다. 세부단위 (c)의 보조 클라이맥스 (2)는 리어의 독백 "바람아 불어라, 너의 뺨이 터지도록! . . ."로 시작되며(3막 2장), 그의 대사 ". . . 이처럼 늙고 하얀 것을 . . . 오! 오! 원망스럽구나!"로 끝난다.

두 번째 세부 단위 (d)는 폭풍우가 잠잠해졌을 때, 또 세상이 텅 빈 것처럼 느껴지고, 비참하고 진이 빠진 리어가 죽음 같이 깊은 잠에 빠졌을 때 시작된다. 그런데 여기서는 중간 단위인 (B)가 두 세부 단위 (c와 d)로 나뉘어서 강한 대조 또는 양극성을 보여준다는 사실에 주목하고자 한다. 두 번째 세부 단위인 (d)에서는 두 개의 클라이맥스를 찾을 수 있다. 즉, 주요 클라이맥스 (II)와 그 앞에 오는 보조 클라이맥스 (3)이다. 보조 클라이맥스 (3)에서 이 비극을 통틀어 가장 잔인한 장면인 글로스터의 눈을 멀게 만드는 장면을 통해서 어두운 세력의 최대치의 강렬함과 극도의 긴장감을 보여준다(3막 7장). 이 클라이맥스는 글로스터의 등장으로 시작해서 콘월이 다쳐서 퇴장하는 것으로 끝난다. 이 잔인한 장면은 고립과 고독, 공허함의 전반적인 분위기에 침투해서 그와 대조되는 성질을 통해 그러한 분위기를 강조한다. 동시에 이것은 악이라는 주제의 전환점이 되기도 한다. 긍정적인 세력과 부정적인 세력의 발전을 따라가 보면 그 둘 사이의 본질적인 차이를 알게 된다. 긍정적이고 선한 세력은 전환점이 없다. 끝까지 거의 직선적으로 발전하고 자라난다. 반면에 부정적이고 악한 세력은 주변의 모든 것을 파괴한 이후에 자신을 향해 파괴적인 행위를 한다. 이것이 그들의 전환점이다. 따라서 가장 중요하게 관찰할 부분은 첫 번째 보조 클라이맥스 (1)에서 보이는 그들의 탄생과, 세 번째 보조 클라이맥스 (3)에서의 번영, 그리고 완전한 소멸이다. 후자 역시 선과 악의 대결에서 클라이맥스를 이루는 장면을 갖는다(여섯 번째 보조 클라이맥스).

세 번째 큰 단위 (C)가 시작되기도 전에, 이미 긴 장면들에서 빛이 떠오르는 새벽을 감지할 수 있다. 미친 사람의 외면 내에서 우리는 벌써 깨달음을 얻은 새로운 리어를 기대한다. 또한 악이 자멸하기 시작하고, 글로스터가 충직한 아들을 만나고, 코델리아가 잠깐 등장한다. 구성의 관점에서 봤을 때, 이것들은 전부 이 비극의 세 번째 부분인 상승하는, 정신적인 부분에 대한 준비이다. 리어가 코델리아의 천막에 나타남으로써 깨달음의 주제(선)가 강렬하게 떠오른다. 이처럼 세 번째 단위 (C)가 시작된다.

깨달음의 주제는 연속된 3단계를 거치는데, 이것이 세부 단위 세 개를 이룬다. 첫 번째 (e)는 코델리아의 천막에서 진행되며, 부드럽고 낭만적이다 (4막 7장). 새로운 리어는 사랑하는 사람들에 둘러싸인 채 새로운 세계에서 깨어난다. 이것이 우리가 기다려온 모습을 한 '두 번째 리어'다. 리어가 깨어나는 순간부터 그의 퇴장까지가 이 낭만적인 부분의 보조 클라이맥스 (4)를 구성한다.

두 번째 세부 단위 (f)는 격정적이며 영웅적이다. 리어와 코델리아가 감옥으로 끌려간다(5막 3장). 이곳에서 리어의 새로운 의식이 자라나고 힘을 갖춘다. 리어의 목소리에는 전과 같이 전능한 왕의 소리가 배어 나오지만, 이제 그의 목소리는 독재적으로 들리지 않는다. 세속적이기보다는 더 정신적으로 변했다. 이 부분의 보조 클라이맥스 (5)는 리어와 코델리아의 등장으로 시작해서 그들의 퇴장으로 끝난다.

위와 똑같이 영웅적인 부분 (f)의 결말이 맺어지는 순간에 에드먼드와 에드가의 대결이 일어난다. 이것은 또 다른 보조 클라이맥스 (6)이며, 이전 보조클라이맥스와 관계된다.

세 번째이자 마지막 세부 단위 (g)는 비극적인 동시에 희망적인 성질을 가졌다. 이것은 구성 전체를 끝맺는 마지막 화음이다. 이 단위의 클라이맥스는 이 비극 전체의 세 번째 주요 클라이맥스 (III)다.

모든 클라이맥스는 밀접하게 연관되어 있고, 서로 보충하거나 대조를 이룬다. 이미 언급한 대로 세 개의 주요 클라이맥스들 안에는 희곡 전체의 주제가 담겨 있고, 그것이 연속된 세 단계 안에서 표현된다. 보조 클라이맥스들은 전환점들을 구축하고 그 사이의 연결고리들을 만든다. 클라이맥스들은 주제의 정교한 표현이며, 다음과 같이 정리된다.

리어는 결정적인 세 가지 죄를 지음으로써 (I), 악의 세력을 풀어줬고 (1) 악의 세력은 그를 추적하고 괴롭히는데, 이에 대한 셰익스피어의 상상력이 몰아치는 폭풍이라는 장엄한 상징으로 뻗어간다(2). 악한 세력은 아무런 방해 없이 클라이맥스 (3)에 도달할 때까지 파괴적인 활동을 넓혀가고, 그런 다음에 쇠퇴하다가 자멸한다. 리어가 고통과 괴로움으로 미치게 되었을 때, 리어에 대한 심판도 정점에 도달하고(두 리어의 교차점) (II), 그런 다음 세 가지 연속된 단계들을 통해 비극적인 깨달음의 과정이 진전된다. 낭만적인 단계 (4), 영웅적인 단계 (5), 악의 세력이 자멸하는 단계 (6) 등이 그에 해당된다. 끝으로 정화된 리어가 저 세상으로 가서 사랑스런 코델리아와 함께하게 될 때 가장 정신적으로 승화되는 단계가 된다(III).

그러므로 연출이 주요 클라이맥스들을 사용해서 연습을 시작하고, 중심축 주변에 점차적으로 세부사항들이 채워질 때까지 보조 클라이맥스들로 연습을 이어가는 것도 좋은 방법이 될 수 있다.

주요 클라이맥스와 보조 클라이맥스가 희곡 전체에 퍼져 있는 모든 갈등 또는 긴장의 순간을 포함하지는 않는다. 그 숫자가 어떤 법칙에 달려 있는 것도 아니고, 연출과 배우가 자유롭게 취향과 해석에 맞춰 정할 수 있다. 클라이맥스에 비해 긴장감이 덜한 순간들을 구별하기 위해서 그것을 액센트accents라고 칭하겠다. 액센트를 어떻게 정의할 수 있는지 살펴보기 위해서 이 비극의 첫 번째 주요 클라이맥스를 예로 들어 보겠다.

이 클라이맥스는 코델리아의 결정적인 대답 "할 말이 없습니다, 폐하." 뒤에 즉시 따라오는 팽팽하고 의미심장한 사이와 함께 시작한다(1막 1장). 이 사이는 첫 번째 주요 클라이맥스 안에 있는 첫 번째 액센트다. 이 사이에서 뒤이은 장면 전체가 싹트게 되며, 이 싹에서부터 리어가 자신의 어두운 본성을 드러내어 세 가지 죄를 저지르는 충동이 생겨난다. 이것이 바로 첫 번째 사이를 액센트로 변화시키고, 이 액센트를 구성의 관점에서 매우 중요하고 강하게 만드는 이유이다.

액센트가 되는 또 다른 사이는 첫 번째 주요 클라이맥스의 끝부분에서 찾을 수 있다. 그것은 이 클라이맥스를 끝맺는 액센트이며, 켄트의 퇴장 직후에 온다. 그 안에는 초점이 맞춰진 듯이 벌어진 모든 일의 도덕적 결과가 집약되어 있다. 첫 번째 사이 - 액센트는 앞으로 다가올 일들을 예견하며 마지막 사이 - 액센트는 그것을 요약한다.

첫 번째와 마지막 액센트 사이에는 리어가 코델리아를 저주하고 추방하는 것, 왕권을 다른 딸들에게 주는 것과, 끝으로 켄트를 영토 밖으로 쫓아내는 것이 묘사된다. 리어가 저지른 첫 번째 죄는 순전히 정신적으로 중요한 의미를 갖는다. 리어는 코델리아를 버림으로써, 자신을 고독한 미래로 몰아넣게 되고, 자신의 존재를 비우게 된다. 그의 독백 "네 멋대로 해라."가 이 클라이맥스의 두 번째 액센트이다.

리어의 두 번째 죄는 더 외적인 성격을 갖는다. 그는 자신의 환경인 왕국을 파괴한다. 자신의 위엄에 걸맞도록 왕관을 정당한 후계자에게 품위 있게 넘겨주는 대신에, 그는 사실상 증오로 코델리아와 켄트의 진실성에 반발하며 그들을 져버린다. 왕권의 잘못된 승계가 이 장의 세 번째 액센트이며, "콘월과 알바니, 내 두 딸의 상속자여"에서 시작해서 "내 왕권에 따르는 것들을."로 끝난다.

리어의 세 번째 죄인 켄트의 추방은 완전히 외적인 성격을 갖는다. 코델리아가 그의 정신적인 영역에서 추방되었다면, 켄트는 그의 세속적인 소유로부터 완전히 추방된다. 리어의 마지막 대사 "듣거라, 이 버릇없는 놈!"은 이 장의 네 번째 액센트이다. 다섯 번째 액센트 - 사이가 클라이맥스의 끝을 맺는다.

여기서 연출은 클라이맥스를 연습한 다음에 액센트 연습으로 진행해 갈 수 있다. 이로써 연출과 배우는 희곡의 중심선을 쪼개 볼 수 있고, 무대화의 과정에서 덜 본질적인 순간들 때문에 길을 잃거나 산만해지지 않을 것이다.

구성의 다음 원리는 **리듬감 있는 반복의 법칙**the law of rhythmical repetition이다. 이 법칙은 우주와 지구, 인간의 삶 속에서 다양한 방식으로 나타난다. 그 중에서 오직 두 가지 방식만이 극예술과 관련해서 언급될 필요가 있다. 첫 번째는 사건이 시간 또는 공간(혹은 둘 다)에서 규칙적으로 반복되고 변하지 않는 것이다. 두 번째는 사건이 각각의 연속적인 반복에 따라 변하는 것이다. 이 두 가지 반복은 관객에게 다른 반응을 불러일으킨다.

첫 번째 반복의 경우에는, 관객들은 시간 안에서 반복이 일어나면 "영원함"의 인상을 갖게 되고, 공간 안에서 반복이 일어나면 "무한함"을 느끼게 된다. 이런 종류의 반복이 무대에 적용되었을 때, 특정한 분위기를 만드는 데 도움이 된다. 종소리, 시계의 째깍 소리, 파도가 해변을 내리치는 소리, 바람이 반복적으로 내는 돌풍 소리 등 리듬감 있는 소리들을 생각해 보자. 또는 줄을 맞춰서 같은 간격으로 배열된 창문, 기둥, 줄, 또는 무대를 동일한 간격으로 지나가는 인물 등 무대장치에서의 반복에 대해 떠올려보자.

『리어왕』에서 전설적인 왕국의 '영원함'(오래됨)과 '무한함'(어마어마하게 거대함)이라는 인상을 창조하기 위해 희곡의 시작에서 리듬감 있는 반복의 도움을 잘 받을 수 있다. 무대 장치에서 횃불이나 창문 불빛 등의 빛과 소리, 움직임의 배열이 그런 목표를 이루기 위해 간단히 사용될 수 있다. 인물들과 신하들의 리듬감 있는 등장, 거리를 이용한 공간 배치, 리어의 등장 전과 후에 짧게 설정된 리듬감 있는 사이들, 리어가 다가오는 발소리까지도 이와 비슷한 모든 방법들을 통해 원하는 인상을 창조해낼 수 있다. 황야에서 폭풍이 몰아치는 장면에서도 리듬감 있는 반복의 동일한 기술을 적용할 수 있다. 번개의 번쩍임, 천둥소리, 돌풍 소리를 활용하고, 배우의 움직임을 선택적으로 날카롭거나(스타카토) 부드럽게(레가토) 바꿀 수 있다. 연출은 틀림없이 리어와 그의 일행을 붙잡아두려 하는 '무한하고' 거센 폭풍의 인상을 창조하기 위해 수많은 다른 방법과 장치들을 찾아낼 수 있다.

사건에 변화가 있는 두 번째 유형의 반복에 의해 발생하는 효과는 다르다. 그것은 특정한 인상을 증가시키거나 감소시켜서 더 정신적으로 만들거나 물질적으로 만든다. 또한 한 상황 내에서 유머나 비극, 또는 어떤 양상을 증가시키거나 감소시킨다. 『리어왕』은 이 두 번째 유형의 반복을 설명할 때에도 좋은 예를 제공한다.

1. 이 비극의 과정에서 왕의 주제가 세 번 큰 힘을 갖고 전면에 나온다. 리어가 접견실에 처음 등장했을 때 관객은 그를 모든 세속적인 영광을 가진 왕으로서 맞이한다. 포악한 독재자의 이미지가 마음에 확고한 인상을 남긴다. 미친 왕이 황야에서 모습을 드러냈을 때 주제의 반복이 관객에게 충격을 준다(4막 6장). 이 반복은 관객에게 세속적인 제왕의 위엄이 쇠퇴하거나 감소한 것과, 정신적인 것이 상승하거나 증가한 것을 강조한다. 셰익스피어는 어디에서도 주인공의 왕다운 성질을 흐리지 않는다. 반대로, 그는 인물이 세속적인 위엄에서 정신적인 위엄으로 거듭나는 왕이며, 보통 사람이 아니라는 사실을 강조하기 위해 모든 방법을 사용한다. 말뿐만이 아니라, 왕의 겉모습과 망가지고 산란해진 정신이 시작 부분의 상황과의 대조를 이루기 때문에, 관객으로 하여금 왕의 잔인한 운명에 더 큰 연민을 갖고 따라가도록 그의 모습을 돌이켜 생각해 보게 한다. 주인공이 왕이라는 사실을 관객이 단 한 순간이라도 잊게 된다면 그 극적 효과는 그렇게까지 충격적

이지는 않을 수도 있다. "나는 왕 그 자체다! . . . 아, 면면이 다 왕이다. . . . 나는 왕이다, 주군들아, 그걸 알지 않느냐!"

이 비극의 끝 부분에서 리어가 코델리아를 품에 안고 죽을 때 "왕"이 세 번째로 나타난다. 이 때 리어는 훨씬 더 대조적인 모습으로 관객 앞에 선다. 그는 왕좌의 전능한 폭군에서 전장의 힘없는 가난한 사람이 되었지만 그럼에도 불구하고 여전히 왕이다. 그는 이 비극의 끝에 죽는다. 그럼 이제 관객으로서, 공연을 본 뒤에 왕이 진짜로 죽어 없어졌는지 자신에게 질문해 보자. 아마 그렇지 않을 것이다. 역할이 잘 표현되고, 반복이 적절히 다뤄졌다면 관객의 결론은 틀림없이 왕 안에서 죽은 것은 세속적이고 포악한 "나"이며, 또 다른 정신적인 왕은 정화된 '나'와 함께 값진 불멸을 얻게 되었을 것이다. 공연이 끝난 뒤에도 그는 관객의 정신과 마음에 계속해서 살아 있을 것이다. 이것이 말도 안 되는 이론이라고 생각한다면, 리어의 죽음을 에드먼드의 죽음과 비교해보자. 에드먼드가 죽은 뒤에 무엇이 남는가? 그의 삶을 특징지었던 공허함, '없음'이다. 그는 기억에서 사라진다. 반면에 왕의 죽음은 초월적으로 변한다. 그는 또 다른 존재로서 여전히 존재하게 된다. 비극이 진행되는 동안 그의 왕다운 '나'는 육신이 죽은 뒤에도 관객들에게 강렬하게 살아남게 하는 정신적인 에너지를 축적했다. 그리고 '왕'이라는 주제의 반복은 '왕'이라는 개념의 정신적인 의미를 증가시키는 역할을 한다. 리듬감 있는 반복은 다시 한 번 이 비극의 주제의 일면을 드러낸다. '왕'이라는 더 높은 존재는 무자비한 운명의 바람 아래에서도 살아가고 성장하며 스스로 변형할 수 있는 힘을 가지고 있다. 그리고 육체의 죽음이라는 한계를 초월할 수 있다.

2. 리어는 코델리아를 다섯 번 만난다. 만남은 매번 영원한 화합에 다가가는 단계가 된다. 리어는 접견실에서 코델리아를 만나서 그녀를 쫓아낸다.

구성의 관점에서 이것은 준비하는 동작이고, 앞으로 다가올 만남들을 위한 일종의 발판이다. 리어가 코델리아를 더 강하게 쫓아낼수록 마지막 만남은 더 인상적이게 된다. 두 번째 만남은 긴 긴 이별 뒤에 코델리아의 천막에서 이뤄진다. 이 만남은 완전히 다른 성격을 갖는다. 역할이 뒤바뀐다. 리어의 약함과 무능함이 그가 이전에 가졌던 권력에 배치된다. 그는 무릎을 꿇고 코델리아에게 용서를 구한다. 그러나 이 희곡이 추구하는 더 고차원적인 맥락에서 보면, 그들은 아직 서로를 발견하지 못한다. 이 두 번째 만남에서 리어는 너무나도 수치스럽고, 너무나도 낮은 차원에 있다. 코델리아는 아직 그녀의 수준으로 리어를 끌어올릴 수 없다. 이것은 세 번째 리듬감 있는 인물의 반복에서 일어난다. 리어와 코델리아가 감옥에 갇힌다. 그러나 여기서도, 아직 완전한 동등함이 획득되지 못한다. 지금은 이미 영적인 성질들로 채색되었음에도, 리어의 굽힐 줄 모르는 '나'의 자존감이 다시 한 번 타오른다. 그는 신하들을 경멸하고, 이 '겉만 번지르르한 나비들'과 '불쌍한 사기꾼들', 그리고 이러한 경멸이 코델리아를 외면했던 자존심을 다시 일깨워준다. 바로 이것이 리어가 아직 그녀를 소중하게 여기지 않는다는 증거가 된다. 관객은 여전히 다른 만남이 필요하다는 것을 느끼는데, 그렇기 때문에 리어가 코델리아를 두 팔로 안고 나왔을 때 비로소 그들이 함께 라는 것을 알게 된다. 이제 리어는 단 한 가지를 제외하고, 자존심과 모든 욕망을 잃어버린다. 그것은 바로 말로 표현할 수 없는 사랑이 담긴 자신의 전존재를 코델리아와 합일시키는 것이며, 또 코델리아가 바쳤던 사랑보다도 더 큰 사랑을 주는 것이다. 그러나 두 사람 사이에는 두 세계의 경계가 존재한다. 리어가 여전히 서 있는 세계에서 그는 한때 코델리아를 쫓아냈다. 지금 절망에 빠진 리어가 그녀를 다시 불러보지만, 이제 와서 어떻게 자신의 삶에서 유일하게 가치 있는 목표를 이루겠는가? "코델리아, 코델리아, 잠시만

더 기다려 다오. 아! 너 지금 뭐라고 했느냐"(5막 3장) 그런데 아직 한 단계가
더 남았고, 다른 만남이 필요하다. 그것은 바로 리어 자신이 코델리아의 세
계로 들어가는 것이다. 리어는 죽는다. 그의 죽음은 리듬감 있는 반복으로
끝맺는다. 그렇게 오랫동안 서로를 찾았던 두 사람은 이제 물질적인 세계
의 경계 너머에서 하나가 된다. 관객은 마지막, 다섯 번째 만남을 인간 사
랑의 가장 고차원적인 형식인, 진정으로 헌신적인 사랑의 궁극적인 합일로
받아들이게 된다. 이제 리어와 코델리아는 동등하게 헌신했을 뿐만 아니라,
서로 동등해졌으며, 영적으로 하나가 된다. 다시 한 번 구성의 힘으로, 이
비극의 주제의 또 다른 면이 드러난다. 이전의 반복의 예시가 관객에게 왕
다운 나의 불멸을 보여주었다면, 이번에는 왕다운 나, 남성적인 나와 그 반대 항
이자 그의 남성적인 잔인함과 공격성을 완화해주는 여성스러운 나가 합일되어야
한다는 필요성을 보여준다. 리어는 극의 시작부분에 자신에게 부재했던, 그
로 인해 코델리아를 추방하고 밀쳐냈던 영혼의 성질과 합일하게 된다.

3. 세 번째 반복의 예시는 일종의 **평행 이론**parallelism으로 나타난다. 관객
은 상호적으로 리어의 비극과 글로스터의 드라마를 따라간다. 글로스터의
드라마는 리어의 비극을 반복하고 글로스터는 리어 못지않게 고통을 받지
만 그 고통의 결과는 다르다. 둘 다 실수를 저지르고, 둘 다 사랑했던 충실
한 자식을 잃고, 둘 다 사악한 자식을 갖고 있으며, 둘 다 세속적인 재산을
잃고, 둘 다 잃었던 자식을 다시 얻고, 둘 다 추방당해서 죽는다. 이 두 운
명의 유사성은 끝이 나고, 대조적인 차이점이 시작된다. 어디에서 어떻게
시작되는지 따라가 보자.

글로스터는 리어의 운명을 반복하지만 더 저차원에 머문다. 그는 세속
적인 정신의 경계선을 넘어서지는 않으며, 미치지도 않는다. 그는 똑같은

자연의 광포함을 만나지만, 그것이 그의 의식의 지평을 넓히거나 고차원적인 의식을 일깨워주지 않는다. 그는 리어처럼 폭풍에 동화되지 않는다. 글로스터는 거기서 멈추고, 리어의 정신적인 상승은 거기서 시작된다. 둘 다 참을성 있게 기다리겠다고 말하지만, 글로스터는 세속적인 한계를 갖고 있다. 리어는 더 멀리 간다. 그가 코델리아를 다시 만났을 때, 그 만남이 그에게는 세계 너머에 있는 새롭고 고차원적인 삶을 향한 충동이 된다. 글로스터는 에드가를 다시 만난 뒤에 죽는다. 그는 영원한 삶을 얻을 수 없으며, 세속적인 의식 너머에 감춰진 비밀을 꿰뚫을 수 없다. 삶의 길은 비슷하지만, 각자의 여정이 다르다! 리어의 다른 점은, 왕다운 나의 강함이 자기 자신의 고유한 운명을 창조하고 형성하게 한다는 것이다. 그는 자신을 결정짓는 운명에 맞서 싸우고, 글로스터처럼 운명에 복종하기를 거부한다. 이 반복-평행repetition-parallelism은 먼저 유사성을 통해, 그런 다음에는 대조를 통해 비극의 주제의 다른 측면을 드러낸다. 그것은 굽히지 않는 나의 힘과 이상(코델리아)을 향한 노력이 유한한 인간을 불멸의 존재로 만든다는 것이다.

4. 리어는 세 번 비극의 늪에 빠지고, 세 번 그곳을 떠난다. 막이 올라가자마자 긴장감이 감도는 기대의 분위기가 무대 위를 채우고 있다. 흡사 '사이'pause와 같은 켄트와 글로스터의 속삭임과 소리 죽인 대화가 독재자의 등장을 예견한다. 사실상 리어가 등장할 때 이 비극이 시작된다. 마음을 사로잡힌 관객들 앞에서 파란만장한 운명이 서서히 펼쳐지지 시작한다. 막강한 독재자의 파멸이 점차 다가온다. 리어는 맞서 싸우고, 고통 받고, 잃게 되며, 딸들의 '심판' 이후에라야 잠시 긴 분투에 굴복하며, 지쳐서 죽음을 닮은 깊은 잠에 빠지게 된다(3막 6장). 그는 패배한 것처럼 보인다. 운명은 첫 번째 판을 끝냈고, 리어는 등장한 이후 처음으로 비극의 세계를 떠난다. 다

시 한 번 길고 중요한 "사이"가 연속된 장면들을 포용한다.

리어의 두 번째 등장은 비사실적이고 환상적이다. 그는 도버 강 근처 들판으로 불쑥 튀어나온 유령처럼 보인다. 그가 사실적이지 않아 보이는 이유는 그가 이미 텅 빈, 영혼 없는 껍데기이기 때문이다. 그에게는 과거가 있고, 미래를 갖게 될 테지만, 현재가 없다. 그는 중간에 끼어 있는 부랑자다. 그는 혜성처럼, 비극 세계의 하늘을 가로지른 후에 다시 사라진다.

코델리아의 천막에서 리어는 세 번째로 **등장**한다. '사이'가 다시 한 번 발생하고, 이번에는 음악과 사랑과 기대의 분위기로 그의 잠자는 듯한 상태가 예견된다. 리어는 깨어난다. "날 무덤에서 꺼내다니 실수한 거야." 이 순간이 되기까지 얼마나 아득했는가. 그는 비극적인 세계의 문턱 너머에서 배회하는 동안 어떤 변화를 겪은 것일까? 관객은 무의식중에 그가 접견실에 처음 등장했을 때와 세 번째 등장을 비교하게 되며 지배자의 비극적인 운명과 내면적인 성장, 방랑자로의 변신이 갖는 완전한 의미를 이해하게 된다. 연극의 끝부분에서 관객은 세 번째이자 마지막으로 리어를 떠나보낸다. 리어는 위엄 있는 분위기 속에서 다시 한 번 떠난다. 육체적인 죽음에 뒤이은 '사이'도 역시 위엄이 있다. 관객은 그가 다른 세계로 천천히 떠나는 모습을 애정을 갖고 지켜보게 된다. 이번에는 반복을 통해 리어의 내적인 성장과 리어만이 건널 수 있고 글로스터는 건널 수 없는 두 세계 사이의 경계에 대한 설득력을 얻는다.

5. 이번에는 거너릴과 리건이 리어에게 사랑을 맹세하는 짧은 장면을 비슷하게 분석해보자(1막 1장). (a) 리어가 거너릴에게 하는 질문, (b) 거너릴의 대답, (c) 코델리아의 암시, (d) 리어의 결정. 동일한 도식이 리건의 대답에서도 반복된다. 세 번째 반복인 코델리아의 대답에서 똑같은 도식이 깨

지고, 그 다음 장면이 삼중 반복의 결과로 발전한다. 이를 더 잘 설명하기 위해서 전체 장면을 상상해 보자.

모든 이의 시선이 주목된 가운데 리어가 접견실에 등장한다. 그를 둘러싼 두려움과 존경심, 공포감은 그가 주변사람들에게 갖는 경멸만큼 대단하다. 리어의 종잡을 수 없는 시선은 어디에서도 멈추지 않는다. 그는 평화와 휴식에 대한 커다란 갈망에 사로잡혀있다. 그는 자신의 왕좌를 포기하고 자신의 권력을 내려놓는다. 그는 거너릴과 리건, 코델리아에게서 원하던 평화를 얻고, 그들이 자신이 죽을 때 정성스럽게 보살펴줄 거라고 기대한다. 그리고 죽어서 그에게 휴식을 줄 친구를 만날 거라고 생각한다.

리어는 거너릴에게 처음으로 질문한다. 그녀의 대답을 미리 알고 있는 리어를 제외하고 모든 이의 시선이 그녀에게 집중된다. 그러나 그녀의 답변은 위험하고 어렵다. 목소리의 거짓된 말투 하나가 리어에게 의심의 불꽃을 일으킬 수 있고 잠자는 의식을 깨울 지도 모른다. 그러나 공포와 사악한 영감이 거너릴에게 적당한 말과 행동을 찾게 도와준다. 그녀는 리어의 잠든 의식을 건드리지 않고 헤쳐 나간다. 그녀는 발언을 시작한다. 그녀의 어조나 속도, 음색과 심지어 말하기 방식은 리어가 그녀에게 질문할 때와 닮아 있다. 그래서 그와 합쳐져서 그녀의 말은 리어 자신의 것처럼 들린다. 리어는 침묵하며 움직임이 없다. 거너릴의 말은 점점 더 조용해지며, 그를 더 깊은 잠으로 빠지게 하는 자장가로 들리기 시작한다. 코델리아의 방백 "코델리아는 어떻게 해야 하는가?"는 소리 없는 흐느낌처럼 들린다. 리어는 자신의 결정을 선언한다. 이 반복의 첫 번째 제스처가 끝났다.

이제는 리어가 의식이 한층 더 잠든 상태로 리건에게 질문한다. 구성의 제스처가 다시 한 번 반복된다. 리건이 해야 할 일은 더 단순하다. 거너릴이 이미 길을 닦아놓았으며, 눈앞의 결과물을 어떻게 얻을 지 보여주었기 때문이다. 코델리아는 다시 무거운 마음으로 방백한다. "불쌍한 코델리아!" 언니의 말에 끼어든다. 리어는 자신의 결정을 선언하고 코델리아에게 마지막으로 질문한다. 세 번째 반복이 시작된다.

코델리아의 전존재는 아버지에 대한 사랑과 연민, 언니들의 거짓말에 대한 반발로 가득 채워져 있다. 그녀의 대답은 언니들과 다르게 분명하고, 열정적이고, 일깨우는 듯이 들린다. "아무것도 없습니다, 폐하." 그녀는 거너릴과 리건이 아버지를 홀린 주문에서 아버지를 풀어주고자 한다. 무겁고 긴장감 있는 사이가 뒤따른다. 처음으로 리어가 코델리아에게 시선을 고정한다. 길고 어두운 응시다. 반복의 도식이 여기에서 깨진다. 코델리아는 리어를 일깨우지만, 피곤하고 잠든 사자를 건드렸을 때처럼, 그는 잠에서 깨어 성난 포효를 한다. 그는 강력한 의지로 그저 위험을 경고하려고 했던 다정하고 무기력한 새끼 사자를 내친다. 그는 제멋대로 방향을 정했고, 혼란이 불가피하다. 리어는 순서대로 세 가지 잘못을 범하게 된다. 다시 한 번 반복이 이 비극의 주제의 일부분을 드러낸다. 일깨워진 나의 힘이 아직 선과 진실과 아름다움을 보장할 수는 없지만, 모든 것은 일깨워진 내가 가려고 선택한 방향에 따라 달려 있다.

다음 구성의 법칙으로 넘어가보자.

삶이 드러나는 방식이 항상 일직선을 따르는 것은 아니다. 파도처럼 파동을 그리며 리듬감 있게 숨을 쉰다. 따라서 리듬감 있는 파동rhythmical waves 은 다양한 현상을 가진 다양한 인물들로 드러난다. 그들은 끝없이 번성했다가 쇠퇴하고, 나타났다가 사라지며, 확장했다가 축소하고, 흩어졌다가 모인다. 연극에 적용할 때에, 이러한 파동이 내적이고 외적인 행동을 표현하는 것이라고 간주할 수 있다.

힘 있게 빛을 발하고, 내적으로 활발하며, 강한 분위기를 창조하며 관객에게 긴장의 끈을 놓지 않게 하는, 중요한 사이pause를 상상해 보자. 사이는 절대로 완전한 진공상태나, 틈이거나 혹은 심리적으로 텅 빈 공간이 아니기 때문에, 가득 채워진 사이를 찾는 것은 어려운 일이 아니다. 텅 빈 사이들은 무대 위에서 존재하지 않으며, 존재해서도 안 된다. 모든 사이는 목적을 갖고 있어야 한다. 진실하고, 잘 준비되고 완벽하게 수행된 (길거나 짧은) 사이는 침묵에 의해 그 중요성이 수반되므로 **내적인 행동**이라고 부를 수 있다. 이에 반대되는 개념이 **외적인 행동**이다. 이것은 눈에 보이고 귀에 들리는 표현 방법이 최대치로 사용된 순간으로 정의할 수 있다. 모든 말, 음성, 제스처, 행동business, 조명과 음향효과가 최정점으로 고조되는 때이다. 이 양극단 사이에는 외적인 행동의 스펙트럼이 있으며, 그 안에서 다양한 정도로 증가했다가 감소한다. 가려지고, 소리가 나지 않고, 거의 감지하기 어려운 행동들은 종종 '사이'를 닮아 있다. 리어가 등장하기 전, 이 비극의 시작은 소리 없는 행동의 사이로 묘사될 수도 있고, 공연의 끝 부분에서 그의 죽음 이후에 오는 사이도 마찬가지일 수 있다. 내적, 외적 행동의 썰물과 밀물, 이들이 공연 구성의 리듬감 있는 파동이다.

『리어왕』에서 그러한 리듬감 있는 파동이 많이 발견된다.

그 첫 번째가 켄트와 글로스터, 에드먼드의 마치 사이와 같은 시작부분 장면이다. 이때, 긴장된 기대감의 분위기가 무대 위를 채우며, 리어의 등장을 예견하고, 뒤이은 사건들을 예측하게 한다. 막이 올라갈 때 행동은 내적인 성격을 갖는다. 리어가 등장한 뒤, 행동은 점차적으로 '내적임'을 잃기 시작하며, 대혼란이 다가올수록 훨씬 더 많이 잃게 된다. 리어가 열성적으로 분노하는 동안 행동은 완전히 외적인 성격을 띠게 된다. 클라이맥스가 끝날 때는 외적인 행동이 쑥 들어간다. 이 두 자매의 계략과 에드먼드의 배반적인 생각은 다시 한 번 내적인 행동을 창조해낸다. 외적인 행동의 새롭고 강한 파동은 리어가 폭풍우와 맞서 싸우는 황야 장면에서 정점을 찍는다. 리어가 죽음 같은 잠에 빠졌을 때, 뒤틀린 갈망과 고독, 조용함이 뒤따른다. 이렇게 또 다른 큰 리듬감 있는 파동이 끝났다. 이 내적 행동의 기간 뒤에 다시 한 번 글로스터가 눈이 멀게 되는 난폭한 장면에서 강력한 외적 행동의 파동이 따라온다. 코델리아의 천막에서 행동이 또 다시 내적인 성격을 갖게 된다. 리어와 코델리아가 감옥에 갇히는 장면에서, 외적인 행동이 일시적으로 다시 정점을 되찾는다. 이 비극은 시작했을 때처럼 깊고 내적이고 위엄 있는 사이와 함께 끝난다.

　더 작은 리듬감 있는 파동들은 더 큰 파동들 사이에서 찾을 수 있다. 더 작은 파동들은 전체 연극과 개별적인 장면에 대한 배우와 연출의 취향과 해석을 통해 정의해야 한다. 리듬감 있는 파동은 공연을 생동감 있고 아름답고 표현적으로 만든다. 즉, 생명을 부여하며 단조로움을 없앤다.

　어떤 연출자들은 공연이 전체로서 끝을 향해 점점 강하게(크레센도) 가야 하거나 연극 중간 어딘가에 있는 유일한 클라이맥스를 찍어야 한다는 오류를 범하는 경향이 있다. 이 잘못된 인식은 중반부나 끝까지 더 강한 표현 수단을 절제하게 만들고, 그로 인해 불필요하게 연극의 가치를 손상시키게 된다. 반대로, 한 공연 안에 여러 번의 클라이맥스와 리듬감 있는 파동이 있다는 것을 감안한다면 그 중 최고를 끝까지 감추며 보류하고 있을 필요가 없을 것이며, 끝부분에서 보여준다면 이는 너무 늦다. 또는 인위적으로 과하게 강조된 중반부의 클라이맥스 이후부터 연극의 힘을 유지하려고 노력할 필요도 없다. 각각의 또는 모든 클라이맥스를 완전히 사용해서, 그 사이에 있는 모든 기회를 사용한다면 훨씬 좋을 것이다. 또한 최대한의 임팩트와 이완, 다양성이 공연에 반영되려면 각각의 리듬감 있는 파동이 정점에 이르러야 한다.

이 장은 **인물의 구성**composition of the characters에 기반이 되는 원칙을 고려하지 않고는 완성될 수 없다.

연극에 나오는 각각의 인물들은 특정한 심리적 특성이 있다. 이러한 특성이 인물 구성의 기반으로 받아들여져야 한다.

이러한 관점에서, 연출과 배우의 역할은 이중적이다. 인물들 간의 **차이**를 강조하면서도, 인물들끼리 최대한 서로를 **보완한다**는 것을 알아야 한다.

이 과제를 최대로 충족시키는 방법은 각 인물에서 의지, 느낌, 생각, 이 세 가지 심리적인 특성들 중에서 어떤 것이 지배적인지와 각 특성의 본성이 무엇인지 추측해보는 것이다.

만약에 하나 이상의 인물이 같은 특성을 갖고 있다면 같은 특성 안에서 어떻게 달라질 수 있을까.

『리어왕』의 주요 인물 중 몇몇은 악한 주제를 대표한다. 부정적이고 사악한 심리로 연기해야 한다는 필요성 때문에 모두가 너무 비슷해질 우려가 있다. 똑같은 표현 방식을 사용하면 전부 비슷하고 단조로워질 것이다. 그렇다면 사악한 인물들을 연구해보고, 다르게 연기할 수 있는 방식을 찾아보자.

에드먼드는 생각의 요소가 지배적인 유형을 대표한다. 그는 느끼는 능력이 결핍되어 있다. 그의 빠르고 기민한 사고방식이 의지와 서로 다른 조합을 형성하며(다름 아닌 권력에 대한 갈망이다.) 거짓말, 허무주의, 무시, 극단적인 자기중심주의, 부도덕함과 비정함을 만들어낸다. 그는 부도덕의 대표주자이다. 역으로 그는 느낌이 발달되지 않아서 자신의 모든 간교한 계략에 대해 확고하고 두려움이 없다.

콘월은 에드먼드를 보완한다. 그는 노골적으로 말하는 **의지적 유형**이다.

그의 정신은 유약하고 원초적이다. 그의 마음은 증오로 가득 찼다. 의지는 과도하게 발달하고 억제되지 않아서 지성으로 통제되지 못하고, 증오로 흐려졌다. 그래서 다른 사악한 인물들 중에서 파괴적인 힘의 대표 격이 된다.

거너릴은 에드먼드와 콘월과 함께 명백한 3인조를 이룬다. 그녀의 전 존재는 느낌으로 이루어져 있으며, 그녀의 모든 느낌들은 열정이고, 그녀의 모든 열정은 관능성이다.

알바니 공작은 인물의 구성에서 특이한 위치를 점한다. 그의 나약함은 에드먼드, 거너릴, 콘월의 강함을 보완하며, 그들과 차별화된다. 이 극에서 그가 갖는 기능은 사악한 세력에 대항해서 투쟁할 수 없다면 도덕적 성향은 무의미하다는 것을 보여준다. 따라서 그의 긍정적인 의도에도 불구하고, 그는 부정적인 인물로 봐야 한다.

리건은 다른 방식으로 해석해 볼 수 있다. 그녀는 주관이 없는 인물로 그려진다. 거의 모든 곳에서 그녀는 두 번째 주자로 보인다. 리어에게 사랑을 맹세할 때에도 리건은 거너릴이 말한 것을 따라 하고, 그 말하기 방식도 따라 한다. 두 자매가 계략을 시작하는 장면에서, 거너릴이 리건의 혼을 빼놓으면서 주도권을 가져간다. 리건이 리어와 함께 나오는 장면에서 거너릴이 말하고 행동했던 방식을 정확히 따라 하는 것을 볼 수 있다. 글로스터의 눈을 뽑는다는 생각 자체도 리건이 아니라 거너릴에게서 나온다. 다시 한 번, 거너릴은 리건을 독살함으로써 그녀를 뛰어넘는다. 여기저기에서 리건이 불확실하고 걱정이 많으며, 심지어 겁을 먹었다는 것을 확인할 수 있다. 리건은 에드먼드의 지성이나 거너릴의 열정, 콘월의 의지를 갖지 못했지만, 지속적으로 이끌려가고 영향을 받는 인물로서 희곡 구성의 일부분이 된다.

비정한 지성(에드먼드), 불순한 느낌(거너릴), 계몽되지 못한 의지(콘월), 힘을 잃은 도덕성(알바니), 상상력이 없는 평범한 사람(리건), 이들이 인물들을 구성한다. 이들은 서로 다르지만 동시에 서로를 보완하면서, 비극이라는 액자 안에서 악이 활동하는 상당히 완전하고 다층적인 그림을 그리게 된다.

다른 예시로『십이야』를 들 수 있다. 일반적으로 모든 인물들은 사랑에 빠진 것으로 간주된다. 그러나 여기에서도 각 인물에서 구체적인 사랑의 특성이 발견되어야 한다. 안토니오와 세바스찬 사이의 순수하고, 다정하고, 이타적인 사랑에서부터 말볼리오가 올리비아에 대해 가진 자기중심적이고 불순한 사랑까지, 희극의 인물 구성에 명암과 뉘앙스, 정의를 부여해주는 모든 범주의 가능성이 존재할 수 있다.

이 장에서는 구성의 법칙들을 다뤄보았는데, 그 안에는 세 부분, 양극성, 변형, 분할, 주요하고 부차적인 클라이맥스들, 액센트들, 리듬감 있는 반복과 리듬감 있는 파동, 끝으로 인물의 구성이 포함된다.

물론, 고전극이든 현대극이든 모든 연극에서『리어왕』에서처럼 제시된 원리들을 모두 적용해볼 수 있는 것은 아니다. 그럼에도 불구하고, 부분적인 적용만으로도 연기에 생기를 주고, 미학적인 아름다움을 더할 것이고, 내용을 깊이 있게 해주며, 표현이 더욱 풍부해지고 조화로워질 것이다. 희곡에 단점과 제약이 있더라도, 연출과 배우, 무대 및 의상 디자이너와 모든 관계자들이 자신의 연극적 장치를 이용해 이 원리들 중 일부만이라도 관찰하고 시도해보려는 공동의 노력을 기울인다면 많은 부분을 극복할 수 있을 것이다.

9

공연의 유형

> 비극과 광대술, 양극 사이에 인간이 가진 수많은
> 감정들의 조합이 펼쳐져 있다.
> ─ C. L.(Charles Laughton)

이 책에 소개된 모든 원칙과 훈련을 제대로만 적용한다면 우리 '내면의 성城' 안에 있는 많은 '비밀의 방들' 중 하나를 열 수 있다. 실제로 동화 속의 인물처럼 이 성의 방에 하나씩 차례로 들어간다. 그리고 각 방 안에 있는 새로운 보물들을 찾는다. 재능과 새로운 능력이 발전되며 영혼이 풍부해지고 자유로워진다. 이 훈련을 노동이 아닌 흥미로 느끼고 원칙을 지키며 즐겁게 했을 때 더욱 그렇다. 따라서 이 열망과 모험의 정신으로 방문을 열어 우리를 새롭게 해주는 보물들이 어떤 것들인지 보자.

다양한 유형의 연극들이 있고, 각각 서로 다른 공연 방식이 필요하다. 비극, 드라마, 멜로드라마, 희극, 고급 희극, 소극笑劇, 슬랩스틱, 그리고 광대술clowning이라고 불리는 공연의 유형도 있다. 무수한 색채와 뉘앙스로 비극과 광대술이라는 양 극단의 테두리 안에서 더 많은 유형과 분류를 만들어 낸다. 비극 배우이건 희극 배우이건 그 외의 배우이건, 위에 명시한 기본적인 공연 유형의 연기 방식들을 훈련하고 탐구하면 도움이 될 것이다. "나는 비극 배우(희극 배우)라서 다른 공연 유형의 연기 테크닉을 발전시킬 필요가 없다."라고 말하지 말자. 그렇게 말함으로써 스스로를 부당하게 판단하는 것이다. 이렇게 말하는 것과 다를 바 없다. "나는 풍경화가가 되고 싶다. 그러므로 다른 형태의 화법에 대해 공부하지 않을 것이다." 대조의 힘을 생각해 보자. 희극 배우라면 비극적인 역할을 연기해 낼 수 있을 때 유머가 강해진다. 그 반대도 마찬가지다. 이것은 인간 심리의 법칙과 같다. 추함을 알게 되었을 때 아름다움에 대한 감각이 커진다. 또한 주위의 악惡과 수치에 눈 감지 않아야 선善에 대한 갈망이 깨어난다. 지혜에 대한 감사와 열망을 위해서는 어리석음을 마주해야 한다. 그리고 모든 공연의 유형들에서 새롭게 얻은 능력은 작업 도중 뜻하지 않은 방법과 순간에 드러날 것이다. 내면에서 발전시킨 그 능력들은 창의적인 정신의 미로를 통해 발견될 것이다.

연극과 공연의 모든 유형과 조합에 대해 세세히 말할 필요는 없다. 이 장에서는 가장 두드러지고 뚜렷한 양상을 가진 네 가지 유형만 다루고 간단히 논하겠다.

먼저 비극을 보자.

인간이 어떤 이유로 비극적인 (또는 굉장히 극한의) 경험을 할 때 무슨 일이 생기는가? 마음 상태에서 보이는 것 중 하나만 주목해 보자. 자신이 지탱할 수 있는 자아의 경계가 무너졌다고 느낀다. 자신보다 훨씬 더 강하고 거센 어떤 힘에 심리적으로, 신체적으로 노출되어있다고 느낀다. 비극적 경험이 자신을 휘어잡고 뒤흔든다. 그 사람의 감각을 몇 단어로 줄여보자면 "강한 무언가가 지금 바로 내 옆에 있다. 그리고 내가 이것과 개별적으로 존재하는 것처럼 이것 역시 나와 **개별적으로** 존재하고 있다." 이 감각은 햄릿의 주된 갈등처럼 내면의 비극적 갈등에서 왔든지, 리어왕에서처럼 운명에 의해 외부에서 들어온 것이든 똑같이 유지된다.

요약하자면, 한 사람이 아주 심하게 고통을 겪을 수 있지만, 그 고통의 강도만으로는 드라마이지 아직 비극은 아니다. 그 사람은 고통을 진정으로 비극이라고 부르기 전에 자신 옆의 '무언가'라는 강한 **존재**를 느껴야 한다. 이 관점으로 볼 때 글로스터 공작이 드라마적인 존재라면 리어 왕은 정말로 비극적으로 보이지 않는가.

이제 비극적인 기운의 해석이 배우들에게 어떤 실용적인 가치를 주는지 보자. 아주 간단하다. 비극적인 역할을 준비할 때 모든 배우가 해야 할 일은 상상하는 것이다. 무대 위에 있을 때마다(연습할 때나 나중에 관객 앞에서 연기할 때나) '무언가' 또는 '누군가'가 인물이 비극적인 행동business이나 비극적인 대사를 말하도록 하면서 **따라다닌다.** 배우는 이 '무언가'나 '누군가'를 자신보다 또는 맡은 인물보다 훨씬 더 강한 존재라고 상상하고 느껴야 한다. 초인적인 존재여야 한다! 배우는 이 망령, 귀신 또는 유령, '도플갱어'doubleganger; 말 그대로 둘이 같이 걸어 다니는가 인물을 자극하고 영향을 주도록 허용해야 한다. 그러면 배우는 곧 만족스러운 발견을 하게 될 것이다. 자신의 움직임, 행동business 또는 말을 과장할 필요는 없다. 인위적인 방법으로 스스로 심리를 부풀릴 필요도 없고 비극적인 기운의 웅장하고 진정한 면을 얻기 위해 텅 빈 비애에 안주할 필요도 없다. 모든 것이 **스스로 생겨날** 것이다. 초인적인 힘과 느낌을 가진 그 '도플갱어'가 알아서 해줄 것이다.

배우의 공연은 비극적인 맛을 잃은 어색한 '자연스러움' 없이, 그리고 모든 진정한 비극이 요구하는 고상한 '연기'를 억지스럽게 하려다 부자연스러워지는 것 없이, 진정성을 가지게 된다.

배우가 주어진 상황 속에서 느끼는 초인적 존재를 정할 때는 배우의 자유롭고 창의적인 상상에 완전히 맡겨야 한다. 선하거나 악한 존재, 추하고 복수심에 불타는 또는 아름다운 영웅적인 존재일 수 있다. 위협적인, 위태로운, 무언가를 추구하는, 우울한, 위로가 되는 존재일 수도 있다. 극과 인물에 따라 달라진다. 어떤 연극에서는 작가가 그 존재들을 극 안에 실재하도록 만들었다. 그리스 비극에 나오는 비극의 여신인 세 자매들, 『맥베스』의 마녀들, 『햄릿』의 아버지인 유령, 『파우스트』의 메피스토펠레스 등이다. 그러나 작가가 만들어 넣었다고 해도 배우는 비극적 역할을 연기할 수 있게 해주는 열쇠를 발견하고, 자신이 심리적으로 동화될 수 있게 스스로 그 존재들을 창조해낼 것이다. 스스로 실험을 해보면 그런 존재의 감각에 얼마나 빨리 익숙해지는지 알게 된다. 잠시 후에는 그것에 대해 의식할 필요도 없어진다. 단지 완벽한 자유로움과 진정성을 가지고 비극을 연기할 수 있다는 것을 느낄 뿐이다. 스스로 만들어낸 존재와 함께 자유롭게 연기해 보자. 이루어 내고자 하는 목표에 맞춰 그 존재가 자신을 앞서거나 뒤에서 따라오게 해보자. 옆에서 걷거나 머리 위에서 날게 해보자.

하지만 단순한 드라마로 인물을 연기할 때에는 조금 다르다. 자신의 자아가 가지고 있는 경계 안에만 있어야 한다. '도플갱어'나 유령 등을 상상할 필요가 없다. 우리 모두는 이런 연기에 다소 익숙하다. 우리가 인물에 대해 준비를 하고 주어진 상황 내에 진실하게 남아 있다면 이런 유형의 연극에서 배우가 해야 할 일은 완수된 것이다.

다른 한편으로, 희극은 배우에게 명확한 조건들을 제시한다. 드라마에서처럼 자신으로서 그 인물을 연기하지만 인물이 요구하는 뚜렷한 심리적 특징을 갖춰야 한다. 그 특징은 팔스타프 같은 인물이 가진 허세거나 『십이야』의 앤드류 에이규치크에게 있는 굉장한 우둔함, 또는 말볼리오 같은 인물의 자만과 거만일 수도 있고 따르튀프의 거짓된 신앙심일 수 있다. 경솔함, 수줍음, 요염함, 비겁함, 적절치 못한 환락이나 우울함 등 인물이 가지고 있거나 요구하는 성질이 어떤 것이어도 좋다. 그러나 자신의 희극적 인물이 가진 특징을 고를 때 큰 웃음을 얻기 위해 '웃기려는' 시도는 조금이라도 하면 안 된다. 최대한 내면의 진정성을 가지고 연기해야 한다. 진정한 유머, 좋은 유머는 할 수 있는 한 최대의 편안함과 강한 발산을 사용하여 아주 자연스럽게 해야 얻어진다. 편안함과 발산은 희극을 공연할 때 필요한 특별한 테크닉을 발전시키려는 배우가 가져야 할 두 조건들이다.

편안함은 첫 장에서 이미 다 설명했다. 그러나 발산에 관해서는 조금 덧붙여 보겠다. 희극적인 기분이 들기 위해서는 행복과 흥분의 빛을 모든 방향으로 발산하며 주위의 공간을 점점 더 채우는 (무대 전체 또는 객석까지) 것을 시도하는 게 좋다. 마치 어린 아이가 자연스럽게 즐거운 일을 기대하고 경험하는 것처럼 말이다! 무대 위에 서기 전에 이 발산을 시작해 보자. 이미 무대 위에 섰을 때는 너무 늦을 수 있다. 실제 공연에서 발산을 '시작'하는 것은 집중을 떨어뜨릴 수 있기 때문이다. 이미 자신의 주위에 흐르고 있는 넓게 펼쳐진 기운을 가지고 등장하자. 만일 동료들이 이와 같은 방식으로 서로 도와준다면, 모든 출연진들은 편안하고 **빠른 템포로** 관객과 배우의 유머 감각을 자극할 강하고 반짝이는 희극 분위기에 속해 있을 것이다. 이렇게 작가가 제시한 유머러스한 상황과 대사를 충분히 강조할 수 있으며 모든 희극적 요소들을 포함하는 데 성공할 것이다.

빠른 템포는 희극이 요구하는 또 다른 조건이다. 다시 한 번 이 부분에 대해 설명할 필요가 있다. 만일 계속 똑같이 빠른 템포라면 어쩔 수 없이 단조로워진다. 관객의 집중은 흐려지고 곧 그 공연의 템포가 점점 느려진다는 인상을 받기 시작한다. 결국 관객은 본의 아니게 배우들에 대한 흥미가 사라지며 대화만 듣게 된다. 이렇게 무대 위에 있는 배우의 중요성이 적어지는 안 좋은 결과를 피하기 위해, 공연하는 사람들은 때때로 한 문장의 대사나 한 동작만이라도 자신의 템포를 늦추거나 또는 경우에 따라서 짧지만 무언가를 나타내는 사이pause를 넣어야 한다. 빠른 템포의 공연에서 생기는 단조로움을 깨는 이런 방법들은 관객에게 작고 즐거운 놀라움으로 즉각 작용할 것이다. 생기를 되찾은 관객들은 다시 공연의 빠른 템포를 즐길 수 있으며 배우의 재능과 기술을 더 잘 감상할 수 있게 된다.

광대술clowning에 대한 설명으로 넘어간다.

광대술은 어떤 면에서 비극과 비슷하며, 동시에 비극의 완벽한 대조이다. 비극 배우 같은 훌륭하고 재능 있는 광대는 공연을 할 때 절대 혼자 하지 않는다. 그 역시 어떤 환상의 존재들에게 '홀리는' 경험을 한다. 그러나 그 존재들은 아까와는 다른 종류다. 비극 배우의 '도플갱어'를 초인적 존재로 했다면, 광대의 유머러스한 수행원들은 원시적subhuman 존재들로 구성되어 있다고 생각하자. 그 존재들에게 배우의 신체와 심리를 준다. 그런 자신을 통해 존재들의 유쾌하고 기이하며 이상한 외면을 관객과 함께 즐긴다. 스스로가 자신과 다른 사람들을 위한 놀이의 도구가 된다.

요정, 도깨비, 난쟁이, 정령 또는 그런 비슷한 다른 '좋은 친구'들이 광대를 홀리고 그가 인간이 아니게끔 느끼게 한다. 그 친구들은 친절하고 호의적이며 사랑스럽고 장난기가 있으며 우스워야 한다(우스꽝스럽기까지 하다!). 그렇지 않으면 그 광대술은 보기 싫어질 것이다. 광대의 신체와 심리를 놀이와 재미로 이용하는 잠깐의 권리를 즐겨야 한다. 전래 동화에 실제로 나오는 '좋은 친구'를 만들어내는 데에 굉장히 풍부한 소재들을 찾게 될 것이다. 상상력을 자극할 것이다.

희극 배우와 광대의 중요한 차이점을 명심하자. 희극의 인물은 언제나 자연스럽게 반응한다. 그 인물이나 상황이 얼마나 이상한지에 상관없이 무서운 일에 무서움으로 반응하고, 상황에 따라 분개하기도 하며 언제나 자극과 동기를 따른다. 한 심리 상태에서 다음 심리 상태로 넘어갈 때 항상 정당성을 가진다.

그러나 좋은 광대의 심리는 조금 다르다. 주위 상황에 대해 전혀 근거가 없고, '평범하지 않으며' 예상 밖의 반응을 보인다. 전혀 무섭지 않은 것에 놀라고, 웃어야 할 상황에 울며, 자신을 해할 수 있는 것에 위험을 느끼지 않을 수 있다. 한 감정에서 다른 감정으로 넘어가는 데에 있어서 심리적인 정당성이 필요하지 않다. 슬픔과 기쁨, 극한 불안과 침착함, 웃음과 눈물, 모두가 뚜렷한 이유 없이 즉각적으로 다음 감정으로 넘어가고 아주 빠르게 바뀐다.

그렇다면 광대는 내적으로 진실하지 않고 진정성이 없다는 것인가! 그 반대다. 자신이 느끼는 것과 하는 것을 믿어야 한다. 자신 안에서 그리고 자신을 통해 작업을 하는 모든 '좋은 친구들'의 진정성을 믿어야 하고 그들의 이상한 놀이와 엉뚱함을 마음껏 즐겨야 한다!

광대술은 어렵지만 배우들이 다른 공연 유형들을 완벽히 해내기 위해 없어서는 안 될 협력자가 될 수 있다. 더 연습할수록 배우로서 용기를 더 발휘하게 된다. 자신감도 함께 커지며 내면에서 새롭고 만족스러운 감각이 천천히 나올 것이다. "광대술에서의 훈련과 경험을 하고 난 후 드라마와 희극을 하기가 매우 쉬워졌다!"고 말하게 될 것이다. 또한 무대 위에서의 진실감Sense of Truth이라는 것이 크게 더해진다. 광대 같은 장난을 연기하며 진실성과 진정성을 배운다면 (자연스러움과는 구별되는) 공연을 할 때 자신의 연기가 이 진실감에 위배되었는지 알 것이다. 광대술은 원하는 것을 믿으라고 가르친다. 광대술은 모든 위대한 예술가들이 가진 단순성과 신뢰를 보여주는 영원한 어린 아이를 내면에서 깨울 것이다.

이 네 가지의 주요한 공연의 유형은, 아무 소리도 나지 않았을지도 모를 배우의 창의적 영혼의 현鉉을 강하게 울린다. 서로 다른 방식과 기분으로 말과 움직임을 해봄으로써 내면에서 불러 일으켜지는 차이점을 경험하며 모든 훈련을 하면, 자신의 예술적인 능력이 얼마나 무한한지, 새로운 능력을 무의식적으로 얼마나 많이 사용할 수 있는지 알고 놀랄 것이다.

훈련을 위해 언급한 처음 세 가지 유형의 연극에서 짧은 몇 장면들과, 이전에 보았거나 발전시켜보고 싶은 광대의 기술 몇 개를 고른다. 하나씩 여러 번 연기하고 매번 각 유형에서 경험한 것들을 비교한다. 그리고 나서 중립적이고 짧은 장면을 골라 이 장에서 제시한 기술적 방법을 사용하여 비극, 드라마, 희극으로, 그리고 광대술도 살짝 넣어서 하나씩 해본다. 인간의 감정으로 들어가는 많은 새로운 문들이 열리고 연기 테크닉에 있어서도 다양성을 얻을 것이다.

요약

1. 비극을 연기할 때, 초인적 존재superhuman being를 상상하는 것은 큰 도움이 된다.

2. 드라마는 주어진 상황에 대한 순수한 인간적인 태도와 예술적 진실성이 필요하다.

3. 희극을 공연할 때 네 가지 조건이 필요하다. 인물이 가진 주요한 심

리적 특징을 강조하기, 편안함의 느낌, 즐겁고 행복한 성질들을 강하게 발산하기, 빠른 템포와 그 사이에 들어간 느린 순간들.

4. 광대술은 즐겁고 유머러스한 원시적 존재들sub-human beings을 필요로 한다.

10

역할에 접근하는 방법

> 학문을 한 후에 남는 것은 실행에 옮긴 것들뿐이다.
> —괴테

이 부분은 우리 분야에서, 특히 성실한 배우들 사이에서 상당히 논쟁적인 주제다. 인물의 가장 본질적인 부분을 발견하는 행복한 순간에 도달하는 과정에서 시간과 노력을 아껴서 역할에 체계적으로 접근하려는 배우에게 더욱 그렇다. 우리 모두는 대부분 작업의 처음 단계에서 확신이 없어서 버둥댄다.

지금까지 설명한 것들을 기반으로 역할에 접근하는 여러 방법들이 있다. 그 중 하나는 자신의 상상을 이용하는 것이다. 이 방법을 선택했다고 가정하자.

역할을 받자마자 극 전체에 익숙해질 때까지 여러 번 읽기 시작한다.

그러고 나서 맡은 인물에만 집중한다. 먼저 한 장면씩 그 안에 있는 자신의 인물을 상상한다. 다음으로 가장 끌리는 순간들(상황, 행동business, 대사)에 대해 생각해 본다.

인물의 외면뿐 아니라 내면이 '보일' 때까지 계속한다. 그것이 자신의 느낌들을 깨울 때까지 기다린다.

인물이 말하는 것을 '듣도록' 해본다.

작가가 묘사한 대로의 인물, 또는 분장과 의상을 입고 그 인물을 연기하는 자신을 볼 것이다. 둘 다 맞다.

자신의 인물과 공동 작업을 시작한다. 질문을 하고 '보이는' 답을 얻는다. 장면의 순서와 상관없이 자신이 택한 아무 순간에 대해 질문한다. 그럼으로써 그 인물의 모든 부분을 훑어보며 이곳저곳에서 완벽하게 다듬어간다.

조금씩 행동business과 대사를 포함시킨다.

공식적인 연습이 시작 될 때에도 이 작업을 계속한다. 무대 연습을 하면서, 자신의 연기, 파트너들의 연기, 연출이 준 제안과 행동business, 대략적인 배경들을 통해서 얻게 된 것들을 집으로 가져온다. 이 모든 것을 상상 안에 넣고 다시 자신의 연기를 되짚으며 질문을 한다. "이 순간과 저 순간을 어떻게 더 발전시킬 수 있을까?" 상상에서 먼저 발전시킨 후 실제로 해본다(연습 기간에 집에서도 이렇게 작업한다).

이런 식으로 상상을 이용하면 작업이 용이해진다는 것을 알게 된다. 또한 지금까지 작업을 방해했던 장애물들이 사라지는 것도 보게 된다. 배우의 이미지들은 어떤 방해물에서도· 자유롭다. 왜냐하면 그 이미지들은 자신의 창의적인 개성에서 나온 직접적이고 직관적인 산물이기 때문이다. 배우의 작업에 있어서 방해물들은 훈련이 안 된 신체나 지나친 자의식, 자신감 부족, 실수에 대한 두려움—특히 첫 연습에서—등의 심리적 문제에서 온다. 이 모든 방해 요소들은 우리의 창의적 개성에 속하지 않는다. 우리의 이미지들이 물리적 신체에서 자유로운 것처럼 창의적 개성 역시 심리적인 문제에서 자유롭다.

예술적 직관이 상상을 이용한 인물 구축이 끝나는 지점이 언제인지 말해줄 것이다. 그런 다음에는 한쪽으로 치워두자. 이것이 마치 역할에 접근하는 유일한 방식인 것처럼 너무 오래, 심각하게 의지하지 말자. 동시에 하나 이상의 방법을 사용해도 된다.

또한 분위기에 기반을 두고 작업을 시작할 수 있다.

자신의 인물이 극 안에 제시된 서로 다른 분위기들 속에서 행동_{business}과 대사를 수행한다고 상상한다. 그리고 그 분위기 중 하나를 자신의 주위에 만들고—훈련 14에 나온 것처럼—그 영향을 받으며 연기하기 시작한다. 움직임, 음색, 대사가 자신이 고른 분위기와 조화를 이루는지 본다. 다른 분위기로도 다시 한다.

스타니슬랍스키는 배우가 작업을 실제로 시작하기 전에 자신의 인물과 '사랑에 빠지는' 것은 좋은 일이라고 말했다. 내가 이해한 바로는 주로 이 인물을 둘러싼 분위기와 사랑에 빠지는 것을 의미한 것이다. <모스크바 예술극장>의 많은 작품들은 분위기를 통해 해석되고 구상되었다. 그렇게 해서 연출가와 배우들이 극 전체뿐만 아니라 각각의 인물들과도 '사랑에 빠졌다'(체홉, 입센, 고리키, 메테를링크의 희곡들은 분위기들을 품고 있으며, <모스크바 예술극장>의 단원들이 항상 애정을 쏟을 수밖에 없었다).

작곡가, 시인, 작가, 화가들이 실제로 작업에 들어가기 한참 전부터 자신들이 만들 미래의 창조물이 가진 분위기를 즐기기 시작한다. 스타니슬랍스키는 만일 연출가나 배우가 그렇게 심취된 시기를 거치지 못하면, 나중에 극이나 역할에 대한 작업을 할 때 많은 어려움에 부딪친다고 믿었다. 확실히 이런 헌신, 사랑은 다른 사람 눈에는 희미한 것들을 보고 느끼게 해주는 '여섯 번째 감각'으로 불릴 수 있다(연인들은 언제나 다른 사람들이 보지 못하는 서로의 좋은 점들을 본다). 따라서 분위기를 통해 역할에 접근하는 것은 인물이 가진 많은 흥미롭고 중요한 특징들, 좋은 뉘앙스를 발견할 기회를 준다. 그렇지 않으면 쉽게 놓쳐 버릴 수 있는 것들이다.

또한 느낌의 감각sensation of feelings(4장을 보자)이라는 것을 적용하며 시작하는 것도 좋다. 인물의 대략적인 성질, 또는 가장 특징적인 성질들을 알아내 보자. 예를 들면 팔스타프라는 인물은 대략적으로 짓궂고 겁이 많은 성질을 갖고 있다. 돈키호테는 용기와 로맨틱함이 섞인 편안함의 성질을 가지고 있다. 맥베스 부인은 어둡고 강한 의지의 성질을 가지고 있음을 볼 수 있다. 햄릿은 통찰력 있고, 영리하며 사려 깊은 성질을 가진 인물로 보일 수 있다. 잔 다르크는 마음의 눈으로 볼 때 내적 고요, 포용, 진실함의 성질이 배어있는 인물로 나타날 수 있다.

인물 전체의 대략적인 성질을 찾고 그것에 호감이 간다면 그 영향을 받으며 역할을 연기해 보자. 상상으로 먼저 하고 원한다면 그 이후에 실제로 -집 또는 무대에서-연습을 시작한다. 하다 보면 자신의 진실한 느낌을 깨우는 감각들이 무언가 어색하다는 것을 발견할 수 있다. 그러면 주저하지 말고 완전히 만족스러워질 때까지 계속 바꿔본다.

자신의 인물에 대한 대략적인 감각들을 고르고 대본에 기록한다. 이 과정의 결과로 이 역할이 몇 부분 또는 비트bits로 나눠질 것이다. 너무 많은 부분으로 나누지 말자. 헷갈릴 수 있다. 비트와 나눈 부분이 적을수록 역할에 대한 실질적인 작업에 더 도움이 될 것이다. 연극이나 영화에서의 인물은 열 부분이 적당하다. 다시 자신이 기록한 것들을 따르며 연습을 해본다.

4장에서 다루었듯이 성질과 감각은 자신의 예술적 느낌들을 깨우는 역할을 하는 데 불과하다. 따라서 그 느낌들이 내면에서 불러 일으켜지면 거기에 완전히 몰입한다. 역할을 실현시키도록 이끌어 줄 것이다. 알맞은 감각을 찾는 동안 기록한 것들은 메마르고 완전히 사라졌을지도 모르는 내면의 느낌에 생기를 불어넣어 줄 것이다.

역할에 접근하는 또 다른 방법은 심리 제스처Psychological Gesture다.

인물 전체에 알맞은 심리 제스처를 찾자. 역할에 맞는 종합적인 심리 제스처를 바로 찾지 못한다면, 반대로 세부적인 하위 심리 제스처부터 찾은 후에, 인물의 주요한 상위 심리 제스처가 천천히 나타나게 한다.

연습했던 심리 제스처를 기반으로 행동business과 대사를 하며 연기를 시작한다. 실제로 심리 제스처를 적용할 때 맞지 않는다고 느낀다면 인물에 대한 자신의 해석과 취향에 맞게 수정해 나가야 한다. 심리 제스처의 강도, 유형, 성질, 템포가 자유롭고 능숙하게 다루어져야 하며 필요하다고 생각되는 만큼 변화를 주어야 한다. 연습 중 연출가가 주는 제안, 무대 위에서 만나는 동료들, 작가가 변화를 준 대본은 모두 심리 제스처를 바꾸기 위한 자극이 된다. 그러므로 스스로 완전히 만족할 때까지 변화의 여지를 주자.

연습이든 공연이든 역할을 연기하는 내내 심리 제스처를 사용한다. 무대 위에 등장하기 전에 연습한다.

여러 장면들과 순간의 특징적인 템포뿐 아니라 자신의 인물이 사는 곳의 **전반적인 템포**도 정한다. 그리고 서로 다른 템포들에 따른 심리 제스처를 새로 연습한다.

또한 역할이 가진 **내적, 외적** 템포의 상호 작용을 관찰한다. 대조적인 두 템포를 동시에 적용하는 기회도 가져본다(5장의 끝 부분을 보자).

    심리 제스처를 사용하여 역할에 접근할 때 자신의 인물이 다른 인물들을 대하는 서로 다른 태도도 확인한다. 극 안에서 자신의 인물이 다른 인물을 만날 때에 언제나 같은 상태를 유지한다고 생각하는 것은, 경험 많고 훌륭한 배우들 사이에서도 종종 일어나는 큰 실수이다. 무대 위에서나 일상에서나 그렇지 않다. 관찰해보면 매우 뻣뻣하고 굳어있거나 자만심이 강한 인물들만 다른 이들을 만날 때에도 평소의 '자기 자신' 그대로 유지한다. 무대 위에서 인물을 그런 방식으로 연기하는 것은 단조롭고 비현실적이며 인형극과 같다. 스스로를 관찰하면 여러 사람들을 만날 때 본능적으로 얼마나 다양하게 말하고 움직이고 생각하고 느끼는지 볼 수 있다. 그 변화가 아주 작고 미묘해도 말이다. 자신과 다른 사람의 만남에서 항상 일어나는 일이다.

    무대 위에서는 더 뚜렷하게 드러난다. 햄릿이 클로디어스 왕과 만날 때와 오필리어를 만날 때, 똑같은 햄릿이 아니다. 햄릿의 서로 다른 두 양상이 보인다. 햄릿 자신의 본질은 잃지 않으며 성격의 다양한 면모들을 보여준다. 작가가 의도적으로 단조롭고 뻣뻣한 인물을 보여주려는 경우 외에는 다른 인물들로 인해 자신이 어떻게 변하는지 찾으려고 노력해야 한다. 이런 부분에서는 심리 제스처가 큰 도움이 된다.

    자신의 인물이 나오는 부분을 다시 훑은 후, 다른 인물들이 자기 안에서 불러일으키는 대략적인 느낌(또는 감각)을 찾자. 따뜻하게, 무관심하게, 차갑게, 의심스럽게, 신뢰가 가게, 열정적이게, 논쟁적이게, 소심하게, 비겁하게, 차분하게 느끼도록 하는가? 아니라면 무엇인가? 또한 그들이 이 인물의 내면에 어떤 **욕구들**을 불러일으키는가? 제압하려는, 복종하려는, 복수하려는, 상대의 마음을 끌려는, 유혹하려는, 친구가 되려는, 모욕하려는, 즐겁게 해주려는, 놀래려는, 어루만지려는, 저항하려는 욕구를 불러일으키는가? 그리고 극이 진행되는 중에 자신의 인물이 같은 사람에게 이전과는 다른 태도로 바꾸는 경우들도 간과하지 말자.

자신의 인물을 전체적으로 표현하는 주요 심리 제스처에 약간의 변화를 주면 다른 인물들에 대한 전반적인 태도가 설명된다. 심리 제스처의 적용은 자신의 역할을 다양한 색으로 채색하는 창의적 가능성을 준다. 따라서 공연은 풍부한 색채를 띠게 되며 매우 흥미로워진다.

인물을 구축하고 인물에 성격을 부여하는 것으로―6장에 나온 대로―작업을 시작하길 원하면, 가상의 신체와 중심을 가지고 역할에 맞는 특색을 찾으며 '놀이'를 시작한다. 처음에는 가상의 신체와 중심을 각각 따로 사용하고 나중에는 동시에 함께 사용한다.

숙달하기 위해 대본을 보며 자신의 인물이 하는 모든 행동business을 적는다. 등장과 퇴장을 포함하여 하찮게 보이는 모든 순간까지도 적는다. 그리고 하나씩 가상의 신체나 중심이 요구하는 것에 순응하며 크고 작은 모든 일들을 수행한다. 과장하거나 억지로 영향을 받으려 하지 말자. 움직임이 인위적으로 되어버린다. 중심과 가상의 신체는 강요나 다른 어떤 힘의 '도움' 없이도 충분히 연기하는 방식이나 심리를 변화시키는 힘이 있다. 만일 인물의 성격을 정교하고 세세하게 표현하기를 원한다면, 가상의 신체와 중심을 가지고 하는 이 즐거운 '놀이'를 자신의 탁월한 감sense과 진실함이 이끌도록 한다.

잠시 후에 행동business에 어울리는 대사를 추가한다. 몇 줄만으로 시작한 후 점점 더해나가 자신의 모든 대사를 이렇게 연습한다. 곧 자신의 인물이 어떤 말의 방식을 택하려 하는지 알게 된다. 몇 가지 예를 들면, 느린, 빠른, 조용한, 충동적인, 사려 깊은, 가벼운, 무거운, 무미건조한, 따뜻한, 차

가운, 열정적인, 냉소적인, 무시하는, 친근한, 시끄러운, 저음의, 공격적인, 온화한 방식들이 있다. 이 모든 뉘앙스는 아까와 같은 가상의 신체와 중심의 방식으로 얻어진다. 결과를 보려 서두르지 않고 가상의 신체와 중심이 주는 제안을 잘 따르면 된다. 성급하게 스스로 강요하지 말고 그 '놀이'를 즐기자.

이 간단한 역할 접근 방법을 통해 연기와 화술이 점점 특징을 나타낼 뿐 아니라 자신의 기질도 분명하게 보일 것이다. 가장 짧은 시간 내에 인물의 폭이 파노라마처럼 눈앞에 펼쳐질 것이다. 스스로 가상의 신체와 중심을 의식할 필요가 없어질 만큼 인물이 자신에게 완전히 흡수될 때까지 그 '놀이'를 멈추지 말아야 한다는 것을 기억하자.

인물에 대한 작업을 시작할 때 8장에 자세히 나온 **구성의 법칙**을 사용해도 좋다. 이 주제에 대한 설명을 여기서 덧붙이는 것은 요점을 더 장황하게 만들 것이다. 『리어왕』의 인물들로 든 예시와 분석으로 충분히 그 적용 방법을 설명했다.

이 시점에서 스타니슬랍스키가 제안한 인물 접근의 원칙에 집중해 보길 원한다. 스타니슬랍스키는 그것을 단위units와 **목표**objectives라고 불렀다. 그의 저서 『배우 수업』*An Actor Prepares*에 자세한 설명이 있다. 단위와 목표는 아마도 스타니슬랍스키의 가장 기발한 발명일 것이다. 올바르게 이해하고 제대로 쓰이면 극과 역할의 가장 핵심적인 부분으로 곧장 이끌어 줄 수 있다. 배우에게 구조를 보여주고 인물을 자신감 있게 연기할 수 있게 하는 확고한 기반을 주면서 말이다.

스타니슬랍스키는 본질적으로 극과 역할의 뼈대를 연구하기 위해서는 그것을 단위(비트나 부분)로 나눌 필요가 있다고 말했다. 처음에는 세부적인 단위가 아닌 큰 단위로 시작하고 혹시 너무 광범위하면 큰 단위들을 중간 크기나 작은 크기로 나누라고 조언했다.

더 나아가 스타니슬라브스키는 인물(배우가 아니라)이 소망하고 원하고 갈망하는 것을 목표라고 했다. 인물의 목적이며 성취 대상이다. 목표는 계속해서 꼬리를 물고 나온다(겹칠 수도 있다).

인물의 모든 목표들은 '논리적이고 일관된 줄기'를 형성하며 하나의 큰 목표로 통합된다. 이 주된 목표를 스타니슬랍스키는 인물의 **초목표**superobjective 라고 불렀다. 개수에 상관없이 모든 작은 목표들은 인물의 초목표(주된 욕구)를 달성하기 위해 하나의 목적에 포함돼야 한다는 뜻이다.

또한 스타니슬라브스키는 이렇게 말했다. "극 안에서 각각의 작은 목표들(인물의 초목표들뿐만 아니라)의 전체 줄기는 극 전체의 **초목표**를 이루기 위해 모여야 한다. 초목표는 작가의 작업에 영감을 불어 넣은 주도적인 사상이며 작가의 문학 작품 안의 **라이트모티브**leitmotif, 반복적으로 나타나는 주제다."

그 목표를 단어들로 이름 붙이기 위해 스타니슬랍스키는 다음과 같은 공식을 제안했다. "나는 무엇 무엇을 하기를 원한다 또는 소망한다." 그리고 인물의 갈망, 목적, 성취하려는 것을 표현하는 단어를 문장 안에 넣었다. 나는 설득하기를 원한다, 나는 해치우기를 원한다, 나는 이해하기를 원한다, 나는 주도하기를 원한다, 등과 같다. 목표를 정할 때 나는 사랑하기를 원한다, 또는 나는 슬픔을 느끼기를 원한다, 같이 느낌과 감정을 넣지 않는다. 그 이유는 느낌과 감정은 하는 것이 아니기 때문이다. 사랑이나 슬픔은 느끼거나 느끼지 않는 것이다. 진정한 목표는 자기 (인물의) 의지에 기초한다. 느낌과 감정은 자연스럽게 목표를 동반하지만 그것들 자체가 목표가 될 수는 없다. 따라서 우리는 각각 개별적인 부분의 초목표뿐 아니라 많은 하위 목표들을 다루는 동시에 극 전체의 초목표도 다루어야 한다.

이제 앞서 말한 스타니슬랍스키의 개념들이 이 책에서 논한 것과 얼마나 잘 통합되는지 보자.

역할을(극 전체뿐 아니라) 단위로 나누는 과정에서 8장에 소개된 원칙들을 제안한다. 먼저 역할이나 극을 큰 세 단위나 부분들로 나누고 필요하다면 다시 세분화 한다.

아서 밀러의 『세일즈맨의 죽음』에서 주인공의 첫 번째 단위는 다음을 포함한다. 세일즈맨인 윌리 로먼은 나이가 들고 지쳤고 일과 가정사 때문에 낙담하고 힘들어 한다. 그는 자신의 길고 헛된 인생에 대해 자세히 들여다보려 한다. 그는 추억에 젖는다. 하지만 아직은 자기 운명과의 싸움을 그만두려 하지 않는다. 새로운 공격을 위한 힘을 축적한다. 두 번째 단위: 마지막 전투가 시작된다. 희망, 실망, 작은 충돌과 패배들, 즐겁고 아픈 과거의 회상을 보여주는 만화경이다. 그러나 전투의 결과는 더 큰 당혹감과 모든 희망의 파괴일 뿐이다. 세 번째 단위: 윌리는 싸움을 포기한다. 더 이상의 힘, 현실감, 의욕이 없다. 그는 즉시 돌이킬 수 없는 파국으로 내달린다.

『벚꽃 동산』에 나오는 주요 인물 중 하나인 로파힌의 첫 번째 단위는 다음과 같을 수 있다. 거친 성격임에도 불구하고 로파힌은 조심스럽게, 심지어 점잖게 라네프스카야와의 싸움을 시작한다. 천천히 그리고 서서히, 그러나 여전히 절제하며 더욱더 공격적으로 변한다. 두 번째 단위: 로파힌이 결정적인 타격을 날린다. 벚꽃 동산을 사들인다. 그는 승리를 거두지만 아직 라네프스카야를 향해 맞서지 않는다. 세 번째 단위: 로파힌이 이제 거리낌 없는 진격을 한다. 벚꽃 나무들이 도끼에 베여 넘어진다. 라네프스카야는 짐을 싸고 그 지역을 떠나도록 강요받는다. 라네프스카야 가족의 일원이나 다름없던 노망 든 충직한 하인인 피르스는 사람들이 떠난 집에서 갇힌 채 죽음을 맞이한다(로파힌의 승리를 상징적으로 보여주듯).

『검찰관』에서 시장은 관료들에게 세부적인 지시를 내리며 검찰관과의

전투를 준비한다. 이것이 시장이라는 인물의 첫 번째 단위이다. 두 번째 단위:
가짜 검찰관이 도착하고 전투가 시작된다. 인내가 필요한 길고 힘든 시장
의 계략이 성공한다. 위험은 지나가고 승리를 얻는다. 세 번째 단위: 치명적
인 실수를 발견한다. 진짜 검찰관이 도착한다. 시장, 관료들, 여자들은 패하
고 창피를 당하며 전멸된다.

이런 방식으로 세 가지 상위 단위들을 발견하면 하위 단위로 진행해도
좋다. 언제나 극 안에서 벌어지는 전투의 단계들을 따라간다. 전투에서 새
로 맞이하는 중요한 국면 모두를 하위 단위들로 생각한다. 하지만 항상 스
타니슬랍스키의 충고를 기억하자. "부분이 크게, 적은 수로 나뉠수록 해야
할 것들이 줄고 역할 전체를 다루기 쉬워진다."

단위에 대해서는 이쯤하기로 하고, 이제 목표로 넘어간다.

이 주제에 대한 나의 설명은 주로 목표들을 찾는 방법과 순서에 대한
것이다. 스타니슬랍스키는 인물들의 초목표를 찾는 어려움에 대해 언급할
때, 길고 힘든 작업이 필요하다는 것을 인정했다. 그 이유는 알맞은 초목표
를 발견하기 위해 많은 오류를 거치고, 틀린 초목표들을 버리는 일이 많기
때문이다.

스타니슬랍스키는 종종 몇 번의 공연을 하고난 후에, 관객들의 명확한 반
응을 얻어 초목표가 확정된다고 덧붙였다. 이 말을 통해 우리는 인물의 많고
작은 목표들이 어디로 이끄는지 알지 못해도 배우는 그것에 만족해야 한다
는 것을 뜻한다고 볼 수 있다.

그러나 나의 개인적인 의견으로는 배우가 작은 목표들의 최종 목적에
대해 미리 알고 통찰을 갖는 것은 매우 중요하다. 즉, 인물의 주된 목표를
이해하는 것이다. 다시 말하자면, 배우는 처음부터 역할 전체의 초목표에 대
해 아주 잘 알고 있어야 한다. 그러면 어떻게 모든 목표를 많은 실수 없이

'논리적이고 일관된 줄기'로 합칠 수 있는가? 이 문제는 배우가 자기의 인물에 대한 초목표를 먼저 발견한다면 쉽게 해결될 수 있을 것이다. 수년간 실험해본 결과, 이 방법이 더 실용적이라고 조심스럽게 제안해본다. 그리고 다음은 이 확신에서부터 나온 제안이다.

극 전체가 진행되는 동안 싸움을 계속하는 각각의 주요 인물들은 누군가와 또는 무언가와 갈등 상황에 있다. 윌리 로먼의 경우, 그를 억압하는 불행한 운명에 맞서 싸우고 진다. 『벚꽃 동산』의 로파힌은 라네프스카야와 싸우고 이긴다. 『검찰관』에서 시장은 페테르부르크에서 오는 검찰관의 환상과 싸우고 패배한다.

다음의 질문에 대해 깊이 생각해 보자. 인물은 어떻게 되는가, 승리를 쟁취한 후 무엇을 하는가 또는 할 계획인가? 싸움에서 이겼다면 무엇을 할 것 같은가, 무엇을 해야 하는가? . . . 이에 대한 또는 비슷한 질문들에 대한 답(종종 극의 이면을 보여주는)은 극 전체가 진행되는 동안 인물이 무엇을 위해 싸웠는지 또는 그의 초목표가 무엇이었는지 조금 더 명확하게 알려준다. 예를 들어, 세일즈맨인 윌리는 만일 그의 운명과 싸워 이겼다면 어떻게 되었고, 무엇을 했을까? 극의 추세에 따르면 그는 매우 따분한 세일즈맨이 되었을 가능성이 크다. 그의 이상향은 아마도 극 안의 데이브 싱글맨의 삶과 닮아있다. 여든 네 살의 나이에도 여전히 서른 한 개의 주에서 자신의 물건들을 '팔아 치우는' 인물이다. "그리고 데이브 영감은 자기 방에 올라가 녹색 벨벳 슬리퍼를 신고 말이야, 전화로 구매자들을 불러내. 여든 네 살에 그 방에서 한 걸음도 나가지 않고 벌어먹고 산단 말이야. 그걸 보고 나도 세일즈맨이라는 것이 남자의 일생에서 가장 해볼 만한 직업이라고 생각했지." 이 이상향에 덧붙여서 만일 윌리가 라디오와 작은 텃밭을 갖고 '인기가 좋았다면', 그는 완전한 행복을 누렸을 것이다. 따라서 그의 초목표는 이렇게 정의될 수 있다. "나는 데이브 싱글맨 영감처럼 살기를 원한다." 물론 더 좋은 초목표를 자유롭게 찾을 수도 있고 처음 찾은 것을 더 만족스러운 초목표를 찾게 해주는 방향으로 삼을 수도 있다.

이제 초목표의 관점에서 로파힌을 자세히 관찰하자. 라네프스카야의 사유지에서 농노로 지내며 로파힌은 '신사'의 위치까지 올라갔다. 그는 흰 조끼를 입고 노란 구두를 신는다. 돈이 있지만 더 많이 원한다. 그러나 아직 그는 라네프스카야 가족 앞에서 열등감을 극복하지 못한다. 그 가족의 무시를 당하고 그들 앞에서 완전한 자유와 편안함을 느끼지 못한다. 이제 드디어 그의 시대가 왔고 승리를 얻었다. 벚꽃 나무들을 버리고 오래된 사유지를 철거하며 곧 얻게 될 그의 엄청난 수익을 벌써 계산한다. 따라서 그의 초목표는 이렇게 될 수 있다. "나는 돈의 힘으로 위대하고 당당하고 '자유로워'지기를 원한다."

이와 비슷하게 『검찰관』에서 시장의 경우를 보자. 그는 처벌을 피했고 거짓 승리에 의기양양하다. 그는 무엇을 할 것이며 어떻게 되는가? 무자비한 폭군이 된다. 이미 마을 사람들을 모욕했으며 페테르부르크에서 거만하고 건방지게 행동하려 한다. 그의 몽상은 거칠고 위험하다. 따라서 시장의 초목표는 "내 손이 닿는 곳에 있는 모든 사람들과 모든 것을 지배하고 짓밟기를 원한다."이다.

이제, 인물의 초목표가 밝혀지고 최소한 자신에게만큼은 초목표가 드러났다면 하위 목표들을 찾아도 좋다. 하위 목표들을 먼저 찾기 시작했다면 헤맸을 것이다. 초목표가 작은 하위 목표들을 보여줄 것이다.

다시 한 번 더 하위 목표들을 찾는 작업을 미루라고 강조한다. 아직 더 높은 시각을 얻어야 한다. 여전히 더 높은 정상 끝까지 올라갈 수 있다. 그곳에서 극 안의 사건, 단위, 인물의 초목표들을 모두 포함한 극 전체를 파노라마처럼 관찰할 수 있다. 이 정상은 극 전체의 **초목표**이다.

아까같이 질문을 던지는 방법을 적용하면 극 전체의 초목표나 아니면 최소한 초목표를 발견하는 길을 찾게 될 것이다. 하지만 이번에는 자신이 인물에게 질문하지 않는다. 바로 **관객**에게 호소한다. 물론 실제 관객이 올 때까지 기다려서는 안 되고 그럴 필요도 없다. 관객을 **상상**하고 미래의 반응을 예상할 수 있다.

극의 초목표를 찾을 때 배우와 연출가가 가상의 관객에게 물어볼 수 있는 질문은 많고 다양하다. 가장 중요한 것은 마지막 막이 내려간 후 관객이 경험하는 심리적 결과를 보여 달라고 요구하는 것이다.

그렇게 명상적으로 관객의 마음을 꿰뚫어 본다. 관객의 웃음과 눈물, 분개와 만족, 흔들리는 또는 확고한 그들의 이상 등 공연 후 사실상 관객들이 집으로 가지고 가는 모든 것들을 자세히 본다. 질문에 대한 그들의 답이다. 왜 작가가 그 극을 썼고 어떻게 그런 작품이 나오게 되었는지에 대한 어떤 박식한 추측 보다 더 좋은 답을 말해 줄 것이다. 즉, 극 전체의 **초목표**가 무엇인지 말이다.

왜 가상의 관객들에게 상의 하는 것이 필요한지에 대해 의구심을 품은 배우가 있을지도 모른다. 작가에게 직접 상의하는 것이 더 간단하지 않을까? 작가의 주된 아이디어, **초목표**에 대한 그의 견해를 찾는 목적으로 그 극을 연구하며 말이다. 결과는 같지 않을까.

아니다, 절대 같지 **않다**! 배우나 연출가가 아무리 꼼꼼하게 희곡을 읽어도 결국 작가의 의도를 자기 식으로 해석한 것뿐이다. 그리고 작가의 의도와 상관없이 관객이 극에서 해석해내는 것이 결정적인 초목표이다. 관객의 심리는 배우나 연출가, 또는 심지어 작가의 심리와는 대단히 다르다. 새로운 희곡들에 대한 관객의 예상치 못한 반응에 우리가 놀라는 것은 단순한 우연이 아니다. 우리의 기대, 희망, 추측들은 첫 공연에서의 관객의 반응에 의해 뒤집혀진다. 왜 그런가? 그 이유는 관객 전체는 그 극을 머리가 아닌 가슴으로 느끼기 때문이다. 그리고 배우, 연출가 또는 작가의 개인적인 관점에 의해 다른 길로 끌려가지 않기 때문이다. 또한 첫 공연에서 그들의 반응은 즉각적이고 한쪽으로 치우침이 없으며 외부적인 영향을 받지 않기 때문이다. 관객은 분석하지 않고 경험하기 때문이며 극의 도덕적 가치에 대해 절대 무관심하지 않기 때문이다(심지어 작가 자신은 냉정한 상태를 유지하려 할 때에도). 세세하고 불명확한 것들에도 길을 잃지 않고 직관적으로 극의 핵심을 발견하고 감상하기 때문이다. 극의 주된 생각, 작가의 주요 아이디어 또는 극 전체의 초목표가 관객의 넓고 편견 없는 '마음'에서 일어나는 심리적 결과로서 발견될 것이다. 관객의 모든 반응들이 이를 보장해준다.

유명한 러시아 연출가인 박탄고프Vachtangov는 언젠가 이런 질문을 받았다. "어떻게 당신이 연출하는 모든 연극에서, 특히 배우들에게 지시한 많은 상세한 부분들이, 항상 관객에게 제대로 전달됩니까?" 박탄고프의 대답은 대략 이렇다. "관객이 내 모든 연습에 언제나 참관한다고 상상하며 연출하기 때문입니다. 관객의 반응을 예상하고 관객이 '제안'하는 것들을 따릅니다. 무미건조해지는 것을 피하기 위해 '이상적인' 관객을 상상하려 합니다."

이 설명을 극에 대한 배우와 연출가의 중요하고 필요한 해석을 무시하라거나 관객에게 절대적으로 복종하라는 뜻으로 오해하면 절대 안 된다. 그 반대로, 진정한 예술적 협동을 제안한다. 가상 관객의 넓은 '마음'과 상의를 하자. 관객의 '목소리'는 극에 대한 연출가와 배우의 해석을 더 잘 이끌고 영감을 준다. 관객은 공연의 활발한 공동 창조자이다. 너무 늦기 전에, 특히 극의 초목표를 찾을 때 상의해야 한다.

처음에는 가상 관객이 경험하는 것들이 자기 마음의 눈앞에 즉흥적이며 불명확하고 대략적으로 나타날 것이다. 하지만 그것을 명확하고 구체적인 결과물로 끌어내고, 관객에게서 나올 수 있는 생각들을 체계적으로 그려내며 모든 감정들을 밝혀내야 한다. 조금만 연습하면 능숙해질 것이며 가상의 관객을 절대 실망시키지 않을 것이라는 느낌을 받게 된다.

관객의 '마음'을 보는 깊이 있는 통찰력을 위해 다시 한 번 이전의 예시로 돌아가 보자.

얼마나 많은 성공하지 못한 세일즈맨들이 매일 여기저기를 돌아다니는가? 평범한 미국 시민은 일생 동안 그런 세일즈맨들을 얼마나 많이 보게 되는가? 수십 명 또는 몇 백 명까지인가? 그런 세일즈맨들의 '불행한' 삶을 위해 눈물을 흘리는가? 도리어 그들을 당연시하게 생각하거나 무시하지 않는가? 그런 일을 하는 사람들은 개인적인 고난과 시련이 많을 것이라고 생각해 본 적이 있을까? . . . 그리고 1949년 2월 10일에 뉴욕의 한 무대에서 윌리 로먼이라는 하찮은 세일즈맨이 갑자기 많은 사람들의 마음을 흔들고 사람들의 심장을 자극했다. 사람들은 울었고, 좋아했으며, 동정심으로 가득 찼고, 이런 평결을 내렸다. 세일즈맨 윌리는 선한 사람이다. 그 세일즈맨이 스스로 생을 떠났을 때, 관객들은 '무언가'를 걱정하며 극장을 떠났고 그 연극과 윌리를 며칠 동안 잊지 못했다.

이런 효과를 어떻게 설명할 수 있을까? "예술의 마법이다."라고 답할지도 모르겠다. 물론 아서 밀러, 엘리아 카잔과 그 배우들처럼 위대한 예술가들 없이 그런 놀랍고 중대한 일은 일어나지 않았을 것이다. 하지만 그들의 마술로 관객에게 무엇을 보여주었는가? 공연이 마치 관객의 마음과 '심장'에 비춰진 것처럼 다시 떠올려보자(우리는 극의 초목표를 찾는 중이라는 것을 기억하자).

막이 오르고 세일즈맨 윌리가 등장한다. 관객은 기분 좋은 미소를 짓는다. 원초적인 연극적 본능이 만족시켜졌다. "얼마나 자연스럽고, 얼마나 삶과 비슷한가." 그러나 벽은 투명하고 플루트 소리가 들린다. 스포트라이트가 여기저기를 비춘다. 점점 자신도 모르게 관객은 무언가 다른 길로 '홀려 들어간' 느낌이 든다. 벽을 통해 보고, 무언가 안에서 음악을 듣고, 시간과 장소에 대한 일반적인 이해를 뛰어 넘어서 자신을 이끄는 빛을 따라간다. 예술의 마법은 시작되었다. 관객의 인식은 깊어지고 변화했다. 세일즈맨을 본다. 그의 당혹감과 동요를 본다. 그의 살짝 혼란스러운 마음을 따라간다.

어쩐지 모든 것이 완전히 '자연스럽지'는 않다. 윌리를 동요시키고 피곤하게 하고 우울하게 하는 덧없는 '어떤 것'이 있다. 그 '어떤 것'이 무엇인가? 그가 강하게, 열정적으로 원하는 것이 있는데 그것을 얻지 못하는가? 물론 그는 '인기가 많아지고', 사업에 성공하기를 원하며 먹고 살 돈이 필요하다. 그러나 관객은 무의식적으로 더 이상 그런 단순하고 뻔한 설명에 만족하지 않는다. 벽은 투명하고 플루트 소리는 여전히 어딘가에서 흘러나온다. 윌리는 동정이 가는 선한 사람이다. 그러면 돈, 성공, '많은 인기'에 대한 욕망 뒤에 감추어진 것은 무엇인가? 그것이 무엇이든 삼단논법을 만들려면 선한 것이어야 한다. 아내인 린다는 그를 사랑하고 아낀다. 왜? 돈이 궁해서인가?

관객이 장면마다 주의를 더 기울일수록 더욱 예리해지고 더 잘 꿰뚫어 본다. 그들의 가슴이 따뜻해진다. 이 애처로운 운명의 세일즈맨이 진짜가 아니라는 의심이 점점 강해진다. 혹시 누군가를 위한 가면인가? 린다, 비프, 해피는 진짜다. 자기 안에 아무것도 숨기지 않는다. 자기 자신이며 그 뒤에 추측할 만한 것이 아무것도 없다. 사실상, 만일 그들이 윌리처럼 시간과 공간의 경계를 넘나드는 특권을 가진다면 이상하고 '부자연스러울' 것이다. 오직 윌리만이 세일즈맨의 가면을 쓰고 다른 누군가가 될 수 있다. 그리고 이 가면은 윌리를 괴롭힌다.

곧 그 가면은 관객도 괴롭히기 시작한다. 그것을 벗고 '세일즈맨'에서 자유로워지고 싶어 한다. 윌리의 동요가 관객과 같은 욕구에서 기인하는 것을 발견한다. 그도 가면과 싸우고 자유를 위해 그것을 얼굴에서 떼어내고 마음과 심장에서, 자신에게서 떨쳐 버리고 싶어 한다. 그러나 윌리는 절망적이게도 자신의 싸움을 보거나 알 수 없으며 의식하지 못한다. 극이 진행될수록 가면은 투명해지고 갑자기 관객은 가치 있는 존재인 한 '남자'가 '세일즈맨'의 안과 뒤에 가두어져 있고 묶여져 있는 것을 본다. 진정한 비극이 명백해지기 시작한다. '세일즈맨'은 '남자'를 채찍질하며 점점 파국으로 몰고 간다. 그의 사악한 분신이 아닌 그 '남자'가 관객을 걱정시킨다. "윌리, 일어나! 당신 바깥에 있는 운명을 탓하지 마!" 관객의 심장은 외치길 원한다. "당신 안에 있는 골칫덩어리 때문이야. 그 '세일즈맨'이 당신의 어두운 운명이야."라고 충고한다. 그러나 너무 늦었다. 윌리는 싸움을 포기한다. 밤이다. 괭이를 손에 쥐고, 어둠 아래에서 윌리는 텃밭을 계획한다. 멸망하는 '남자'의 마지막 울부짖음이다. 자동차의 엔진이 울리는 소리가 들린다. . . . 윌리는 '세일즈맨'과 '남자' 두 사람 다 죽인다.

공연이 끝났다. 마지막 전투의 심리적 결과가 관객의 마음에서 자라난다. 아마 스스로에게 이렇게 말할 수도 있다. "정말로 인간 역사에서 세일즈맨의 '가면'이 이렇게 악하고 강한 적이 없었다. 그 이면에 있는 것들을 면밀히 보지 않고 기억하지 않으면 악성 종양처럼 자라날 것이다."

미국만의 문제일 뿐 아니라 인간의 비극이다. 작가가 그의 작품을 통해 주는 경고다. 비록 분명하게 표현되지 못할 수 있지만 관객의 영혼에서 보이는 극 전체의 초목표는 "내면에서 '세일즈맨'과 '남자'를 구분하고 그 '남자'를 풀어 주어야 한다."이다.

두 번째 예시인 『벗꽃 동산』은 다른 종류의 초목표를 준다.

제일 처음부터 관객은 이 극의 주인공이 **벚꽃 동산**이라는 것을 알게 된다. 오래 되고, 아름다우며, 굉장히 크고, 유명하며 극에 따르면 백과사전에도 나와 있다. 그 주위에서 전투가 진행된다. 그러나 아무도 벚꽃 동산을 지키지 않는다는 점에서 특이한 전투이다. 로파힌은 그 존재에 대항하여 싸운다. 의욕 없고 쓸모없으며 한물 간 지식 계급인 라네프스카야 가족은 현실을 직시하지 않으려 하고, 그들의 저항은 약하고 무력하다. 딸 아냐는 반짝이고 멋진 미래를 꿈꾸며 뜬구름을 잡는다. 하인들과 고용인들은 벚꽃 동산의 원숙한 아름다움에 무관심하거나 적대적이다. 무방비한 상태에서도 나무는 그 자리에서 꽃을 핀다.

관객은 여기에 큰 연민을 느낀다. 고대 유물의 아름다움에 취하는 것처럼 그것에 취하고, 자기가 지키고 싶어 한다. 자고 있는 사람들을 깨우고 그들의 무관심을 흔들며 말이다. 천천히 완전한 무력감을 느낀다. 로파힌이 동산을 소유하게 되는 것을 본다. 관객의 눈에 눈물이 차고 나약함과 무력함에 어쩔 줄 몰라 한다. 멀리서 도끼로 나무들을 찍는 소리가 들린다. 끝이다. 막이 내린다. 관객은 흰 벚꽃 동산이라는 격 있는 삶을 살았던 메마른 인물의 '죽음'에 크게 감동하며 극장을 떠난다. 관객은 이렇게 저항의 목소리를 내고 싶다. "가장 좋은 과거의 것을 보존하라. 추한 미래를 세우려고 준비하고 있는 세력들의 도끼 아래에 떨어지지 않도록 하라." 이것이 『벚꽃 동산』의 초목표가 될 수 있다.

세 번째 예시다.

커튼이 오르는 순간부터 『검찰관』을 보는 관객들은 많은 이유에서 즐겁고 유쾌하다. 미운 관료들은 연달아 실수를 한다. 막다른 골목으로 몰리자 겁에 질려 가짜 적과 전투를 일으킨다. 악惡과 악이 싸우고 시간, 꾀, 돈을 낭비한다. 극의 후반부까지 선善은 이 싸움에 참여하지 않는다. 관객은 곧 선이 온다는 것을 알고 있다. 힘이 소진되고 자기 꾀에 빠진 악을 무너뜨리는 힘이 어서 오기를 기다린다. 시장이 가짜 승리에 대한 넘치는 자신감을 드러낼수록 관객은 더욱 더 정의로운 복수를 원한다. 선이 두 번의 연속 타격을 날리며(가짜 검찰관의 편지와 진짜 검찰관의 도착) 마침내 와서 악을 휩쓸 때 관객은 감사와 승리를 느끼며 보상 받는다. 광대한 국가에서 억압 받고 희망이 없던 작은 마을 주민들은 마침내 구조된다. 관객에게 이 마을은 상징이고 축소판일 뿐이다. 국가 전체는 모든 종류의 '시장들'이 짠 거미줄에 절망적으로 걸려있다. 체면을 잊고 의지가 북돋아진 흥분한 관객들은 작가의 목적을 그대로 울린다. "보잘것없는 관료 무리들의 절대적인 권력과 무자비한 폭정에서 나라를 구해야 한다! 그들은 종종 큰 세력보다 더 악하고 잔인하다!"

우연히 『검찰관』의 첫 공연 날, 관객들의 감상이 갑자기 어느 순간 한 관객에 의해 훌륭하게 정리되었다. 그는 이렇게 외쳤다. "모두가 벌을 받았습니다. 그 중에서도 특히 제가!" 가장 큰 '시장'의 목소리였다. 니콜라스 1세였다. 냉정하고 잔인한 본성에도 불구하고 이 러시아 황제는 자신의 국민만큼이나 극의 초목표를 이해했던 것이다.

이렇게 배우와 감독은 실제 관객이 극장을 채우기 훨씬 전에 가상의 관객이라는 도구를 이용하여 극의 초목표를 얻을 수 있다.

다시 한 번 일러둘 것은 앞서 제시한 예시들은 임의적인 예술적 해석이므로 그 해석을 그대로 독자에게 강요하는 것이 절대 아니다. 나의 유일한 목적은 항상 그 방법을 풀어서 설명하는 것이며 절대로 재능 있는 배우나 연출가의 창의적 자유를 제한하려는 것이 아니다. 그 반대로 자신의 재능과 직관이 이끄는 대로 독창적이고 창의적인 것들을 불러 일으켜 자신의 예술 작품을 만들어내야 한다.

대략적으로 극 전체와 인물의 초목표를 찾으면 중간 크기나 더 작은 하위 목표들로 넘어간다. 그러나 절대 이성적인 머리로 목표를 알아내려고 하면 안 된다. 자신을 냉정하게 만든다. 알 수는 있지만 원하거나 소망하지 않게 된다. 의지를 자극하지 않고 머리에 표제처럼 남을 수 있다. 목표는 머리에만이 아닌 자신의 존재 전체에 뿌리를 두어야 한다. 자신의 감정, 의지, 심지어 신체까지 완전히 그 목표로 '채워져야' 한다.

일상에서 실제로 자신이 즉시 성취할 수 없는 어떤 욕구, 목적, 목표를 가질 때 무슨 일이 일어나는지 보자. 주위 환경이 그 욕구를 만족시키거나 목표를 이룰 수 있도록 해줄 때까지 기다려야 할 때 내면에서 어떤 일이 일어나는가? 온몸과 마음을 다해 내적으로 계속해서 그 일을 이루고 있지 않은가? 그 순간부터 목표는 자신의 영혼에 만들어지고 내면의 특정한 활동에 '사로잡힌다.'

실의에 빠진 누군가를 위로하길 원한다고 가정해 보자. 단순히 "걱정 말고 진정해."라는 말로는 위로가 못된다. 목적을 달성하기 위해 며칠이 걸린다. 그동안에 정적인 상태인가? 그렇지 않다. 그 모든 시간 동안 그 사람이 있든 없든 계속 위로하는 것을 느낄 것이다. 뿐만 아니라 그 사람이 자기 때문에 위로를 받은 것을 '보게' 된다(그 사람이 완전히 위로 받을 수 있을지에 대한 의심이 있어도). 무대 위에서도 마찬가지이다. 그 목표에 '사로잡혔다'는 느낌이 들지 않으면 분명 그 목표가 자신의 전체가 아닌 머리에만 머무르는 것이고 진정으로 원하기보다는 생각하고 있다는 것이다. 그래서 많은 배우들이 작가가 극 안에서 그 목표를 성취하라고 말하는 순간에 기다리고 내적으로 수동적이 되어버리는 실수를 저지른다. 만일 목표가 대본의 두 번째 장에 나와 있고 20번째 장 전까지 성취되지 않는다고 해보자. 목표를 완전히 흡수하지 않고 자신의 온 신체와 심리에 스며들게 하지 않는 배우는 20번째 장이 될 때까지 수동적으로 기다린다. 조금 더 성실한 배우는 그

목표가 잘 적용되지 않는다고 느끼면 마음속으로 "위로하길 원한다. . . . 위로하길 원한다. . . ."라고 되뇐다. 하지만 도움이 되지 않는다. 마음속으로 반복하는 것 역시 의지를 자극할 수 없는 머리의 활동에 불과하기 때문이다.

온 심신을 자극하고 활력을 불어 넣는 심리 제스처로 만든 목표는 이 어려움을 극복하게 도와줄 수 있다. 다른 방법은 목표에 '사로잡힌' 자신의 인물을(가정한 대본의 두 번째 장부터 20번째 장까지) 상상하는 것이다. 주의 깊게 인물의 내면을 들여다보자(2장의 훈련 10). 자기 자신 안의 심리적 상태가 그와 비슷하게 될 때까지 말이다. 또는 느낌을 불러일으키는 감각을 사용한다.

작업의 초기 단계에서 역할에 접근하는 방법에 대한 주요 제안들을 요약한다.

배우나 연출가가 아무리 성실해도 모든 가능한 방법들을 동시에 모두 사용할 필요는 없다. 자신에게 가장 유용한 것을 고르거나 제일 좋고 빠른 결과를 주는 것을 고른다. 곧 어떤 방법이 어느 부분에 더 어울릴 것인지 알게 될 것이다. 자유롭게 선택한다. 때가 되면 모든 방법들을 다 사용해 볼 수 있을 것이다. 그리고 어느 것을 써도 똑같이 성공적으로 편하게 쓸 수 있을 것이다. 그러나 자신의 역할을 최대한 잘 연기하기 위해 필요한 정도 이상의 작업을 하지 말자. 무엇보다 방법론은 도움을 주고 즐거운 작업을 하기 위함이다. 그리고 적절히 사용하기만 한다면 어떤 경우에도 힘들고 절망적인 상황을 만들지 않는다. 연기는 즐거운 예술이어야 하며 절대 강제 노동이 되어서는 안 되기 때문이다.

11

즉흥의 예시

이 장에는 여러 가지 짧은 이야기들, 플롯들, 상황들, 사건들이 나와 있다. 이는 배우나 연출자가 작업 과정의 여러 단계에서, 또는 연구의 결과물로 습득한 방법들을 사용해보고 실험해보기 위해 고안되었다. 이 예시들을 사용해서 분위기, 목적, 성격 부여, 성질 또는 이전에 다루었던 기타 요소들에 대한 훈련을 동등하게 적용해볼 수 있다.

이 장에 제시된 예들이 전부 다 창작된 내용은 아니며, 꼭 창작될 필요도 없다. 그룹은 즉흥의 소재를 기존의 문학 작품에서 골라서 구체적인 필요에 맞게 고쳐서 사용할 수도 있고, 아니면 아예 새로운 아이디어를 생각해내도 좋다. 또한 이 장의 예들은 연기 방법론의 효과를 증명할 목적으로 공연을 하기 위한 것도 아니고, 또 방법론을 적용했을 때 그룹의 발전에 따라 생겨나는 단계적인 차이를 설명하기 위한 것도 아니다.

각 즉흥에서 배역과 인물의 수는 훈련에 참가하는 그룹의 규모에 따라 자연스럽게 달라진다.

끝으로, 모든 즉흥에서는 불필요한 말의 사용을 피해야 한다.

1. 도둑들

두 나라 사이의 외떨어진 국경선에 다 쓰러져가는 작은 여관이 서 있다. 때는 겨울이고, 폭풍이 몰아치는 몹시 추운 밤이다.

불빛이 희미하고 연기가 자욱한 여관의 대기실은 더럽고 어질러져있다. 바닥에는 담배꽁초들이 흩어져 있고 테이블보도 씌우지 않은 긴 식탁 위에는 음식 찌꺼기와 술이 널브러져 있다.

나이대가 다양한 남자와 여자 몇몇이 흩어져서 갖가지 오락거리에 빠져 있다. 얼굴이나 태도, 옷차림을 봤을 때 그 사람들은 대체로 주위 환경만큼이나 암담하고 불쾌하다. 어떤 사람들은 지루해하면서 누워 있고, 또 어떤 사람들은 이리저리 목적 없이 걸어 다니고, 일부는 카드 게임을 하고, 일부는 나태하게 험담을 주고받거나 절대 끝낼 생각이 없는 작은 다툼을 하며, 또 한편에서는 낮게 허밍하거나 조용하게 휘파람을 불며 권태감을 드러낸다.

그런데 이들은 어쩐지 들떠있고, 뭔가를 기다리고 있는 게 분명하다. 때때로 서로 몰래 창문 밖을 흘끗 내다보고, 목소리가 커지면 조용하라는 신호를 보내면서 들으란 듯이 문을 열어 쿵 소리를 낸다.

등장해 있는 인물들은 거대한 국제적 범죄조직에 소속된 도둑들이며, 기대감의 분위기가 시시각각 더 고조된다. 이들은 국경지대를 가로질러 값비싼 상품을 운송하는 부유한 무역상들을 노리는 특수범들이다. 오늘 밤 고가의 상품이 대량으로 국경선을 넘을 것이고, 극심한 폭풍과 다음 마을까지의 먼 이동거리 때문에 무역상들이 날이 밝을 때까지 피난처를 찾을 수밖에 없다는 정보를 입수했다.

다른 사람들보다 덜 불안해하는 이 조직의 대장이 갑자기 길고 독특한 휘파람 소리를 낸다. 대장이 문가로 가서 대형 운반차가 다가오는 소리를 확인하는 동안, 다들 일제히 멈춰 서서 집중해서 소리를 듣는다.

그런 다음 그의 신호에 따라 모든 사람과 모든 것이 마치 마법처럼 바뀐다. 빗자루가 마룻바닥을 쓸고 지나가서 쓰레기를 난로 속에 넣었다. 식탁 위에는 음식 찌꺼기가 치워졌고, 그 위에 천이 덮여 있다. 가구도 위치가 바뀌었고 방이 정돈된다. 더 많은 초에 불이 켜졌고 그 중 하나가 눈길을 끌듯이 창가에 놓여 있다. 거기에 따뜻한 불이 켜진다. 단정치 못했던 남자들이 외투와 다른 옷들을 시골 농부처럼 차려입는다. 머리가 헝클어진 여자들은 머리를 빗고, 치장을 하고, 드러난 어깨 위로 예의바르게 숄을 걸친다. 나이가 가장 많은 여자가 난로 옆 휠체어에 앉아서 다리를 담요로 덮는다. 이제 마지막 마무리로, 색안경과 챙 있는 모자를 쓴 대장이, 가정용 성경을 식탁 끝에 놓는다.

멀리서부터 다가오는 목소리가 이내 무대 밖에서부터 들려오고, 이들 무리 중에서 덜 험악하게 생긴 남자 세 명이 나가서 여행자들을 여관으로 데려오라는 지시를 받는다. 나머지 사람들은 가정식 저녁 식사를 준비하고 분주하게 평범한 집안일을 한다.

바람잡이 도둑들 세 사람이 무거운 짐을 메고 무거운 옷을 걸치고 꽁꽁 싸맨 상인들을 안내하면서 돌아온다. 여행자들은 눈을 뒤집어썼고 추워서 떨고 있다. 예쁘장한 여자들이 여행자들을 맞이하러 다가간다. 여자들은 투숙객들이 무거운 옷을 벗는 것을 도와주고 그 동안 바람잡이 세 명은 짐과 물건 꾸러미를 쌓는 일을 돕는다.

그런 다음, 나이 많은 대장이 환영하면서 상인들을 식탁으로 초대한다.

자기네는 초라한 여관을 운영하는 가족이고, 아내는 불구이며, 원하는 만큼 얼마든지 음식과 와인을 내주겠다고 말한다.

손님들은 기다렸다는 듯이 식탁에 자리를 잡고 앉는다. 큰 접시에 담긴 음식과 와인 병들이 나오고 난롯가에 있는 '불구인' 아내에게까지 음식이 제공된다. 그러나 입에 음식이 들어가기 전에, 주인은 경건하게 성경을 펼쳐서 거기 적힌 은혜로운 구절을 읊는다.

말이 끝나는 즉시 상인들은 식사를 시작한다. 여자들은 음식을 내오면서 손님들의 잔이 비기가 무섭게 서둘러 와인을 따르면서 술을 권한다. 손님들은 집주인의 배려를 무시하지 못한다. 자기네 식구들이 마시는 와인은 분명 다른 병에서 나오고, 손님들이 급속도로 변하는 걸 보면, 손님들에게 제공되는 와인에는 약이 들어 있는 게 틀림없다.

눈치 채기 어려울 정도로 서서히 분위기가 바뀌어간다. 경건하고, 따뜻하며, 다정하고, 편안한 분위기에서 유쾌한 만족감으로, 그런 다음 들뜬 분위기로, 그리고 결국에는 완전히 정신을 놔버리는 분위기가 된다. 손님들은 이제 거나하게 취해서 떠들어대고, 가족들은 손님들이 더 풀어지게 부추긴다. 여자들은 자기한테 가장 끌리는 남자를 골라서 같이 시시덕거리거나 희롱하고, 남자들은 점점 뒤로 빠지거나, 소극적이고 무심해 보인다. 그러나 남자들 중 한 명만은 아코디언을 연주하면서, 흥을 돋우며 분위기를 살리기 시작한다.

춤과 노래가 쉴 새 없이 이어진다. 여자들은 음악의 속도를 바짝 올려서 자기 파트너를 더 흥분하게 한다. 이 가족의 전략은 분명히 상인들의 혼을 빼서 지치게 만드는 것이었고, 성공적이다. 이내 분위기는 제멋대로 흥청망청하는 술잔치가 되기 시작한다. 상인들이 지쳐갈 때 여자들은 추파를 던지고 거칠게 구애하면서 유혹하고, 악착같이 더 많은 와인을 권한다. 테이블 위의 독한 와인을 교묘하게 처리했던 것처럼, 상인들이 술을 마시라고 권하면 취한 척하면서 슬쩍 쏟아버린다. 계획대로 상인들은 하나 둘 의식을 잃고 곯아떨어지거나 인사불성으로 방 안을 비틀거리며 돌아다닌다. 음악 소리는 서서히 아주 약해진다.

모든 상인들이 무력해지자, 대장의 독특한 휘파람 소리가 다시 한 번 들려온다. 그 즉시, 대장과 난로가의 불구 여인을 포함한 도둑들이 다시 한 번 일제히 행동하기 시작한다. 이번에는 고양이처럼 교묘하고, 놀랍도록 정교한 움직임으로 상인들의 주머니와 지갑, 손목시계, 보석을 훔치고, 짐과 물건 꾸러미를 샅샅이 뒤져서 가장 고가의 귀중품들을 빼낸다. 약탈품은 대장에게 전달돼서 자루에 담기고, 그 양이 어마어마하다.

그런데 갑자기 새로운 휘파람 소리가 들린다. 이전의 두 번의 휘파람 소리와는 다르다. 이번 건 날카롭고 경찰지휘관 같은 권위가 있다. 도둑들이 깜짝 놀란다. 상인들은 즉각적으로 기적처럼 깨어나서, 미리 짠 것처럼 각자 가장 가까운 거리에 있는 도둑들에게 달려든다. 의자가 부서지고 접시와 병이 날아다니는 소란스러운 접전이 이어진다. . . . 남자 도둑들은 마침내 제압당해서 수갑을 차고, 여자 도둑들은 겁을 먹고 굴복한다.

상인들 중에서 가장 작은 사람이 이제 문을 열고 캄캄한 밤을 가로질러 날카로운 휘파람 소리를 보낸다. 이 소리에 반응해서 화물 자동차가 멀리서 시동을 걸고, 덜컹거리면서 여관으로 다가오는 소리가 들린다. 상인 - 탐정은 그런 다음 죄수들을 마주하고 그들이 체포되었다고 고지한다. 상인 - 탐정은 도둑들을 데리고 가라고 명령한다.

다양한 상인 - 탐정들이 뒤에서 움직이면서 옷과 짐을 되찾는 동안 화물 자동차는 문 밖에 대기하고 있고, 엔진이 쉬고 있는 소리가 들린다. 마지막으로 작은 탐정은 도둑 대장이 식탁 아래에 던져두었던 약탈품 자루를 가지고 위풍당당하게 떠난다.

잠시 뒤에, 무대 밖에서 시동을 거는 소리가 들리고, 그 다음에 화물 자동차가 우렁찬 소리를 내며 떠난다. 소리가 멀어지다가 완전히 고요해진다. 조금 전에 벌어졌던 작은 극의 분위기를 간직한 채, 남겨지고 어지럽혀진 무대에는 침묵만이 남아 있다. 잠시 그 상태가 유지되다가 막이 내려 정적이 깨진다.

2. 수술실

현재 시간은 오전 세시, 병원이다.

전날 저녁에 이 나라를 방문한 저명한 외국 정치인이 자신을 기념하는 중요한 연회에서 돌아오는 길에 오토바이 사고를 당했다.

처음에는 작은 머리 부상인 줄 알았지만, 밤이 지나는 동안 심각한 두개골 골절임이 판명되었다. 외교관의 수행원들과 정치인이 방문한 당국의 관계자들은 심각한 걱정에 빠져 있다. 내일 아침 이 뉴스는 전 세계로 퍼질 것이다. 양국 국민들은 불안감을 표할 것이다. 그리하여 이 나라에서 가장 인정받는 뇌수술 전문의가 잠을 자다가 소환되었고, 그 정치인은 서둘러 병원으로 이송되었다.

즉흥은 어두운 수술실에서 시작된다. 견습 간호사가 들어와서 불을 켠다. 이어서 병원 원장이 들어온다. 간호사들도 뒤이어 들어온다. 원장은 그들에게 이 중차대한 긴급 수술을 위해 수술실을 준비하라고 지시한다. 진단 전문의, 엑스레이 전문의와 마취 전문의가 재빠르게 잇달아 들어온다. 모두 걱정된 모습이지만 전문가다운 신속함으로 각자의 일에 착수한다.

분위기는 큰 기대감와 동시에 굉장히 무거운 책임감으로 가득하다. 병원의 명성과 양국 관계의 미래가 수술의 성공 여부에 달려 있다.

　이제 유능한 뇌수술 전문의가 등장한다. 그는 진단 전문의의 진단 차트와 엑스레이 필름을 검토하고 장비와 인원을 확인한 후에 다음 지시를 내린다. 간호사들은 전문의와 어시스턴트들이 손을 씻고 수술 가운을 입는 것을 도와준다.

　모든 준비를 마쳤을 때, (실제보다는 가상의) 환자가 실려 들어오고 수술대 위로 옮겨진다. 환자는 마취 상태로 수혈을 받고 있다.

　마침내 이와 같은 긴장감 속에서 수술이 시작되고, 저명한 뇌 전문 외과 의사와 두 어시스턴트의 움직임이 환자의 머리 위쪽에서 이뤄진다. 대부분의 행동은 팬터마임으로 진행하며, 도구와 다른 장비들은 생략하고, 주로 손시늉으로 대체한다.

　그런데 수술이 진행되는 동안 위기가 고조된다. 진단 전문의가 환자의 맥박이 낮아져서 위험하고, 호흡 곤란이 점점 심해지며, 경련이 일어나고 있다고 경고한다. 환자의 징후와 반응을 통해 환자가 빠르게 의식을 잃고 있다는 걸 알 수 있다. 고도의 긴장 상태다.

　뇌 전문의는 결단을 내려야 한다는 압박을 느낀다. 신약을 주사 했을 때, 환자는 현재의 몸 상태로는 약을 견디지 못할 수도 있고, 또는 수술을 무사히 끝내고 신체 기능을 회복할 때까지 환자의 삶을 연장할 수도 있다. 확률은 반반이다. 외과 의사는 신약을 투여하라고 지시한다.

　수술은 계속된다. 잠시 후, 모두의 관심이 집중되어 있는 진단 전문의에게서 환자의 맥박이 더 강해지고 있으며, 호흡이 나아지고 있다는 보고가 나온다. 환자는 좋아지고 있으며 강인하게 견뎌내고 있다. 긴장감이 다소 완화된다.

　마침내 수술이 끝났고, 성공적이다.

환자는 이송되어 나간다. 어시스턴트들과 스태프들은 외과 의사의 기술과 대담함을 칭송한다. 간호사가 의사의 수술복을 벗기고 손을 씻는 것을 돕는 동안, 분위기는 큰 만족감으로 가득하다.

어시스턴트들 몇몇이 떠날 준비를 하다가 멈춰 서서 위대한 의사에게 다시 한 번 축하를 전하고, 서로 인사를 나눈다. 그 동안 간호사들은 수술실을 정리하고, 정리를 마치는 대로 하나 둘씩 떠난다.

외과의사와 수습 간호사를 빼고는 모두 흩어졌다. 간호사는 그가 외투 걸치는 것을 도와준 뒤 문으로 같이 걸어간다. 의사는 대단한 역사적 사건이 막 일어났던 수술실을 마지막으로 둘러본다. 그는 분명히 만족하고 있다. 젊은 간호사는 불을 끈다. 막이 올랐을 때처럼, 수술실이 어두운 상태로 막이 내린다.

3. 서커스의 삼각관계

여기에 등장하는 인물들은 세계적으로 유명한 서커스 단원들이다. 이들의 연기력은 최고 수준이고, 아주 성실하며, 여러 해 동안 평화롭게 지내면서 거의 대가족처럼 이 단체의 명성과 재산을 공유해왔다.

장소는 커다란 서커스 천막 뒤에 있는 작은 탈의용 천막 부근이다. 지금은 인터미션 시간이고, 배우들은 쉬거나 쇼의 후반부를 준비하고 있다. 천막 앞에는 광대와 로데오를 하는 그의 아내가 있다. 광대는 아내의 의상 지퍼를 올리는 것을 도와준다. 옆에 있는 천막 근처의 벤치에서 무대감독이 앉아서 담배를 피우고, 잘생긴 공중그네 곡예사가 신발 끈을 매면서, 짜릿한 클라이맥스로 잘 넘어갈 수 있을지 크로스바를 시험해본다. 다른 천막에서는 남녀 곡예사들이 준비운동을 하고 있다. 그 주변의 천막들에서는 서커스단이 생활하는 풍경이 계속된다. 동물들이나 조련사는 보이지 않지만, 서커스 부지 어디엔가 있다.

단원들은 늘 비관적인 무대감독에게 쇼가 얼마나 잘 풀릴지, 또 이 마을 역대 최고의 관객 수가 얼마나 될 지에 관해 농담을 한다. 오랫동안 함께 성공적으로 일을 해왔기 때문에 다져진 유대감을 바탕으로 가족들이 공유하는 좋은 느낌들, 상호 존중, 인내의 분위기가 있다.

장면이 충분히 진행되었을 때, 무대감독이 시계를 확인하고 쇼의 후반부를 시작할 시간이라고 알린다. 무대감독이 퇴장하고, 무대 뒤에서 그의 호루라기 소리가 들리면 밴드가 연주를 시작한다. 그런 다음, 배우들이 각자 자신의 신호에 맞춰 적당한 간격으로 무대에 뛰어 들어간다. 이 반복적인 움직임은 꾸준히 흐름을 갖고 이어진다.

광대와 로데오를 하는 아내, 공중그네 곡예사는 남아서 자기가 나올 신호를 기다리는 것처럼 보인다. 공중그네 곡예사는 신발에 문제가 있다는 듯이 신발 끈을 풀었다가 다시 매는데, 등장 순서가 다가오자 조바심을 내며 신발 끈을 다시 시험해본다. 무대감독이 곡예사를 부르는 소리가 들리는데, 그는 아직도 끈을 매고 있으며 점점 마음이 급해진다. 무대감독이 조급해하며 곡예사를 부르러 달려 들어갔을 때 겨우 준비를 마친다. 무대감독은 쇼가 다시 시작되도록 음악을 시작하라는 신호를 주고, 공중그네 곡예사가 링 위로 감독을 따라 들어간다.

다채로운 장면들을 위해서 무대 뒤에서는 움직임과 의상변화가 이전처럼 계속되고, 광대와 아내는 필요한 곳에 가서 다른 사람들을 도와주고 있다.

그런데 갑자기 관중석에서 귀청이 찢어질 듯하고 불길한 고함 소리가 들리고, 뒤이어서 무대 뒤에서 날카로운 비명 소리가 한데 터져 나온다. 출연자들이 얼어붙는다. 천둥 같은 소리가 의미하는 것은 단 한 가지다. 사고가 일어난 것이다. 서커스 단원들은 전부 두려운 공포감에 휩싸인다. 그리고 뒤이은 침묵에서 풀려난 듯이 공연자들이 출구로 몰려가서 비극의 현장을 살피려고 고개를 빼들고 있다. 천천히 연기자 무리가 흩어져서 길을 내고, 그 사이로 무대감독과 곡예사 두 명이 축 늘어진 공중그네 곡예사를 옮겨서 천막으로 데려간다.

그런데 깜짝 놀랄 일이 벌어진다. 광대의 아내가 공연자들 사이에서 떨어져 나와 비통스럽게 소리치며 엎드린 공중그네 곡예사에게 달려가서 신음하며 흐느껴 울고, 팔로 그의 머리를 감싸 안고, 죽음처럼 창백한 그의 얼굴에 키스를 한다!

그것이 암시하는 바는 명백했다. 단원들은 첫 번째로는 다친 남자에 대한 그녀의 주체하지 못하는 사랑이 폭로되어서 충격을 받았고, 다음으로는 그녀의 남편인 광대를 생각하자 당혹스럽다. 이 가족 같은 서커스단의 삶에 이런 흠집이 생겼던 적이 없었다. 광대는 아내의 폭로에 똑같이 당혹스러워하고, 불륜 사실을 알게 되어 말을 잃고 멍해진다.

잠시 동안 단원들은 불편해서 꼼짝없이 서 있고, 광대를 동정하면서 바라보고, 서로 눈치를 주고받으면서 반응을 확인한다. 무대감독만이 제정신을 차리고 있으며 단원들이 자기 일로 돌아가서 쇼를 계속하도록 지시를 한다. 감독은 의사를 불렀고, 곧 부상자를 보러 올 것이라고 말한다.

공연자들은 불행한 여자와 그 연인의 불편한 장면을 조용히 모른 척 하면서 전처럼 흩어져서 움직임을 재개하고, 광대는 충격으로 꼼짝 못한 채, 배신자들을 내려다본다.

이제는 의사가 서둘러 와서 의식 없는 남자를 심란한 여자의 품에서 빼내서 보살피기 시작한다. 그런 다음 무대감독이 서둘러 결정해서 광대에게 나가서 관객들을 다시 전처럼 웃게 만들라고 주문한다. 무대감독은 우울한 광대를 링으로 데려가고, 광대를 소개하는 소리가 들려온다.

광대가 무대 위에서 연기를 하는 동안 의사는 환자를 치료한다. 진찰을 해보니 심각한 부상이 아니라는 것이 밝혀지고, 회복을 돕기 위해 약을 투여하기 시작한다. 그러자 곧 공중그네 곡예사의 의식이 천천히 돌아오고 광대의 아내는 평정을 되찾는다.

그 즈음에 광대는 링에서 내려오고, 때마침 의사가 공중그네 곡예사를 앉혀 놓고, 크게 다치지 않았다고 안심시키면서 기적 같은 행운을 축하해 준다. 이틀 정도 쉬라는 처방을 준 다음에 의사는 바람 난 아내를 둔 광대와 폭로된 커플, 이 셋을 남겨 둔 채 떠난다.

멀리서 다른 배우들이 오고 가는 모습이 보인다. 셋은 그 장소를 피해서 서둘러 자리를 옮긴다. 링 위에 오르지 않는 사람들은 탈의용 천막 속으로 들어가서 덮개를 내린다. 공중그네 곡예사는 자신이 의식을 잃고 누워 있는 동안 일어난 일을 모른 채, 사람들의 무관심과 심지어 냉정함, 목숨을 잃을 뻔한 부상 이후에 그를 애써 피하려는 모습들과, 전반적으로 이상한 분위기가 당황스럽다. 곡예사는 광대의 아내가 안절부절못하는 이유와 광대의 긴장되고 고요한 눈빛을 도무지 이해할 수 없다.

집단이 이 즉흥에서 모두에게 만족스러운 결론을 내리기 전까지는 아직 막을 내리지 않을 것이다. 시시하거나 너무 과장되지 않게 끝내려면 어떻게 할 수 있을까? 어떻게 끝나야 할까?

4. 일요일 오후

장소는 프랑스 남부지방 어딘가에 자리한 서민 가족의 집이다. 이모들과 삼촌들, 사촌과 시댁 식구들이 같이 사는 대가족이다.

시간은 나른한 일요일 오후이고, 날씨는 가혹할 정도로 덥다. 다들 하루 종일 게으름을 부리면서 축 늘어져 있고, 갑갑한 일요일 복장에 대해 너무 불평하지 않으려 노력한다.

남자들은 여자들이 없었으면 그늘 진 나무에서 낮잠을 자거나, 시원한 포도주 저장고에서 담소를 나눴을 것이다. 가족들은 지역의 약재상 어르신인 피쇼 씨의 정기 방문을 더 이상 미룰 수 없었다. 피쇼 씨가 방문하지 않는다면, 여자들은 지금쯤 어두운 침실에서 편한 옷을 입고 있을 것임에 틀림없다. 그리고 사람들은 모두 피쇼 씨가 터무니없는 지루함을 안겨줄 것을 알고 있다.

가족들은 문이 끽 소리 내는 것을 듣는다. 그 중 한 명이 애써 기운을 내서 피쇼 씨가 상당히 일찍 왔다고 알린다. 어쩌면 그가 일찍 떠날지도 모른다고, 누군가 희망적으로 말한다.

그러나 문을 두드린 것은 피쇼 씨가 아닌 라바뜨 씨였다. 그는 허락을 받고 들어온다. 라바뜨 씨가 온 것이 순전히 개인적인 방문이 아니라는 걸 알아차렸을 때 가족은 두 배로 놀랐다. 좋은 친구이자 그만큼 좋은 변호사인 그는 낡은 서류 가방을 갖고 있었다.

어쨌든 라바뜨 씨는 귀여운 사람이다. 그는 방문 목적을 절대 처음에, 또 얼마 동안 밝히지 않았다. 그 대신 라바뜨 씨는 수줍어하면서 안식일에 그들을 괴롭히면서까지 이런 더운 날 자신이 찾아온 중요한 이유가 무엇일지 짐작해보라고 부추긴다. 라바뜨 씨는 이 가족에게 자신이 얼마나 좋은 친구였는지 상기시키면서 장난도 주고받고, 자신이 최고의 은인이 될 것이라는 힌트를 던진다.

가족들은 호기심을 참을 수 없어서 라바뜨를 구슬리고 달래서 요점을 말하게 한다. 감질 맛나게, 고통스럽게, 변호사는 중대한 발표의 순간에 다가선다.

가문에서 두 번이나 제명되었고, 이제 자신들과는 아무런 관계도 없는 독신인 사촌 피에르 루이스라는 탕아를 기억하고 있는가?

가족의 반응은 뒤섞여 있다. 누구는 찌푸리고, 누구는 주춤하고, 또 누구는 언짢아하고, 누구는 당혹스러워하고, 누구는 수치심에 코를 찡긋거린다. 이 모든 반응을 봤을 때 가족들은 대단히 실망한 게 분명하다.

라바프 씨는 살아 있지 않다면 죽은 자에게라도 자비를 베풀어야 한다며, 특히 독신인 사촌이 사망 소식을 남긴다면 모두 자비를 가지라고 당부한다. 피에르 루이스가 자진해서 부모가 되어 주었던 여러 아이들을 외면하고, 100만 프랑에 달하는 재산을 누구 앞에 남겼단 말인가? 아! 그렇다! 당연한 일이다! 이제 라바프 씨가 호명할 사람은 다름 아닌 이 가족인 것이다.

할 말을 잃은 침묵과 잠시 약간의 헐떡임이 있다. 목이 메어서 말은 하지 않는 편이 나은 것 같다. 그런 다음 가족들은 기쁨을 조심스럽게 억누르고, 예를 갖춰 존엄하게 슬픔을 유지하려고 노력한다.

그러나 이렇게 애쓴다는 것이 모든 것을 충분히 설명한다. 점차적으로, 가족들은 진짜로 느끼는 바를 오랫동안 억누르고 있을 수 없어서, 예의를 내려놓게 된다. 곧 그들의 가면이 완전히 벗겨진다. 그들은 축하 분위기가 되고 기쁨이 밀려온다. 이 일을 기념하기 위해서 가장이 그동안 특별한 날을 위해 아껴왔던 귀한 코냑 병을 가져오고 여자들은 잔과 케이크를 가져온다.

그런데, 코르크 마개가 튀어 올랐을 때, 느리고 정갈한 노크 소리가 들린다. 이럴 수가! 나이 든 약제상 피쇼 씨가 분명하다. 피쇼 씨의 방문을 완전히 잊고 있었다. 그는 분명히 이제부터 계속 머물면서 얘기하고 또 얘기할 것이고, 그를 절대로 보낼 수 없을 것이다!

가장이 즉시 문으로 달려가서, 거기 선 채로 나머지 사람들에게 뭔가를 지시한다. 음모가 있는 듯이 동요하는 가운데, 병이 눈앞에서 감춰지고, 케이크는 사라지고, 잔은 방에 두고, 법적인 서류는 서류가방 안으로 들어가고, 서류 가방은 소파 밑으로 들어간다. 그런 다음, 모든 것이 평화로운 일요일 오후의 풍경으로 자리 잡았을 때, 피쇼 씨의 노크 소리에 대답을 하고 그를 안으로 들인다.

피상적인 인사를 교환하고 나서, 가족은 늙은 약제사에게 할 말이 거의 없다는 것을 깨닫지만, 피쇼 씨가 대화를 제법 잘 이끌어간다. 그는 더위와, 현대적인 투약에 대한 담론에 관해서, 또 약제사라는 고귀한 직업이 어떻게 웃음거리가 되고 있는지 자세히 설명한다. 자신의 아픔과 고통에 대해 불평하고, 마을의 최신 인구 통계를 제시하기도 한다. 피쇼 씨의 말은 독백에 가깝다. 듣는 사람들은 거의 고문으로 죽어가고, 다시 축하 파티를 하고 싶다. 이 괴짜 영감을 어떻게 보낼 수 있을지 각자의 얼굴에 질문이 떠 있다. 잠시 뒤에 가족들은 고개를 끄덕이는 척 하면서, 어떤 사람들은 무례하게 곁가지 대화를 시작하고, 여자 두 명은 예의에 어긋나지만 낄낄거리면서 방을 나간다.

마침내, 피쇼 씨는 사람들의 태도가 어쩐지 이상하다는 것을 감지하지 못할 만큼 자신이 늙지 않았고, 자신이 어떤 이유로 환영 받지 못하고 있으며, 가족들이 자신에게 무언가 숨기려 한다고 말한다. 하지만 다들 피쇼 씨의 기분을 띄워주거나 풀어주려 하지 않았기에, 그는 곧 자리를 뜰 구실을 찾는다.

피쇼 씨가 떠난 뒤, 문이 쾅 닫히는 소리가 들리는 순간까지 침묵이 이어졌다. 그 순간 다들 활기를 띄기 시작한다. 케이크와 잔들이 다시 나오고, 코냑이 몇 병 더 같이 나온다. 서로의 건강을 기원하며, 또 불쌍한 사촌 피에르 루이스를 데려간 병에 건배하면서 술을 마신다. 자기네를 기다리고 있는 유산 전액에 건배하고, 라바뜨는 자기 수임료를 위해 건배한다. 주체할 수 없는 환희의 파티에서 누가 뭘 제안하든 거기에 건배를 올린다.

막이 내리기 전, 그들은 즉시 파리로 떠나자고, 또 다른 사람이 돈에 대한 권리를 주장하기 전에 돈을 써버리자고 결정한다.

5. 바다 풍경

거친 폭풍이 이틀 동안 쉼 없이 바다에 몰아쳤다. 어획기에 맞춰 거의 일주일 전에 출발한 어선 네 척이 지금쯤이면 돌아왔어야 하는데 아직 그 어선의 운명을 알 지 못한다.

오래된 어촌의 해안에서 어부의 가족들과 마을 사람들이 모여 무정한 폭우 속에서 침울하게 기다린다. 그들은 오랫동안 연착되고 있는 어선과 실종자들의 신호가 있을 거라는 희망을 안고 험악한 수평선을 바라본다.

분위기에는 일종의 희망이 있지만 두려움도 있고, 또 절망과 마을의 오랜 전통에서 나온 침착한 인내가 뒤섞여 있다.

머지않아, 누군가의 시야에 멀리 있는 형체가 들어온 듯하다. 그것은 광폭한 바다에서 폭풍우와 맞서 싸운 한 척, 혹은 두 척의 배일 지도 모른다. 망원경을 통해 배가 한 척뿐이라는 걸 알게 되고, 돛대가 부러져서 한 대가 더 있는 듯한 착각을 만들어냈다고 한다.

네 척 중 어떤 배인지 한 눈에 파악되지 않지만, 배가 떠올라 뒤척거리면서 더 잘 보이게 되자 갑판 위에 어부들이 무리 지어 있는 게 보인다. 이것은 해변에 있는 사람들에게 단 한 가지를 의미한다. 나머지 배들은 침몰했으며, 선원들 중 일부가 구조되었다는 것이다.

그러나 어떤 배들이, 또 선원들 가운데 누가 실종된 것일까? 마을 사람들 중에 일부가 용기를 내서 구명선을 타고 망가진 선박과 텅 빈 짐을 가지러 가는 동안 긴장감이 미친 듯이 고조된다.

마침내 구명선이 구조된 어부들을 태워 해변에 도착하자, 어떤 가족들이 비통하게 가족을 잃었는지, 또 누가 사랑하는 사람을 되찾았는지가 점점 더 분명해져 간다. 예를 들면, 여자 아이가 아빠를 알아보고 그에게 달려가서 안긴다. 그러나 사실은 그가 다른 누군가의 아버지라는 것을 깨닫고는 뒤로 물러선다.

양편의 반응들을 보면 심리적인 차이만큼이나 심리적인 장벽이 있다는 것을 감지할 수 있다. 운이 좋은 사람들은 다른 사람의 고통 앞에서 자신의 행복을 완전히 표현하지 못하고, 불행한 사람들은 자신의 비극을 직면하면서도 더 운이 좋은 사람들의 기쁨을 시기하거나 무시할 만큼 무자비하지 못하다.

그 다음엔 어떤 일이 일어날까? 애도하는 사람들이 환호하는 사람들에게서 떨어져 나와 집단이 나뉘게 될까? 이 사람들은 이러한 상황에서 어떻게 반응할까?

6. 갈등

광활한 농촌 마을에 자리를 잡아온 의사 스타크는 2Km 반경 안에 있는 유일한 외과 의사다.

그러나 이 헌신적인 의사는 며칠 동안 환자의 연락을 못 받았고, 자신의 작은 병원이자 집인 곳에서 다른 사람이 자기를 부르지 않게 해달라고 기도한다. 그 시간 자기의 어린 외동딸이 감염되어서 위중한 상태로 누워 있기 때문이다.

의사와 아내와 간호사는 번갈아 가며 이 아이를 살리기 위해서 인간의 기술과 의학으로 시도할 수 있는 모든 것들을 다 해봤다. 이제 아이는 마지막 고비에 임박했다. 아이의 생명은 아슬아슬하게 균형을 유지하고 있다. 단 한 순간의 방심이 치명적인 실수가 될 수도 있다. 의사는 아내보다도 더 지쳤지만, 조금도 실수가 없도록 자신이 밤새 마지막 간호를 하겠다고 주장한다.

그 때, 의사가 그렇게 피하게 해달라고 기도했던 일이 일어난다. 가장 가까운 곳에 사는 이웃 블롬 씨가 아내에게 심장마비가 왔다는 위급한 사정으로 그를 부르러왔다!

의사의 아내는 의사가 가게 내버려두지 않을 것이다. 의사는 자신이 왜 지금 그 요청을 들어줄 수 없는지 그 이유를 설명한다. 빼어난 심리적 갈등이 부각된다. 만약에 의사가 아이를 떠난다면, 아니면 쓰러진 아내에게 가는 것을 거부한다면? 두 남자는 서로를 이해한다.

그룹은 이 상황을 어떻게 화를 내지 않고, 또는 무례하거나, 원한을 갖지 않고 해결할 수 있을까?

7. 감독 데뷔

줄리안 웰스는 아주 젊고, 고지식할 정도로 진지하고 아직 때 묻지 않은 연극 연출가다. 그는 일에 관해 무한한 열정으로 빠르게 성공했다. 일을 시작한 지 얼마 안 됐을 때, 그는 할리우드에서 러브콜을 받았다.

그리하여 그는 영화 세트장에서 자기 첫 영화의 중요한 첫 번째 장면을 연습하고 있다. 그가 가진 충만한 에너지는 다른 사람에게 전염될 정도다.

가장 작은 역할을 맡은 배우까지 격려하고, 가장 '막내 스태프'까지 신경 쓰려 한다. 세트장은 온화하고, 조화롭고, 생동감 넘치는 작은 섬과 같다.

연습을 거듭할수록 배우들의 희열이 고조되어 가고, 마지막으로 장면을 연습했을 때는 너무나 완벽해서 모두들 어쩔 줄 모르고 기뻐했다.

촬영 준비를 하는 동안에도 여전히 예술적 영감의 분위기가 지배적이다. 이것은 젊은 감독의 에너지에서 흘러나와서 모두에게 영향을 준다. 마침내 촬영이 시작된다. 촬영된 장면은 거의 명작 수준이고, 모든 디테일에서 흠잡을 데가 없기 때문에 단 한 '테이크'면 충분하다.

'컷!' 소리에 순간 긴장된 정적이 이어지고, 곧 촬영장에 있는 모든 사람들에게서 환호성이 터져 나온다. 스태프들은 연출자에게 축하를 보내고, 여배우들이 그를 얼싸안고, 서로 아낌없는 칭찬을 나눈다. 생각해 보면 자기들이 카메라 앞에서 이렇게까지 명장면을 연기한 적이 없었다. 이렇게 환희로 가득한 상황에 가하는 일종의 마침표처럼, 방음 장치가 된 세트의 어두운 구석에서 옅은 박수 소리가 터져 나온다.

제작자와 그 조수는 어둠 속에서 촬영의 진행 과정을 지켜보다가 박수를 치기 시작하고, 다들 그 두 사람을 돌아본다. 제작자는 사람들을 격려하고 조수도 동의하며 고개를 끄덕인다. 모두들 대단했고, 최고였고, 좋았다. 그러나—

그 후에 곧 제작자가 제안을 시작한다. "알겠지만, 유일한 제안은—." 이 부분을 더 낮게 하고, 저 부분을 개선하기 위해서다. 조수는 완전히 동의하며 고갯짓을 한다.

모두 함께 고조되어 있던 분위기가 점차 바뀌어 간다. 제작자가 장면의 완벽했던 전체 구조를 조금씩 무너뜨리자, 감독과 배우, 스태프는 점점 기운이 빠진다.

감독은 절대로 제작자의 '제안'에 동의하지 않았고, 또 동료들 앞에서 모욕을 당했기 때문에 화가 점점 더 치밀어 올라서 자기 자신과 다른 사람들을 방어하기 시작한다. 당황한 배우들은 감독이 기를 써 봐도 소용이 없으며, 굳이 안 봐도 결과가 뻔하다는 듯이 천천히 촬영장에서 사라진다. 스태프들도 물러나서 제 할 일을 찾아간다.

제작자는 조수와 감독과 마지막으로 남아서 최후의 통첩을 날린다. 감독이 제작자가 제안한대로 장면을 만들거나, 그렇지 않으면 다른 감독이 하게 될 거라고.

즉흥의 끝부분에서, 할리우드 첫 신고식에서 버림받고 영혼에 상처를 입은 젊은 감독은 머리를 두 손으로 감싸 쥔 채, 다른 수많은 젊은 감독들이 제작자 앞에서 같은 이유와 같은 방식으로 제작자와 논쟁했듯이 그와 논쟁을 하고 있다.

8. 그만 웃어!

토르톨리노는 유명한 늙은 광대다. 광대의 딸은 자기 아버지보다 웃긴 사람은 없다고 생각한다. 그의 뒤를 잇기 위해 훈련 중인 젊고 재능 있는 제자 사쏘도 그렇게 생각한다. 이런 공감대를 바탕으로 애정이 돈독해진 사쏘와 광대의 딸은 사랑에 빠졌고, 최근에 결혼했다. 늙은 광대는 사위를 무대에 세우기 위해 자기의 연기방식도 바꾸었다.

그런데 사쏘가 너무나 뛰어났기 때문에, 매 공연마다 그는 늙은 광대를 제치고 인기를 독차지했다. 머지않아 젊은 광대는 스타가 되었고 늙은 광대는 입지가 더 뒤쳐져서, 간간이 일을 유지해간다.

늙은 남자는 마음껏 기뻐하고 싶지만 자신이 심각하게 상처받았다는 사실을 도무지 감출 수 없다. 그는 자신의 창조물에 자부심을 느끼고, 또 젊은 부부가 새로 찾게 된 기쁨을 나누고 싶으면서도, 한편으로 자신의 명성이 떨어졌다는 게 괴롭지만, 이 괴로움은 자신이 조용히 혼자 간직해야 한다.

즉흥이 이뤄지는 밤, 쇼가 끝난 후 매일 밤 그래왔던 대로, 세 사람은 저녁을 준비하고 있다. 신혼부부는 결혼과 더불어 새로 경험하는 성공 때문에 매우 기쁘다. 그러나 늙은 광대가 급격하게 기운이 빠진 것을 보면 즐거움을 억눌러야만 한다. 더 안타까운 것은, 딸은 아버지가 혼자 몰래 술 마시는 걸 보게 된다. 전에는 단 한 번도 아버지의 그런 모습을 본 적이 없었다. 밥을 먹는 내내 대화가 끊기지만 그 상황과 눈앞의 난관을 어떻게든 이겨 내보려 한다.

정말 당혹스러운 분위기이다. 부부는 일에 대해 얘기하지 않고, 늙은 광대의 불명예스러운 상황을 건드리지 않는 다른 소재를 찾으려 한다. 무엇에 관한 얘기를 할 수 있을까? 둘이 무슨 말을 하든 거짓으로 들릴 것이다. 그렇다면 무엇을 할 수 있을까? 돌파구가 없는 것 같다. 둘이 함께 바라왔고 마침내 얻게 된 행복이 씁쓸함이 되었다.

식사 시간에 늙은 광대는 양해를 구하고 여러 차례 식탁을 빠져나온다. 딸은 아버지가 혼자 술을 마시러 간다는 것을 알고 있지만, 사쏘에게 말했다가 아버지가 더 난처해 할까봐 선뜻 말하지 못한다. 사쏘는 무슨 일인지 짐작해본다. 늙은 광대는 매번 식탁에 돌아올 때마다 점점 더 취해서는 부부의 침묵이 수상하다고 반응하기 시작한다. 둘의 복잡한 눈빛과 그들이 뭘 하는지에 개의치 않고, 늙은 광대는 다시 한 번 양해를 구하고 나온다.

토르톨리노가 자리를 뜬다. 이렇게 취한 것은 자기 삶에서 처음 있는 일이다. 침울해진 젊은이는 그게 마지막이 아닐 거라는 것을 직감한다. 왜

냐하면 늙은 광대가 문가에 이르렀을 때, 둘을 향해 돌아서서 자신의 그 모든 억눌린 고뇌와 좌절을 담아서 소리쳤기 때문이다. "그만 웃어!"라고.

9. 가정교사

가난한 대학생이 용돈 벌이를 하려고 부잣집에서 주근깨투성이인 십대 여학생에게 수학 과외를 해주고 있다. 여학생은 자기 아버지 앞에선 천방지축이고, 가정교사 앞에서는 개구쟁이인데다, 작은 악마다.

과외는 제법 참을성 있게 잘 진행되고 있었다. 가정교사가 학생이 풀 수 없는 문제를 내주기 전까지는. 학생은 보복적으로 가정교사를 도발해서 그가 직접 문제를 풀게 만든다. 그런데 선생님도 그 문제를 풀지 못한다! 교사는 말을 더듬거리면서 설명을 바꾸고 얼버무린다. 하지만 아직도 정답을 찾아내지 못한다. 학생은 선생님이 당황하는 모습에서 가학적인 기쁨을 느낀다. 학생이 선생님 머리 꼭대기에 올라 앉아 있는 것이다.

가정교사의 심기가 더 불편해지는 상황이 이어진다. 하필 이런 시점에, 자신에게 급여를 지불하는 학생의 아버지가 들어와서 딸이 잘 하고 있는지 들어보려고 한다. 선생님은 새로운 문제로 옮겨가서 이 위기에서 빠져나가려고 애써보지만, 영악한 소녀는 교사가 다시 어려운 문제를 풀게 한다. 선생은 몇 번씩이나 다시 시도해보지만, 소용이 없다. 학생의 아버지는 선생님이 당황하고 있다는 것을 눈치 챈다. 그리고 그 문제를 어떻게 푸는지 두 사람에게 알려준다.

선생님은 극도로 당황해서 이제 자기는 완전히 잘렸다는 생각이 스쳐 지나간다. 그러나 학생의 아버지는 마음씨 좋은 사람처럼 이 사건을 무마하려 하고, 자신도 어렸을 때 자주 막혔던 문제라고 하면서, 위로의 의미로 젊은 남자에게 저녁식사를 하고 가라고 한다.

가정교사가 그의 초대를 받아들이고, 아버지는 다시 수업을 시작할 수 있게 자리를 뜬다. 그러나 수업이 다시 시작됐을 때, 이 작은 악마는 의기양양해져서 다 알고 있다는 눈빛을 하고 있다. 이제까지 모든 것에 그래왔던 것처럼, 앞으로도 계속 이 작은 악마가 선생님보다 분명히 우위를 점하리라는 사실을 그녀의 키득거림에서 짐작해볼 수 있다.

10. 갇히다

관광객 일행이 지하 1,600m에 위치한 몬타냐의 유명한 구리 광산을 투어하고 있다. 일행들 중에는 다양한 인종이 섞여 있고, 그 중 누구도 같은 배경에서 온 사람이 없을 정도로 다양한 유형과 성격을 가진 사람들이 모여 있다.

안내자 외에, 이들 중에는 주식 중개인과 그에게서 돈을 빼앗을 기회를 노리고 있는 횡령 꾼이 있고, 금융업자의 아내와 여자 선생님 두 명, 창녀, 신혼 부부, 살인자와 그를 쫓는 탐정, 회복 가망이 없는 알코올 중독자, 불치병으로 살날이 얼마 남지 않아서 어쩌면 이번이 인생의 마지막 여행이 될 수도 있는 젊은 여자가 있다.

엘리베이터는 이제 막 관광객들을 쏟아낸 다음, 그들이 희미한 불빛과 굴속의 분위기에 익숙해지게 남겨두고 갱도 위로 물러간다. 안내자의 지시에 따라 손전등을 켜고 안내자가 일행을 더 깊숙한 곳으로 이끌고 가려고 하던 찰나에, 귀청이 찢어질 만큼 엄청난 폭발음이 들린다. 일행들은 그 충격으로 땅바닥에 납작하게 몸을 엎드린다. 수십 톤의 바위와 먼지가 갱도를 따라서 눈사태처럼 쏟아져 내려서 탄광 입구 쪽으로 밀려들어온다. 어마어마한 압력으로 파편들이 꽉 들어찼다. 관광객 일행이 완전히 갇혀버린 것이다!

이들이 폭발과 붕괴의 충격에서 회복됐을 때, 자신들이 심각하게 갇혔다는 것을 깨닫고 나서 한 번 더 충격을 받는다. 사람들은 공황 상태에 빠져 감춰진 본성이 드러난다. 젊은 신부는 공포에 질려 소리를 지르고, 중개인은 안내자에게 뭐든 해보라고 추궁하고, 그의 아내는 기절하고, 창녀는 그녀를 도와주고, 살인자와 탐정은 삽을 손에 쥐고 절망적으로 터널을 파기 시작한다. 알코올 중독자는 주머니 안의 깨진 술병에서 술을 보호하려고 손으로 잡는다. 기타 등등 나머지 인물들에 대해서도 마찬가지다.

요약하자면, 이들이 매몰된 다음에 하는 첫 행동에서 각자의 이기심이 고개를 든다. 그러다가 상황이 더 나빠져서 구조대원으로부터 연락이 점차 끊기고 있다는 것이 암시되고, 각자 배고픔과 목마름이 심해져가고, 손전등 배터리가 약해져서 빛이 어두워지고, 환기 시스템이 망가져서 지하에서 올라오는 독가스 성분으로 인해 산소가 고갈되고 있다는 것을 알았을 때, 이기심이 증오로 변하고, 증오가 모든 말과 행동에 묻어난다.

죽음에 내몰린 그들은 포악한 육식 동물처럼 서로 각자의 단점을 비난하고, 재난에 대한 책임을 전가하고, 빠져나갈 수 없다는 사실에 서로를 원망한다. 복수심을 품고 있는 사람들은 그 빚을 갚으려 하고, 겁이 많은 사람은 겁을 드러내고, 자비와 인내를 가진 사람은 참는다.

그러나 사실상 죽음에 임박해서 마지막 순간이 왔다는 것을 확신할 때는, 우리 모두에게 내재되어 있는 동료의식이 삶 속에 떠오른다. 그런 순간은 이 희생자들이 모든 희망이 사라졌다는 것을 인정하고 더 이상 피할 수 없다는 사실을 직면할 때, 또한 모두가 다 같이 죽음을 맞게 될 것이며, 그 사실을 받아들일 때 찾아온다.

그 순간부터 죽음이 불러일으킨 허무주의와 증오가 사라지면서 반전이 일어난다. 다양한 행동들과 제스처들, 희생들을 통해서, 무엇이 더 인간답고 진실한 것인지, 근본적으로 선하다는 것과, 정말로 이타적인 것이 무엇인지가 자연히 드러난다.

이 즉흥의 앞부분에서 개별 인물에 밀착된 사건들을 발전시키는 훈련을 했다면, 이제부터는 삶의 마지막 시간을 이전 상태였다면 도달하지 못했을 유토피아로 변화시키기 위해 그들이 무엇을 하고, 이를 어떻게 받아들일 지가 그룹에게 도전거리가 될 것이다. 단, 이 마지막 부분에서 인물들의 깨달음이 충분히 설득력을 갖게끔 해서, 인물들 중 한 명의 생각을 정당화할 수 있어야 한다. 그 사람은 사람들 사이에 그런 식의 평화와 조화가 존재하는 것을 그제까지 단 한 번도 본 적이 없다. 게다가 그는 이 또한 끝난다는 것을 알고 있으며, 만에 하나 그들이 구조된다면 모두가 예전 모습으로 되돌아갈 거라고 생각한다. 그래서 그는 구조되지 않기를 기도한다!

갇힌 사람들은 마지막에 구조되어야 할까? 만약에 그렇다면 구조될 때 이들을 어떻게 반응해야 할 것인가? 이런 것들은 훨씬 심화된 즉흥의 범위다. 그룹은 이 즉흥을 선택한 특정 목표에 맞춰서 이를 받아들일 수도 있고 거부할 수도 있다.

12

맺는말

연기적 개념들을 정리하고 체계화 하려는 사람들은 왜 재능 있는 배우에게 방법론 같은 것이 필요한가라는 질문을 받는다. 다른 질문을 통해 이에 대한 답을 찾을 수 있다. 문명화 된 사람에게 문화가 왜 필요한가? 영리한 아이에게 교육이 왜 필요한가?

더 정확히 못을 박자면, 배우의 예술을 포함한 모든 예술에는 각각의 원칙, 목적, 그리고 전문적인 테크닉이 있어야 한다는 것이다.

배우가 이런 반박을 할 수 있다. "저는 저만의 테크닉이 있습니다." "저는 일반적인 테크닉에 대한 저만의 해석과 저만의 적용 방법이 있습니다." 그러나 어떤 음악가, 건축가, 화가, 시인, 또는 그 외의 모든 창작자들도 먼저 각자의 예술에 대한 기본적인 법칙을 공부하지 않고서는 자신만의 테크닉을 가질 수 없다. 결국에는 각자의 직업에서 특출하게는 아니더라도 개별성을 가지게 해주는 '자신만의' 테크닉을 구축해야만 한다.

아무리 타고난 배우라 하더라도 스스로를 '자신만의 테크닉'과 도구라는 작은 감옥에 가두면 절대로 자신의 재능을 성장시키거나 연극계의 후배들에게 물려줄 수 없다. 연기술은 근본적인 원칙들을 가진 객관적인 방법론에 기초해야만 발전한다. 연기술에 있어서 많은 소중한 연구업적과 관찰들이 방법론을 만드는 데에 가치가 떨어지는 재료라고 비하하는 것이 아니다. 그러나 그것들은 주관적이고 범위가 좁게 한정되어 있다. 모든 예술의 이상적인 방법론은 전체가 잘 통합되고 그것 스스로 완전해야 하며 무엇보다 객관적이어야 한다.

재능이 있다는 이유로 어떠한 방법론도 단호하게 거부하는 배우들에게 방법론은 아마도 더 필요할 것이다. 그 이유는 재능, 즉 '영감'이라고 불리는 것은 우리가 가진 것 중 가장 변덕스럽기 때문이다. 재능 있는 배우는 작업에 있어서 여러 위험에 빠질 가능성이 크다. 확고한 기반 위에 서 있지 않다. 기분이 그리 좋지 않은 순간, 행복하지 않은 기분이나 신체적인 불편함 등이 재능을 사용하지 못하게 하고 진정한 영감으로 가는 통로를 차단한다. 기반이 잘 잡힌 테크닉을 가진 방법론은 그런 불상사를 막아준다. 방법론을 충분히 훈련하고 완전히 이해하면, 재능 있는 배우의 '제2의 천성'으로 만들 수 있고, 어떤 상황에도 창의적인 능력을 스스로 통제할 수 있는 권한을 갖게 된다. 테크닉은 원할 때마다 재능을 불러 일으켜 사용할 수 있게 하는 확실한 수단이다. 신체적, 심리적 방해물에도 불구하고 진정한 영감으로 가게 하는 마법의 주문 '열려라, 참깨!'가 된다.

영감은 매번 다른 강도의 힘을 보여준다. 분명히 존재하지만 약하고 효과적이지 않을 수 있다. 여기서 다시 테크닉은 배우의 의지력을 강하게 하고 감정들을 깨우고 상상력을 자극하며, 그을린 흔적만 있는 영감에 갑자기 불을 붙여 배우가 원하는 만큼 밝게 타오르도록 한다.

어떤 이유에서 배우가 공연이 다가올수록 자신의 재능이 약해진다는 느낌을 받는다고 가정하자. 숙련된 테크닉이 있다면 꺼림칙하게 느낄 필요가 없다. 방법론에 따라 역할을 잘 준비하고 세부적인 면까지 정교하게 다듬었다면 원하는 만큼 '영감을 받지' 않았다고 느껴도 언제나 연기가 제대로 나올 것이다. 자신의 역에 대한 '청사진'을 가지고 있을 것이기에 정처 없이 버둥대거나 안 좋은 연기 버릇과 진부함에 안주하려고 하지도 않을 것이다. 언제든 자신의 역할 전체와 세부적인 부분까지 높은 곳에서 내려다보듯이bird's-eye view 살펴볼 수 있으며, 내적인 고요함과 확신을 가지고 한 부분에서 다른 부분, 한 목적에서 다른 목적으로 나아갈 수 있을 것이다. 스타니슬랍스키가 말하길 역할을 제대로 연기할 때 붙잡아 두기 힘든 영감을 계속 지닐 수 있다고 했다.

재능 있는 배우가 객관적인 테크닉의 가치를 알아야 할 이유가 또 있다.

예술가의 천성에 있는 창의적이고 긍정적인 힘은 희미하고 때로는 알아채기 어려우며, 힘들게 들인 노력을 방해하는 부정적인 영향과 항상 싸워서 그것을 밀어내야 한다. 이 수많은 부정적인 방해물들은 억압된 열등감, 과대망상증, 예술적 목적들 사이에 무의식적으로 섞인 이기적이고 자기중심적인 욕구들, 실수에 대한 두려움, 관객에 대한 무의식적인 공포(때로는 그들에 대한 증오), 긴장, 숨겨진 질투나 두려움, 해가 되거나 어설프게 기억하는 연기의 본보기들, 거리낌 없이 다른 사람들의 잘못을 찾아내는 버릇이 포함된다. 이것들은 시간이 지날수록 배우의 무의식 속에 '심리적 폐기물'로 축적되고 스스로를 파괴하는 유해한 악으로 자라나는 예시들이다.

절대적인 방법론과 테크닉을 사용하여, 배우는 무의식 속 어두운 구석에 살며시 들어가 있는 모든 파괴적인 영향들을 대체하는 많고 건강하고 자유로운 성질들을 내면에 축적할 것이다. 우리가 '재능을 키운다.'고 하는 것은 파괴적이고 폐쇄적인 방해물들의 영향에서 **자유로워지는** 것을 의미한다.

방법론을 잘 이해하고 적용하면, 배우가 자신의 창의적인 작품이나 동료들이 만들어낸 것들을 평가할 때에 필요한 능숙하게 사고thinking하는 매우 만족스러운 습관을 심어준다. 그렇게 되면 '자연스러운', '일상의 대화 같은', '예술 같은', '좋은', '나쁜'처럼 막연한 용어들과 '소극적 연기', '과한 연기' 등과 같은 표현에 만족스러워하지 않을 것이다. 대신, 조금 더 직설적이고 전문적인 언어를 발전시키고 단위, 목적, 분위기, 발산과 수용, 상상, 가상의 신체, 상상의 중심, 내적/외적 템포, 클라이맥스, 액센트, 리듬감 있는 흐름과 반복, 인물들의 구성Composition of the Characters, 심리 제스처, 앙상블, 성질qualities, 감각 등의 전문 용어에 친숙해질 것이다. 이런 구체적인 용어들은 애매모호하고 부적절한 단어들을 대체할 뿐 아니라, 무대 위의 현상들을 지각하는 배우의 능력을 예리하게 하고, 무엇이 맞고 틀린지, 왜 그런지와 어떻게 자신의 또는 동료의 연기를 완벽하게 할 수 있을지 바로 깊숙이 꿰뚫어 보는 머리를 단련시킨다. 그러면 비평이 아주 객관적이고 건설적이게 된다. 연극 예술을 개인적인 호감이나 반감 위주로 평가하지 않고, 배우들 사이에 의미 없는 칭찬이나 맹렬한 비난 대신 서로를 자유롭게 도와주고 도움을 받을 것이다.

배우들, 특히 재능 있는 배우는 앞서 제시한 전문적인 테크닉이 모든 면에서 좋은 작업을 이끌어내고 앞당긴다는 사실을 간과하면 안 된다. 테크닉을 습득하기 위해 소비한 시간은 분명 마지막 결과를 위한 가장 생산적인 투자다! 방법론에 지름길이 있는지에 대한 질문을 받을 때마다, 가장 짧은 지름길은 제안한 모든 훈련들을 인내를 가지고 성실히 하여 그것이 배우의 제2의 천성이 되게 하는 것이라고 말한다.

내면의 주저함과 성급함에 대한 처방은 방법론에 기초한 그림을 만드는 것이다. 그 그림은 이미 모든 테크닉들을 얻고, 훈련을 통해 새로운 능력들을 가진 자신의 모습이다. 그 그림은 저절로 배우 안에서 행동을 시작할 것이다. 그림에 너무 먼 미래를 투영하여 의욕을 꺾고 지치게 하지 않는 한, 배우에게 계속 손짓하고 부를 것이다. 이런 방식으로 알맞게 훈련하면, 지금처럼 굳이 의식하지 않아도 마치 그 방법론을 오랫동안 알아왔고 항상 연습해 왔다는 강한 느낌을 갖게 될 것이다. 목표가 너무 멀리 있고 얻기 어렵다고 생각한다면 곧 그 생각이 사라지게 된다. 위에 제시한 그림은 테크닉의 흡수를 빠르고 용이하게 하고 그 다음에는 작업을 빠르고 용이하게 해 줄 것이다.

왜 방법론을 수용해야 하는지에 대한 또 다른 타당한 이유가 있다.

연습을 통해 모든 원칙들을 이해하는 과정에서 알게 될 것이다. 그 원칙들은 창의적인 직관을 더 자유롭게 하고, 활동 반경을 넓히도록 고안되었다. 바로 그렇게 방법론이 생겨난 것이다. 미래의 실험을 위해 종이에 도표화 되고 계산된 수학적이나 기계적인 공식이 아닌 창의적인 직관이 요구하는 신체적, 심리적 조건을 정리하고 체계화한 '목록'catalogue이다. 내 탐구의 주목적은 영감이라고 알려진 찾기 힘든 환상을 언제나 가장 잘 불러낼 수 있는 조건들을 찾는 것이었다.

게다가 생각과 욕구가 더 물질적이 되고 무뎌지는 우리 세대에는, 불행히도 물질적 편의와 획일화가 강조된다. 이런 시대에 인류는 문화적으로 성장하기 위해 삶, 특히 예술에 모든 종류의 비가시적인 힘과 성질이 스며들어야 한다는 것을 잊는다. 만지고 보고 듣는 것은 최적의 삶의 조건 중 작은 일부분일 뿐이며, 후대에도 이어지지 않는다. 견고한 기반을 남기기를 두려워하고 우리는 영원히 "실용적이어야 한다!"고 외친다. 예술적인 모험을 떠나거나 날아오르는 것을 두려워하고 우리가 서 있는 바닥 아래로 빠르게 그리고 깊게 가라앉는다. 언젠가는 알게 모르게 그리고 너무 늦게 '실용적'인 것에 지칠 것이다. 혼란을 경험하며 정신 분석가에게 달려가 정신 치료제와 자극제를 찾거나 유행과 오락을 바꿔가고 심지어 약물을 이용해 주기적으로 저속한 스릴감, 피상적인 감각으로 도망칠 방법을 찾는다. 요약하자면 실용적이고 손에 잡히는 것과 예술적이고 손에 잡히지 않는 것 사이의 건전한 균형이 필요하다는 것을 거부하며, 그 값을 비싸게 치른다. 예술은 그런 불균형을 가장 빠르고 정확하게 경험하는 영역이다. 아무도 숨을 들이마시지 않고 내뱉을 수 없다. 창의적 정신의 기반, 심리적 '들숨'인 '실용적이지 못해' 보이는 무형의 것들로 강해지고 행복해지는 것을 거부하면서, 순전히 땅만 보고 있으면 진정한 '실용성'을 찾을 수 없다.

이런 관점으로 예술성의 발전을 위한 우리의 원칙들을 생각해 보자. 그 원칙들은 우리가 견고하게 땅 위에 서 있게 하는 동시에 더 영속되는 무언가로 날아오르게 하지 않는가? 몇 가지 예로 쉽게 증명해 볼 수 있다. 앙상블의 느낌을 예로 들어보자. 그것을 만지거나 보거나 들을 수 있는가? 이것은 배우의 신체, 가시적인 움직임, 귀에 들리는 음성처럼 무대 위에 명확하게 존재한다. 무대 배경의 형태와 색처럼 사실적이고 강한 **무형의 힘** 중 하나다. 분위기, 발산, 구성의 법칙 또한 실재하는 무형들이 아닌가? 무엇을 연기할 것인지보다는 **어떻게** 연기할 것인지에 대해 배우가 이해하고 즉흥해내는 섬세한 능력은? 연기를 하는 도중 의식적으로 만들어내고 사용하는, 그리고 인물의 목적을 잘 만족시키려 할 때 필요한, 또는 무대 위에서 다른 어떤 가시적인 방법으로는 억지로 구체화 시킬 수 없었던 자신의 **심리적 존재를 구현하게** 하는 초감각적인 힘은?

몇 가지 더해 보자. 인물에 대한 작업을 할 때 조급하게 인물에 가시적인 형태와 외면을 주기 전에 상상의 시간을 가지는 배우를 둘러싼 예술적 환상의 기운은? 무엇이 편안함, 형태, 아름다움의 성질들이나 전체의 감각을 부여하는가? 상상의 중심과 신체라는 즐거운 '놀이'의 바탕에는 무엇이 있는가? 자신의 역할과 공연 전체에 다양성과 재미있는 요소를 부여하는 여러 가지 대조와 대비를 찾는 것은? 심리 제스처라는 친구이자 안내자이며 배우를 절대 내버려 두지 않고 배신하지 않으며 계속 옆에서 영감을 주는 '보이지 않는 연출가'는? 배우가 그런 것들을 내면에서 꺼내 실재하게 할 때 관객이 그 모두를 느끼지 않는가?

이 방법론에는 두 목적을 한 번에 이루지 못하게 하는 훈련은 하나도 없다. 두 목적이란 배우를 실용성 위에 더 견고하게 세우는 동시에 가시적인 것과 무형의 것 사이, 날숨과 들숨 사이의 균형을 잘 잡게 하는 것이다. 일상의 진부함과 예술로 인한 영혼의 잠식으로부터 구해내게 된다.

내가 아는 한, 연극의 역사는 배우를 위해 구축된 단 하나의 방법론만 존재한다고 기록하고 있다. 바로 콘스탄틴 스타니슬랍스키가 만든 것이다 (불행히도 오해와 잘못된 해석이 많다). 이 책은 더 나은 연기를 통해 더 나은 연극의 방향으로 이끄는 또 하나의 노력이다. 내 동료들이 활용할 수 있도록 체계적으로 정리된 아이디어, 우리의 작업에 영감과 질서를 가져오는 경험을 제공하는 간절한 시도로서 이 책을 겸허히 권한다. "연기 테크닉에 대한 자신의 생각을 적어내리고 정리하라." 스타니슬랍스키가 나에게 말했다. "연극과 극장의 미래에 대한 헌신적인 사랑을 가진 모두의 임무이며, 바로 당신의 임무이다." 나는 영감을 북돋아주는 이 말을 나의 모든 동료들에게 전해야 하는 책임을 느낀다. 최소한 그들 중 누군가 역시 우리의 테크닉을 넓히기 위한 절대적인 원칙들과 법칙들을 찾으며 겸허하게, 그러나 용기 있게 그들의 생각을 체계적으로 나타내고 정리하기를 희망하면서 말이다.

부록

●

미하일 체홉 심리 제스처^{Psychological Gesture} 테크닉의 실제적인 적용 지침

번역과 설명_ **안드레이 말라에프 바벨(Andrei Malaev-Babel)**

심리 제스처라는 개념은 미하일 체홉의 창의적인 유산들 중 가장 유명하다. 이 부록의 목표는 모든 배우와 독자에게 심리 제스처 테크닉을 실제로 적용하는 자세한 지침을 제공하는 것이다. 『배우에게』*To the Actor* 중 5장에서 미하일 체홉은 심리 제스처 테크닉을 인물 전체에 적용하는 데 집중하고 있다. 동시에 체홉은 '역할의 일부분, 부분적인 장면이나 대사, 심지어 각 문장마다'에도 심리 제스처를 사용할 수 있다고 언급한다. 하지만 이 책에서는 여섯 인물들에 적용한 심리 제스처의 예시들을 생생히 보여주지만, 심리 제스처의 다양한 사용에 대한 설명은 없다. 체홉의 또 다른 업적인 『연기 테크닉에 대하여』*On the Technique of Acting*•에서 심리 제스처에 관한 장이 더 길게 나와 있다. 『배우에게』에서처럼 심리 제스처 테크닉에 대한 우리의 이해를 더 돕고 보완하는 특별한 자료들이 나와 있다. 그러나 이런 자세한 책조차 심리 제스처 테크닉의 모든 면을 완전히 설명하지는 않는다. 심리 제스처 테크닉의 다양한 사용을 알려 주기 위해 체홉이 1946년에 발간한 러시아어 버전의 『연기 테크닉에 대하여』*O Tekhnike Aktyora*에 대해 설명해야 한다. 체홉이 초반에 사비로 출판, 배급한 이 책은 모두의 예상과 달리 영문 버전을 그대로 러시아어로 번역한 것이 아니다. 러시아어 버전은 내용도 다르지만 더 중요한 것은 구성에서도 영문판과 차이가 있다. 책의 처음부터 끝까지 학생 - 독자는 체홉 방법론의 요소들을 모두 익힐 수 있도록 조심스럽게 순서대로 단계를 밟아가게 된다. 『연기 테크닉에 대하여』의 심리 제스처에 관한 장이 이 지침서의 기반이다. 이 책은 심리 제스처 테크닉의 여러 부분들에 대한 가장 완전한 참고서이며 논리적이고 조화로운 구성으로 정리되어 있다. 러시아어 버전에 나온 많은 심리 제스처 자료들이 여러 영문판 체홉 책들에 분산되어 있기에 이 지침서는 이제까지 영어를 사용하는 학생 - 연극인들이 접하지 못했던 자료들을 집중적으로 다룬다.

환상적 심리 제스처FANTASTIC PG

미하일 체홉은 연극계의 위대한 교육자, 이론가일 뿐 아니라 20세기 최고의 러시아 배우 중 하나로 많이 알려져 있다. 배우 체홉은 러시아의 연출

• 1942년 영문 버전: 『미카엘 체홉의 테크닉 연기』(윤광진 옮김, 예니, 2000) ―옮긴이 주

가 예브게니 박탄고프가 '환상적 사실주의'라고 칭한 독특한 연극 예술의 흐름을 따랐다. 체홉이 <모스크바 예술극장>MXAT과 <제2 모스크바 예술장>MXAT II에서 창조한 모든 인물들은 실제보다 더 크고 심지어 과장되어 보이는 경향이 있었다. 동시에 절대로 평면적이거나 심리적으로 깊이가 덜하거나 풍자화 되지는 않았다. 다시 말하면 이 배우는 감정적으로나 심리적으로나 자신의 인물들을 현실적으로 실현 가능하게 맞추었다. 그의 인물들은 복잡한 인간이지만 꿈이나 환상 속에서 볼 수 있을만한 인간이었다. 그래서 관객의 눈으로 볼 때 이 인물들은 종종 삶과 죽음, 사랑과 증오, 아름다움과 추함과 같은 보편적인 개념들을 표현했다. 그 인물들은 보편적인 문제들을 울리는 힘을 가지고 있었다. 관객들의 가슴과 마음에 제일 익숙하고 가장 숭고한 느낌과 생각들을 불러 일으켰다. 체홉 방법론은 미하일 체홉이라는 배우의 독특한 창의적 개성을 직접적으로 설명하지는 않는다. 그래서 많은 현대의 배우들이 밝혀내려고 애쓰는 그의 초자연적인 재능이 수수께끼로 남아 있는 것이다.

『연기 테크닉에 대하여』중 심리 제스처를 다룬 장에서 작가는 다른 체홉 책들에 나오지 않는 용어를 말한다. 바로 '환상적 심리 제스처'Fantastic PG 이다. 그는 학생 - 독자들에게 식물과 꽃의 형태, 조형물의 형태, 여러 풍경들, 신화와 전설이나 동화에 나오는 환상의 인물들을 관찰하라고 지시한다. 그 사물들과 생물들의 심리 제스처와 성질들을 발견하여 생명과 영혼을 불어 넣고 그들이 가진 상상의 '의지력과 느낌'을 습득하라고 가르친다. 그런 심리 제스처를 그는 환상적fantastic이라고 불렀다. 배우의 신체와 심리가 추상적인 무생물들이나 환상의 인물들을 만나게 함으로써 체홉은 내면의 숨겨진 자원들을 발견할 수 있게 도왔다. 그런 자원들을 개발하는 것은 연기를 풍부하게, 뻔하지 않게, 영감이 가득하게 할 뿐 아니라 일상적이고 원시적이며 자연주의적인 면을 뛰어 넘게 도울 것이다. 환상적 심리 제스처로 작업하며 배우들은 현실적이든 환상적이든 어떤 종류의 인물이나 공연을 하게 되어도 보편적인 주제와 아이디어에 접근할 수 있음을 발견할 것이다.

심리 제스처를 자연스러운 일상의 제스처와 비슷하게 만들 수 있다. 또한 **환상적** 심리 제스처를 만들어낼 수 있다. 이것을 통해 가장 친밀하고 가장 독창적인 예술적 개념을 전달할 수 있다.

체홉 용어들과 환상적 심리 제스처라는 단어는 체홉 방법론의 숨겨진 목표를 꿰뚫어 보는 값진 통찰력을 갖게 한다. 또한 배우 미하일 체홉의 비할 데 없는 창의적 개성의 본질로 우리를 더 가까이 이끈다.

심리 제스처의 실제적인 적용

이 부록에 있는 몇 개의 원본 그림들은 다른 영문판 체홉 책들에 나오지 않는다. 뛰어난 공연 디자이너이며 삽화가인 니콜라이 라미소프_{Nicolai Remisoff}가 러시아어로 된『연기 테크닉에 대하여』를 위해 준비한 것들이다. 몇 개의 비슷한 그림들이『배우에게』안에 들어 있으나 아주 다른 제목과 설명을 달아 났다. 부록에 있는 글, 그림들을 이 책을 포함한 체홉의 다른 영문 책들과 비교하는 것은 아주 흥미 있는 연구였다. 체홉이 어떻게 심리 제스처의 발견과 발전의 과정을 서술하였는지 보고, 5장에 나온 그림 4의 묘사와 비교해 보자.

실제 작업을 할 때 5가지 방법으로 심리 제스처를 사용할 수 있다.

(1) 역할 전체

역할 전체를 숙달하기 위해 심리 제스처를 사용할 수 있다. 예를 들어 고골의 『검찰관』에서 시장 역에 대한 작업을 할 때 그가 겁을 먹고(성질) 앞으로 나아가려는(제스처) 의지를 가진 것을 발견할 수 있다. 첫 인상에 맞는 단순한 심리 제스처를 만든다. 그 제스처가 다음과 같다고 가정하자(그림 1을 보자). 이 제스처를 해보고 충분히 숙달했다면 더 발전시키고픈 마음이 들 것이다. 이런 직관이 생길 수 있다. **아래 땅 쪽으로**(제스처), **무겁게 그리고 천천히**(성질)(그림 2를 보자). 이 심리 제스처에 대한 새로운 경험이 새로운 움직임으로 이어질 것이다. 이제 이렇게 변해갈 수 있다. 제스처가 옆으로 기울어진다(조심성). 두 손은 주먹을 쥔다(강한 의지), 두 어깨가 올라간다. 온몸이 약간 땅을 향해 구부러진다, 두 무릎은 굽힌다(겁), 두 발은 약간 안쪽으로 돌아간다(비밀스러움)(그림 3을 보자).

그림 1

그림 2

(2) 역할이 경험하는 여러 순간들

역할 전체에 대한 작업을 할 때 여러 가지 순간들을 위한 심리 제스처를 찾을 수 있다. 이 과정의 원리는 바로 전과 비슷하다. 한 가지 다른 점은 이제 단 하나의 순간에 집중하며 그 순간을 완결된 완전한 전체로서 살펴보아야 한다는 것이다.

역할 전체에 대한 심리 제스처를 발견했고 이제 여러 다른 순간들에 대한 제스처들을 찾을 것이라고 가정해 보자. 그 제스처들이 서로 많이 다르다. 이런 경우에 어떻게 해야 하는가? 모두 하나로 엮어야 하는가? 아니다. 발견한 상태로 놔두고 자유롭게 영향을 받으며 하나씩 따로 해본다. 이렇

그림 3

게 해보면 제스처들이 서로 다름에도 불구하고, 모두가 서로를 보완하고 향상시키며 같은 목표를 향할 것이다. 또한 그 제스처들의 뉘앙스와 세밀한 부분들이 어떻게 점진적으로 그리고 **자체적으로** 바뀌기 시작하는지도 볼 것이다. 자신의 의지를 그 제스처들에 얹기보다는 제스처들의 의지를 따라가게 된다. 성급한 이성의 개입으로 제스처들의 활동을 망치지 않는다면 심리 제스처는 활발하며 살아 있는 존재들로 발전하고 자란다. 그 제스처들을 통해 자신의 창의적인 무의식과 직접 대화를 하게 될 것이다.

(3) 장면

심리 제스처의 도움을 받으면 어떤 역을 맡아도 각각의 모든 장면들의 본질을 꿰뚫어 볼 수 있다.

장면의 본질은 인물들의 행동, 인물 사이의 관계, 인물에 부여하는 성격, 분위기와 스타일뿐 아니라 극 전체의 구성에서 어느 곳에 위치하는지에 달려있다. 장면에 대한 심리 제스처를 차차 만들어 나가면서 항상 자신의 창의적 직관에 호소해야 한다. 복잡하고 다양한 모든 요소들이 있음에도 불구하고 그 장면이 자신의 앞에 하나의 전체로서 나타날 것이다. 심리 제스처의 도움으로 장면의 지배적인 의지와 감정을 명확히 볼 수 있을 것이다.

고골의 『결혼』 *The Marriage*(신랑들과 아가피아, 1막 19장)을 예시로 들어보자.

체홉의 예시를 이해할 수 있도록 돕는 『결혼』의 한 장면에 대한 짧은 줄거리다. 극의 주요 인물 중 하나인 신부 아가피아는 어색한 상황과 마주한다. 여섯(!) 명의 신랑들 중 그녀의 신랑이 될 사람을 억지로 골라야 하는 것이다. 의욕이 너무 넘치는 그녀의 중매쟁이 덕분에 여섯 남자들 모두 거의 동시에 신부의 집에 도착한다. 19장 초반에 여섯 남자 모두 한 방에서 중매쟁이와 신부의 눈치를 살피며 서로에게 경쟁의식을 느낀다. 점점 여섯 남자 모두는 신부에게 결정을 촉구하며 직접적인 질문들로 신부를 공격한다. 두려움과 창피함, 혼란을 느끼며 그 불쌍한 여인은 결국 방을 뛰쳐나가고 남아 있는 여섯 신랑들은 당황한다.

마지막 신랑이 도착한 후, 어색한 침묵이 도는 그 순간에 장면의 제스처가 어렴풋이 나타난다. 희망과 두려움의 물결이 거대하고 텅 빈 것처럼 보이는 공간을 무겁게 그리고 어색하게 오르내린다. 시작부터 인물들은 긴장의 분위기에 둘러싸여 있다. 장면의 제스처를 찾으며 주위의 공간을 가능한 많이 안으려는 욕구를 느끼게 될 수 있다. 두 팔을 마치 공기로 가득 찬 큰 구를 잡고 있듯이 천천히 흔든다(그림 4). 팔, 어깨, 가슴이 살짝 수축된다. 희망과 두려움의 성질이 제스처에 스며든다. 장면 안에 있는 모든 사람들의 운명이 오 분에서 십 분 이내에 결정되어야 한다. 공허함과 불안함을 감출 수 없다. 신랑들은 날씨에 대한 주제로 대화를 시작한다. 긴장이 커지고 공간은 더 수축된다. 두 손이 점점 더 세게 구를 누른다. 커지는 긴장이 이제 폭발하는 에너지를 부른다. 신랑들은 마치 자신들을 불 속에 던지듯 점점 어색한 주제로 다가간다. 거대하고 공허했던 주위의 공간이 극도로 수축되며 긴박해진다. 두 팔로 최대한의 힘을 가지고 주위의 공간을 아래로 누른다(그림 5). 신부는 이 긴장과 창피를 이기지 못하고 도망간다. 분위기가 폭발한다!(그림 6)

이 예시에서 기억해야 할 것은, 우리는 장면 전체의 목적에 대한 원동력을 표현하는 제스처를 다룬다는 것이다. 스타니슬랍스키는 '행동의 관통선'through-line of action이라는 용어를 사용했다. 제스처는 장면에 나오는 어느 특정한 인물의 관점이 아닌 작가, 연출가 또는 관객의 시각으로 보는 장면을 구현한다. 연습 과정에서 이 장면에 나오는 배우들 모두는 이러한 제스처를 제일 먼저 연습하고 (내적으로) 숙달해야 한다. 라미소프의 그림들은 제스처 전체를 보여주지 않는다. 제스처가 점점 진행되어 가는 단계들과 그 각각의 모습들을 개별적으로 보여준다. 러시아어로 된『연기 테크닉에 대하여』는 한 가지 귀중한 것을 담고 있다. 그것은 바로 심리 제스처라는 것이 사실상 멈춰 있는 자세가 아닌 계속적인 움직임이라는 체홉의 명백한 설명이다.

그림 4

그림 5

그림 6

체홉의 예시와 라미소프의 그림에 잘 드러나는 심리 제스처 테크닉의
또 다른 중요한 요소는 가상공간의 범주이다. 체홉은 처음에 공간을 거대
하고 비어있는 큰 구로 표현한다(이 구는 그림 5에서 볼 수 있다). 다음에는 제스
처의 영향을 받아 공간에 변형이 생기게 된다. 이 구는 처음에 서서히 수축
되다가 공허함에서 긴장감으로 성질이 바뀐다. 결국에는 폭발해버린다.

(4) 변화되는 분위기

변화되는 분위기를 습득하기 위해 심리 제스처를 사용할 수 있다.

이미 언급했듯이 분위기는 지배적인 의지(원동력)와 느낌을 가지고 있다. 이 요소들에 내재하는 제스처와 성질로 어떤 분위기인지 알아낼 수 있다. 다른 예시를 들어보자. 막심 고리키의 『밑바닥에서』The Lower Depths에 나오는 마지막 장면은 예상치 못하게 나온 강한 분위기라는 독특한 예시를 보여준다. 피난처에 사는 사람들은 매일 방탕한 밤을 보낸다. 노래를 부르기 시작하는데. . . .

> (문이 갑자기 열린다.)
>
> **배런** (문턱에 서서 소리 지른다.) 야! . . . 거기 당신! 와봐. . . . 빨리 와봐! 저기 . . . 공터에 . . . 그 배우가 목을 매달았어!
> (침묵. 모두가 배런을 본다. 나스티야가 그의 뒤에서 등장한다. 눈을 크게 뜨고 어딘가를 응시하며 탁자로 천천히 간다.)
>
> **사틴** (낮은 목소리로) 아! . . . 그가 노래를 망쳤잖아. . . . 병-신!
>
> 막.

배런의 등장으로 분위기가 갑작스럽게 바뀐다. 충격으로 시작되며 초반의 긴장은 극에 달한다. 강도는 끝으로 갈수록 점점 약해진다. 지배적이던 초반의 성질은 날카로운 고통과 놀라움으로 다가올 수 있다. 끝으로 갈수록 우울한 허탈감으로 변한다. 심리 제스처를 찾기 위한 시도를 시작하자. 예를 들어보자(그림 7을 보자). 두 손은 위로 빠르게(힘) 던져진다(놀람). 주먹을 꽉 쥐었다(고통과 힘). 처음의 충격에서 오는 고통의 성질이 다른 제스처를 통해 더 강하게 느껴진다는 것을 발견할 수도 있다. 팔을 위로 던진 채 머리 위에서 교차시킨다(그림 8을 보자). 잠시 후 커지는 우울함의 성질을 가지고 팔을 천천히 아래로 내린다. 그리고 몸 가까이 붙인다(우울). 이 분위기의 마지막 단계는 무력함과 연관된다. 서서히 주먹을 펴고 어깨를 내리고 목을 늘인다. 그리고 두 다리를 서로 강하게 밀착시킨 채 쭉 편다(그림 9를 보자).

이런 방식으로 심리 제스처들을 해보면 자신과 파트너들 모두 장면의 분위기를 느낄 수 있다. 연출가와 작가가 제시한 동선과 대사를 통해 관객에게까지 발산될 것이다. 자신과 파트너들, 관객을 하나로 묶을 것이다. 자신의 연기에 영감을 주며 진부함과 무대 위에서 나오는 나쁜 버릇에서 해방시켜 줄 것이다.

『검찰관』에 나오는 인물 중 시장을 예시로 들며(그림 1, 2, 3) 체홉은 심리 제스처를 발견하는 과정을 보여준다. 여기서 체홉은 제스처를 완벽하게 하는 데에는 한계가 없다는 것을 다시 상기시킨다. 그는 더 나은 제스처를 찾을 때 필요에 따라 첫 번째 제스처를 버리는 것을 두려워하지 말라고 가르친다. 『밑바닥에서』에서 심리 제스처의 첫 변화가 큰 반면(그림 7), 두 번째 변화는(그림 8) 순간의 본질에 더 다가간다. 이것은 또한 작은 변화가 어떻게 제스처의 성질과 심리적인 요소를 완전히 바꾸는지 보여준다. 손은 위로 던지고 주먹을 쥔다. 고통의 성질과 강한 '저항'의 의지이다. 두 손을 머리 위에서 교차시킨다. 고통의 성질과 약한 '저항'의 의지이다. 후자는 밑바닥의 피난처 사람들이 가진 심리에 더 가깝다. 이 '선주민'former people들은 **저항**하지 않는다. 그들은 바깥세상의 거친 현실로부터 자신들을 **보호**하려 한다. 배우의 자살은 그들에게 피할 수 없는 현실을 상기시킨다. 이 장면의 초반에서 모든 인물들은 방탕한 밤에 대한 열렬한 기대감을 가지고 있다. 술에 취하려고 날마다 발악하는 것은 그들의 정해진 운명을 말해준다. 이 애처로운 발악은 배우가 비극적이고 극단적인 행동으로 '망쳐버린' '노래'라고 할 수 있다.

그림 7

그림 8

그림 9

(5) 대사

역할에 어떻게 심리 제스처를 실제적으로 적용하는지 보여주기 위해 예시를 들어본다.

호라시오 앞에 처음으로 유령이 모습을 드러내는 장면에서, 호라시오의 독백을 준비한다고 가정하자(셰익스피어의 『햄릿』).

호라시오
하지만, 앗, 저기 보게! 다시 나타났어!
내가 부서지더라도 맞닥뜨려 보겠네!
멈춰라, 헛것아!
음성이나 소리가 있다면.
나에게 말해라.
너의 한을 풀어주고, 내게는 득 될 일 있다면,
나한테 말해라.
만일 네가, 다행히 미리 알면 피할 수도 있을,
국가의 운명을 알고 있다면,
오! 말해라.
혹은 네 생전에 보물을 훔쳐
대지의 자궁 속에 숨겼으면,
그것 때문에 죽어서도 배회하는 망령이라면,
말해라, 멈춰라, 말해! 막아, 마셀러스.

전처럼, 자신의 상상에 호소한다. 호라시오의 말을 귀 기울여 듣고 그의 움직임을 자세히 보면서 대사에 대한 심리 제스처를 만들어 내기 시작한다. 마치 그 유령을 붙들고 미궁 속을 꿰뚫어 보려는 욕구처럼 열렬하고 격렬하게 앞으로 나아가는 것으로 나타난다. 심리 제스처의 첫 번째 '초안'이 이렇다고 가정하자. 온몸이 강하게 앞으로 나아가고 오른팔 역시 앞과 위쪽으로 뻗는다(그림 10을 보자). 그리고 그 제스처의 속성들이 대사에 영향을 줄 때까지 여러 번 연습한 후에 독백 대사를 말한다(이번에는 제스처 없이).

그림 10

그림 11

이제 차근차근 독백의 세부적인 부분들을 찾기 시작한다. 자신의 창의적인 직관에 따라 독백의 처음 순간은 마지막 부분과 상이하게 대비될 수 있다. 호라시오는 유령에게 단호하게, 그러나 경외감을 가지고 말을 건다. 간청의 말이 들릴 수도 있다. 하지만 유령은 답을 주지 않고 떠나려 한다. 호라시오의 노력도 소용없다. 더 급해진다. 그의 자신감은 이제 당혹스러움으로 바뀌고 경외심은 공격적인 강요로 바뀐다. 간청은 명령이 되고 엄숙함 대신 거친 화가 그의 말을 통해 들린다. 벌써 두 제스처들이 나왔다. 하나는 처음 부분의 의지와 성질을 반영하고 다른 하나는 끝 부분의 의지와 성질이다(그림 10과 11을 보자). 양극성의 원칙에 기반을 둔다.

그 제스처들을 충분히 숙달했으면 독백의 처음과 끝 대사를 말한다. 제스처에 심어 놓은 양극성이 대사에 스며들기 시작할 때까지 계속한다.

미하일 체홉은 호라시오의 독백에 '세 부분의 법칙'Law of Triplicity을 적용하며 이어간다. 독백의 처음에서 결말로 가는 점진적인 변화를 중간 부분을 통해 계속해서 보여준다. 나중에는 중간을 여러 부분으로 나누고 그의 학생들에게 각각 나뉜 부분과 변화되는 지점에 대한 심리 제스처를 찾으라고 제안한다. 러시아어로 된『연기 테크닉에 대하여』에서 체홉은 제스처를 완벽하게 다듬는 데에는 한계가 없다고 설명한다. 아무리 작은 부분이라도, 독백의 각 부분에서 더 많은 것들을 발견할 수 있다. 체홉은 독백의 작은 부분 내에서도 더 세밀한 정보들을 발견할 수 있다는 것을 보여주기 위해 그의 테크닉에서 핵심적인 요소 중 한 가지를 사용한다. 바로 **준비의 원칙** Principle of Preparation이다.

이제 독백의 처음 부분을 보자. 신비스러운 유령과의 만남을 기다리며 호라시오의 마음속에 커져가는 모호한 기대감을 상상하자. 믿음과 불신 사이의 긴장이 그의 영혼을 계속 불안하게 만들었다! 신비스러운 유령의 존재 앞에서 첫 대사를 내뱉기 전에 그의 내면에 어떤 숨겨진 힘이 있는가! 독백의 첫 부분에 서곡(준비)이 있다는 것을 느끼는가? 제스처로 표현해 보자. 팔을 앞으로 던지기 전에 마치 머리 위의 공간에 원을 그리듯이 크고 강하지만 부드러운 움직임을 만든다. 팔의 움직임에 이어 자신의 신체 역시 앞쪽으로 흔든다(그림 12를 보자). 만남에 대한 기대를 가진 호라시오의 영혼에 쌓인 모든 것이 대사를 하기 전에 이 서곡에 드러난다("하지만, 앗, 저기 보게! 다시 나타났어!"). 서곡 후 호라시오의 대사가 나온다. "내가 부서지더라도 맞닥뜨려 보겠네! . . ." 이제 독백의 마지막, 결말 부분을 자세히 보자. 호라시오는 자신의 체면, 절제, 평정을 잃는다. 그의 영혼은 텅 비어 있다. 그의 마지막 대사 전에 무엇이 있는가? 아무것도 없다! '서곡'이 없다. 아무런 준비 없이 갑자기, 빠르게 대사들이 튀어 나온다.

그림 12

무대 위에서 극의 가장 중요한 순간 중 하나가 진행될 때 모든 움직임 뿐 아니라 모든 소리와 음성이 행동의 전개에 있어서 굉장히 중요한 역할을 하는 경우를 만날 수 있다. 동시에 작가가 제시한 대사가 내용면에서 약하고 덜 중요하며 무덤덤하다. 이런 경우에 모든 책임은 배우 자신에게로 돌아간다. 그 덜 중요한 대사들을 배우 자신이 그 순간이 지닌 힘과 깊이로 채워야 한다. 이때 심리 제스처가 중대한 역할을 해줄 수 있다. 주어진 상황의 심리적인 요소에 바탕을 두어 만들고 자신의 연기와 작가가 제시한 대사에 있어서 그것을 중점적으로 사용한다. 『햄릿』 중 '쥐덫 장면'(3막 2장)을 예시로 들어보자. 햄릿이 궁정에서 연극을 진행시킨다. 배우들이 왕을 독살하는 장면을 연기한다. 햄릿은 클로디어스 왕을 지켜본다. 정말로 클로디어스가 살인을 저질렀는지를 그 장면에 대한 왕의 반응을 보고 햄릿이 알게 될 것이다. 긴장된 분위기가 재앙의 조짐을 나타낸다. 양심의 가책을 느낀 왕의 영혼에 혼돈이 불러 일으켜진다. 중요한 순간이 다가오고 있다. 무대 위의 살인자가 자고 있는 '왕'의 귀에 독을 붓는다. 클로디어스는 이성을 잃는다. 잠재되어 있던 분위기가 폭발한다.

오필리어   왕께서 일어나십니다.
햄릿   공포탄에 놀라신 겁니까.
여왕   전하, 괜찮으십니까.
폴로니우스 연극을 멈춰라.
왕   불을 켜라. 나가야겠다!
폴로니우스 불, 불을 켜라, 어서!

햄릿의 대사를 제외한 다른 모든 대사들에는 심오한 의미가 들어 있지 않다. 만일 클로디어스 역을 맡아 작가가 제시한 대로 대사를 단순하게 말한다면, 공연뿐 아니라 비극 전체의 클라이맥스 순간을 약화시키게 된다. 공포, 증오, 양심의 가책과 간절한 복수심. 왕은 달리면서도 왕으로서의 체면을 유지하려 한다. 다가오는 복수와 도망의 이미지들이 왕의 마음속을 스친다. 짙은 안개가 그의 시야를 가리듯 생각들이 얽히고설키다가 빠져나간다. 의지할 곳이 없다. 사냥 당한 거친 맹수처럼 덫에 걸렸다. . . . 이 순간에 관객에게 전달할 것들이 많다. 그러나 대사들은 이 중요한 순간을 표현해내지 못한다. 심리 제스처를 찾아보자. 아무리 복잡한 순간이라도 제스처는 언제나 단순하고 명확해야 한다. 자신의 창의적 직관이 다음의 제스처를 끌어낼 수 있다. 등을 편 채 뒤로 넘어지는 넓은 제스처이며 무의식과 불확실의 영역, 어둠으로 들어간다. . . . 두 손과 팔은 강하게 위로 던져지고 온몸과 머리와 함께 뒤로 향한다. 손바닥과 손가락은 **고통, 공포, 차가움**으로(제스처의 성질) 방어를 하듯이 펼친다. 할 수 있는 만큼 몸을 뒤로 젖힌 상태에서 상상으로 더 멀리 넘어지길 계속한다(그림 13을 보자).

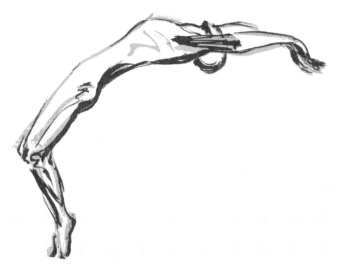

그림 13

이 제스처를 연습하는 동안 더 다듬고 완성시킨다. 제스처의 힘과 성질이 대사 안에 울려 퍼지기 시작할 때 문장 안에 이전에는 없었던 그 순간의 의미가 들어있을 것이다.

다음에 나오는 글은 심리 제스처의 개념을 직접적으로 적용하는 것처럼 보이지는 않지만, 러시아어 책의 심리 제스처 부분 안에 들어있다.

체홉이 구성이라는 주제에 얼마나 주의를 기울였는지를 기억하며 이 중요한 글을 다음 부분에 넣는다. 배우들의 예술적 화술에 생명을 불어 넣는 또 다른 테크닉이다.

체홉 테크닉의 모든 요소들은 서로 깊이 있게 연결되어 있다. 예를 들어 제스처는 이미지와 뗄 수 없는 관계에 있다. '다층적인 연기'many-leveled acting라는 체홉의 개념은 배우의 심리 안에서 얼마나 많은 내면의 활동들이 동시에 일어나고 있는지를 보여준다. 한 내면의 활동이 다른 활동을 일으키며 무대 위에서의 복잡하고 풍부한 배우의 존재를 만들어 낸다. 이로 인해 어떤 역을 맡아도 체홉은 돋보였다.

대사 뒤의 이미지

예술적 화술에 있어서 상상이 어떤 역할을 하는지에 대한 간단한 설명이다.

일상적인 대화에서 말 뒤에 담긴 이성적인 내용이나 추상적인 생각은 고차원적인 예술 표현으로까지 가지 않는다. 그러나 가끔 무대 위에서 우리는 이성적인 내용마저도 없애, 화술을 더 낮은 단계로 끌어내린다. 대사들은 얕은 소리의 형태로 변해버린다. 그런 대사들은 금방 배우를 지루하게 하며 역할에 대한 작업을 방해한다. 배우는 자신의 느낌들을 강요하고 진부한 음성에 안주하며 '억양'을 지어내고, 모든 단어들을 강조하며 결국 자신이 가진 내면의 창의적 자극을 약화시킨다.

　화술에 생동감을 주고 일상적인 대화 이상의 단계로 올리는 가장 좋은 방법 중 하나는 상상의 힘에 기대는 것이다. 대사 이면에 이미지를 가지고 있으면, 힘과 풍부한 표현을 얻고 아무리 반복을 많이 해도 생기를 유지한다. 전체 극 중 자신이 맡은 역에게 특별히 핵심적으로 다가오는 장면이 있으면 주요한 대사들과 대사 안의 주요 단어들을 찾는다. 그리고 그것들을 이미지로 변화시킨다. 그렇게 함으로써 화술에 생동감이 생긴다. 풍부한 표현들이 점차 대사의 경계 밖으로 퍼지고, 내면에서는 자기 역할이 말하는 대사에서부터 오는 창의적인 즐거움이 생겨날 것이다. 대사 뒤에 이미지들을 만들어놓지 않고 도대체 어떻게 무대 위에서 리어 왕의 독백인 "들어라, 자연이여, 들어라, 여신이여, 들어라!"(1막 4장), "불어라, 바람아, 내 뺨을 찢어라!"(3막 2장), "무덤 속에서 나를 끌어내면 안 돼. . . ."(3막 7장) 등을 할 수 있겠는가. 극에서 하나의 특정한 주제에만 적용되는 대사들을 선택해 각 대사의 이미지들을 만들 수도 있다. 예를 들면, 리어가 자신의 자식들에게 하는 모든 대사들을 강조할 수 있다. 이 작업에 더 깊이 있는 접근을 해보면, 이 비극 전체를 통틀어 봐도 리어가 '코델리아', '리건', '거너릴'이라는 단어들에 똑같은 의미를 부여하거나 자신의 딸들을 '너', '너희' 등으로 부를 때 똑같은 함축을 담지 않는다.

　이 단어들 뒤에 서로 다른 이미지들이 리어의 마음에 나타난다. 리어를 연기하는 배우로서 자신의 상상 속에서 이 이미지들을 불러내야 한다. 이 이미지들이 어떻게 아주 풍부한 표현들로 그 단어들, 문장들 그리고 장면을 채우는지 보게 될 것이다. 또 다른 예시다. 『십이야』에서 사랑이라는 주제에 관련된 모든 말들을 강조할 수 있다(『십이야』의 모든 인물들은 누군가와 사랑에 빠졌거나 누군가에게 호감을 가지고 있다). 대사의 여러 이미지들을 찾으면 그 이미지들은 극의 큰 주제에 기여하며 생기와 즉흥성을 부여할 것이다. 단지 중요한 단어에 대해서만 상상하고 생기를 부여하는 것은 아니다. '잘 드러나지 않는' 모든 단어 뒤에 이미지를 만들어 활기를 띠게 할 수 있다. "당신 주인 나리의 코는 어찌 그리 귀여운지요."라고 시장의 딸이 오시쁘에게 말한다. 고골의 『검찰관』. 여배우들이 흔히 이 대사를 관객을 웃기기 위해 강조한다. 그보다는 '귀여운 코'를 상상하고 그 이미지가 대사를 우습고 생기 있으며 간단하게 만드는 것이 더 쉽지 않을까.

날마다 자신이 만든 이미지들을 연습해 본다. 완벽하게 다듬고 더 강하게 만든다.

이제 다시 심리 제스처로 돌아간다.

신체의 한계를 넘어서는 심리 제스처

간단한 동작들로 훈련을 시작한다. 팔을 들고 내리고 앞, 양 옆 등으로 뻗는다. 불필요한 신체의 긴장을 피한다. 움직이는 방향으로 에너지가 발산한다고 상상한다.

그런 다음 같은 동작을 더 큰 신체의 힘을 갖고 빠른 템포로 해본다. 이번에도 발산하는 힘을 상상한다.

이젠 같은 동작을 과한 긴장을 가지고 시작한다. 점점 근육의 긴장을 줄인다. 동시에 신체의 힘 대신 정신적인 힘이 점점 커진다고 상상한다. 일어나고 앉는다. 방을 걷는다. 무릎을 꿇는다. 눕는다. 여러 동작들을 해본다. 내면의 힘만 사용하여 이 동작들을 해본다. 외적으로 동작을 마친 후에 내적으로 계속 그 동작들을 해본다.

여러 가지 성질을 담은 심리 제스처를 만들자. 신체에는 신경 쓰지 말고 제스처가 가진 내면의 힘에만 집중한다. 자신의 발산에 심리 제스처의 성질이 담길 것이다.

단순한 활동을 해보자(방을 치우기, 테이블을 정리하기, 책장의 책들을 정리하기, 꽃에 물을 주기 등). 동작과 연결된 내면의 힘과 발산을 감지해 보자.

다시 여러 가지 단순한 동작들을 해보자. 하지만 이번에는 상상으로만 한다. 이것을 통해 내면의 힘과 발산의 순수한 형태를 경험하게 된다. 심리 제스처로 이와 비슷한 활동을 해보자.

이런 훈련들을 통해 무대에서 관객에게로 전달되는 힘을 접하게 된다. 그들의 흥미와 관심을 끌어내면서 말이다.

가상의 공간과 시간

단순한 제스처들로 훈련을 시작한다. 아주 긴 시간이 지나간다고 상상하며 적절한 템포로 팔을 올린다. 아주 짧은 시간을 상상하며 같은 제스처를 해본다.

자신의 상상력이 어느 정도 확고한 힘을 가졌다고 느껴질 때까지 이 간단한 훈련을 계속 한다.

적당한 템포로 몸을 여는 제스처를 한다(그림 14를 보자). 무한한 시간을 상상하며 계속한다. 무한히 먼 곳까지 뻗는다. 같은 템포로 다시 할 때 좁은 공간 안에서 이 제스처를 한다고 상상해 보자.

몸을 닫는 제스처로 똑같이 해보자.

그림 14

그림 15

열린 제스처로 시작해서 점점 닫아본다. 무한했던 공간을 아주 작은 점
의 크기로 줄인다(그림 15를 보자). 처음에는 긴 시간 동안, 그 다음에는 짧은
시간 동안 한다. 같은 제스처를 좁은 공간에서 긴 시간 동안 하다가 무한한

공간에서 빠르게 하는 것으로 끝낸다.

심리 제스처에 적용할 수 있을 만한 여러 가지 변형된 방식들을 더 찾아보자.

이제 간단한 즉흥으로 넘어간다. 예를 들어, 어떤 수줍은 사람이 가게에 들어간다. 필요한 것을 고르고 구매한다. 즉흥 연기가 진행되는 동안 주위의 공간을 축소시키는 상상을 하여 부끄러움이 드러나게 한다. 그런 다음, 경망스럽고 참견을 잘하는 사람이 가게에 들어온다. 즉흥 연기를 하는 동안 마음속으로 공간을 **확장**시키며 경망스러움을 표출한다. 마지막으로 지루하고 게으른 사람이 책장 앞에서 읽을 책을 고르는 것을 즉흥 연기로 한다. 게으름과 지루함을 '확장된 시간'을 사용하여 불러일으킨다. 이번에도 똑같은 행동을 하는데 호기심이 많은 사람이 어떤 특정한 책을 찾는 것처럼 한다. '축소된 시간' 때문에 이 호기심 많은 사람의 마음에 어떤 일이 벌어지는지 본다. 이 모든 즉흥이 진행되는 실제 시간이 매번 같은 길이가 되도록 한다. 희곡과 문학 작품의 인물들로도 해보자.

자신의 일상생활에서 '환상적'fantastic 시간과 공간 경험에 주목해 보자. 만나는 사람들이 공간과 시간을 어떻게 경험하고 있는지 추측하며 사람들을 관찰해 보자.

체홉의 조언은 개인적인 경험과 연습에서 나온 것이다. 모든 타고난 배우들처럼 그 역시 끊임없이 관찰했다. 체홉의 1927년 회고록, 『배우의 길』 The Path of an Actor에서 그는 삶에서 가장 개인적인 순간들 중 한 순간을 다음과 같이 회고한다. 체홉이 매우 사랑한 아버지의 죽음에 대한 것이다. 임종을 지키면서 아무런 도움을 줄 수 없음에도 불구하고 '끔찍한 인간 고통의 광경'을 떨쳐버리고 나갈 수 없었다고, 큰 용기와 진정성을 가지고 고백했다. 이 경험에서 체홉이 얻은 것은 어떠한 '정서적 기억'emotional memory보다도 훨씬 더 깊었다. 그리고 이것은 모든 배우들에게 굉장한 교훈을 준다.

무대 위에서 죽음을 표현할 때 배우들은 얼마나 잘못 하고 있는가! 생리적인 과정에 너무 많이 집중한다. 우리는 그것이 죽음의 그림을 잘 보여준다고 생각한다. 이것은 예술적인 선택이 아니다. 한 사람의 죽음 직전에 일어나는 신체적인 고통을 현실적으로 묘사하는 것은 예술이 될 수 없다. 고통스러운 경련으로 숨이 막히고 몸부림치는 것으로 관객을 고문해서는 안 된다. 이런 방법으로는 관객들의 내면에 고통과 혐오스러움 외에 아무것도 생겨나지 않는다. 죽어가는 사람의 신체적인 고통을 더 사실적으로 묘사할수록, 예술로 보여주어야 하는 죽음이라는 그림에서 점점 더 벗어나게 된다. 무대 위에서 죽음은 점점 느려지고 사라지는 시간의 느낌으로 묘사되어야 한다. 죽음을 연기하는 배우는 자신의 리듬 패턴을 구상해야 한다. 즉, 자신의 연기를 따라가는 관객이 시간의 감속을 느끼고, 사이pause로 다다를 때에는 마치 감속되는 리듬이 잠시 동안 멈추는 듯 관객이 알아차릴 수 없게 가야 한다. 이 사이pause는 죽음에 대한 인상을 만들어 낼 것이다. 동시에 관객에게 죽어가는 사람의 생리적인 과정을 저속하고 비예술적으로 연기하는 것을 보여주면 안 된다. 당연히 이런 예술적인 과제를 해내기 위해서는 고급 연기 테크닉을 익힐 필요가 있다. 배우가 무대 위에서 시간을 느끼는 법을 배우는 것과 그 느낌에 대한 지휘권을 얻는다는 것은 매우 중요한 일이다. . . . 공간 안의 신체, 시간 안의 리듬은 배우에게 있어서 표현의 수단들이다.

미하일 체홉은 현대 배우들에게 가상의 시간과 공간에 대해 익히라고 말했다. 배우에게는 이 주제들에 대해 인식하고 있는 것만으로도 무대 위 작업에 새로운 깊이와 다양성을 가져다준다. 무대 위에서 배우의 상상력으로 시간과 공간을 변형하는 것은 훈련을 통해 얻어지는 능력이다. 이 능력

은 배우들에게 자기가 연기하는 인물 내면의 활동을 전달할 수 있게 도와
주고, 관객을 지배하는 진정한 힘을 준다. 가상의 시간과 공간을 창조하는
테크닉은 연습과 공연에 직접 적용할 수 있다. 또한 심리 제스처 작업에도
사용할 수 있다. 그 두 주제와 통합하여 훈련할 때, 심리 제스처는 배우에
게 완전히 새로운 의미를 가져다준다. 명확한 성질을 띠고 있는 주위의 공
간을 상상해 보자. 축소와 확장, 어둠과 밝음, 넓음과 좁음. 이 가상의 공간
안에서 제스처를 해보자. 제스처와 공간 둘 다에 따라 나오는 내적 리듬을
발견하자. 제스처가 주위의 공간을 변형시킨다고 상상해 보자. 심리 제스
처, 가상의 시간과 공간으로 여러 가지 조합을 만들어 본다. 계속해서 성질
을 바꾸며 여러 심리적 뉘앙스와 조합을 발견한다.

　심리 제스처에 대한 개념은 이 두 주제 없이는 완성될 수 없다. 미하일
체홉 테크닉 연기의 원리를 숙달하기 위해, 모든 배우는 가상의 시간, 가상
의 공간, 심리 제스처 사이의 깊은 내적인 연관성에 대해 탐구하고 훈련해
야 한다.

ㄱ

가치 — 55, 66, 107, 203, 258

감각 — 27, 28, 56, 66, 69~77, 79, 80, 83, 84, 89, 102, 105, 119, 121, 124~128, 139, 141, 142, 144, 146, 148, 153~155, 166, 202~204, 207, 213~215, 231, 259, 261

개성 — 92, 111, 140, 158~167, 211, 212

거너릴 — 52, 171, 174~177, 182, 193~194, 199, 288

『검찰관』(고골) — 10, 11, 24, 42, 48, 49, 113, 114, 220, 219, 221, 222, 228, 229, 267, 276, 289

『결혼』(고골) — 270

고요함 — 74, 84, 258

고차원적인 자신 — 160~165

공간 — 57, 68, 70, 112, 114, 115, 119, 121, 151, 187, 196, 205, 271, 274, 283, 290, 292~295

공동 작업 — 16, 89, 94, 98, 100, 211

공연 — 28, 46, 113~115, 118, 127, 147, 165, 168~170, 172, 196, 197, 202, 204~208, 220, 223~225

관객 — 27~29, 31, 36, 37, 57, 65, 73, 83, 113, 127, 160, 165, 166, 220, 223~229, 271, 276

관찰 — 80, 87, 94, 95, 107, 119, 120, 127, 157, 215, 265, 293

광대 — 30, 31, 206~208

광대술 — 201, 202, 206~209

구성의 법칙 — 168, 170, 176, 195, 200, 217, 261

그록 ― 78

그룹 ― 106~111, 123, 145, 232, 248, 255

그룹 훈련 ― 111

그리스 비극 ― 204

그림vision ― 259-260

근육 ― 63, 67, 68, 71, 73, 129, 140, 141, 289

글로스터 ― 52, 174, 182, 183, 191~193, 196, 197, 199, 203

기록 ― 123, 127, 213, 214,

기운aura ― 73, 205, 261

ㄴ

내면(내면의 삶) ― 23, 66, 76, 77, 79, 81, 83, 84, 89, 90, 92, 94, 96~98, 102, 105, 109~111, 115, 116, 125, 127, 136, 142, 144, 201, 205, 211, 258, 259, 265, 283, 287 ~290

내면의 목소리 ― 102, 109~111

내면의 힘 ― 69, 71, 74, 84, 90, 158, 289, 290

내적 행동 ― 197

내적 활동 ― 69, 111

느낌 ― 89, 90, 94~96, 112~129, 138, 148, 152, 162~166, 173, 198, 199, 203, 211, 213~215, 218, 265, 275, 287

니콜라이 라미소프 ― 10, 266

ㄷ

단위 ― 36, 82, 175~184, 217~222

대사 ― 27, 100, 103, 126, 139, 173, 174, 280~289

대조 ― 101, 102, 117, 120, 127, 146, 147, 170, 172~174, 182~184, 192, 202, 214, 262

대화 ― 287, 288

「덤불 속의 귀뚜라미」 ― 41, 49, 51

데이브 싱글맨 ― 221, 222

돈키호테 ― 155, 213

동화童話 ― 26, 207, 265

동화同化 ― 138, 192, 204

드라마 ― 202~204, 207, 208

따르뛰프 ― 205

ㄹ

라파엘 ― 87

로파힌 ― 219, 221, 222, 228

루돌프 슈타이너 ― 24, 44, 45, 50, 85, 159, 168, 172, 173

리건 ― 171, 174, 175, 177, 182, 193~195, 199, 288

리듬감 있는 반복 ― 187, 189, 191, 200

『리어왕』(셰익스피어) ― 51, 90, 168, 170, 172, 174, 175, 177, 181, 187, 188, 196, 198,
    200, 203, 217

ㅁ

막스 라인하르트 ― 10, 14, 46, 47, 87

막심 고리키 ― 275

말볼리오 ― 41, 42, 87, 88, 139, 200, 205

매너리즘 ― 22, 30, 65, 91, 92

『맥베스』(셰익스피어) ― 204

메피스토펠레스 ― 204

멜로드라마 ― 202

<모스크바 예술극장> ― 14, 21~23, 40~42, 44, 46, 53, 212, 265

목적 ― 218, 220, 230, 232, 256, 258, 261

목표 ― 22, 36, 217~231

무거움 — 77, 78

무의식 — 26, 31, 163, 258, 269, 286

물질만능주의 — 64, 65

미켈란젤로 — 87, 90

『밑바닥에서』(고리키) — 275, 276

ㅂ

박탄고프 — 9, 14, 23, 41, 42, 224, 265

발산 — 70, 75~78, 81, 83, 84, 104, 119, 126, 140, 142, 153, 155, 160, 205, 209, 259,
    261, 289, 290

방해물 — 65, 211, 212, 258

『배우 수업』 — 217

『배우의 길』(체홉) — 25, 27, 44, 293

「백조의 노래」(체홉) — 113

『벚꽃 동산』 — 40, 219, 221, 227, 228

변신 — 149, 152, 153, 160

보조 클라이맥스 — 179, 181~185

분위기 — 36, 94, 104, 112~127, 183, 187, 212, 213, 275, 276

비극 — 123, 201~208

비극의 여신인 세 자매들 — 204

비평 — 259

비행 — 74, 76~78, 81, 104, 126, 140

뻔한 인물 — 100

ㅅ

상상 — 26, 33, 36~39, 57, 59, 85~98, 121, 122, 139, 157, 173, 181, 203, 204, 210~
    213, 223, 224, 231, 286~290, 293, 295

상호작용 — 27, 63, 113

생각 ― 36, 38, 63, 64, 73, 90, 95, 114, 118, 146, 153, 160, 173, 198

섬세함 ― 142~145

성질 ― 36, 37, 64, 69, 77~82, 124~133, 138, 141~145, 151, 153, 174~178, 183, 184, 209, 213, 214, 232, 260~261, 265, 267, 271, 274~276, 286, 287, 289, 290, 295

세 부분 ― 169, 170, 176, 177, 200, 283

『세일즈맨의 죽음』 ― 219

소극 ― 104, 202

소설 ― 96, 159

소품 ― 72, 112

수용 ― 84, 96, 106, 107, 144, 259

순간 ― 36, 79, 83, 87, 100~102, 163, 209, 211, 216, 268, 276

슬랩스틱 ― 202

시간 ― 187, 230, 290 ~295

시대극 ― 66, 104

신체 ― 12, 29, 34, 36, 37, 63~84, 96~98, 112, 124, 125, 128, 137, 140, 142, 144, 145, 147, 150~157, 212, 216, 217, 230, 257, 265, 289, 294

신체 훈련 ― 64

실용성 ― 261, 262

심리 ― 37, 63, 64~84, 93, 105, 109~111, 136, 140~145, 151~154, 163, 198, 216, 276

심리 제스처 ― 27, 34, 37, 55, 83, 128~148, 214~216, 231, 259, 263~295

『십이야』(셰익스피어) ― 11, 14, 41, 47, 48, 49, 51, 52, 87, 139, 200, 288

ㅇ

아가피아 ― 270

아름다움 ― 56, 77~81, 202, 261

아서 밀러 ― 219, 225

안드레이 말라에프 바벨 ― 9, 55, 263

안톤 체홉 ― 23, 39, 40, 113

알바니 공작 — 199

앙상블 — 99~111

액센트 — 185, 186, 200, 259

앤드류 에이규치크 — 205

양극성 — 169~182, 283

어린 아이 — 205, 208

에드가 — 184, 192

에드먼드 — 171, 174, 175, 182, 184, 189, 196, 198, 199

에드워드 에글스턴 — 77

엘리아 카잔 — 225

여러 가지 순간들 — 268

여섯 번째 감각 — 213

역사 — 37, 66, 82, 120, 146

역할 — 22, 29, 36, 70, 89, 137, 139, 145, 149, 150, 204, 258, 262, 263, 266~269, 280,
  287

역할에 접근하는 방법 — 210~231

『연기 테크닉에 대하여』(체홉) — 25, 264~266, 271, 283

연습rehearsal — 103, 181, 211~216, 295

연출가 — 19, 86, 87, 103, 110, 117, 119, 140, 213~214, 223, 224, 229, 231

영감 — 37, 46, 85, 87, 97, 98, 102, 113, 114, 125, 127, 145, 152, 157~166, 218, 224,
  257, 258, 260, 262, 265, 276

예시 — 75, 78, 80, 116, 129, 130, 132, 133~136, 139~142, 147, 150, 191, 200, 225,
  227~229, 232, 270, 271, 274~276, 280, 285, 288

외적 템포 — 146~148, 214, 259

외적 행동 — 196, 197

『올리버 트위스트』(디킨스) — 87

요한 볼프강 폰 괴테 — 87, 159, 163, 164, 210

요한 폰 실러 — 159

원형 제스처 — 140

윌리 로먼 ― 219, 221, 225

윌리엄 셰익스피어 ― 80, 114, 159, 163, 168, 169, 179, 184, 188, 280

유연성 ― 95, 98

음색 ― 117, 120, 194, 212

음성 ― 22, 37, 65, 97, 117, 142, 172, 196, 261, 280, 285, 287

음악 ― 82, 117, 119, 125, 168, 172, 193, 226, 235, 236, 240

의지 ― 36, 63, 64, 89, 90, 98, 115, 116, 118, 120, 128, 129, 138, 140, 146, 148, 152,
173, 198, 199, 213, 218, 229~231, 269, 270, 275

이미지 ― 42, 64, 85~98, 115, 146, 160, 211, 286~289

이성 ― 31, 89, 111, 113, 118, 121, 136, 137, 269, 287

인물 ― 27, 28, 30, 36, 37, 67, 76~80, 82, 83, 89~92, 94~98, 100, 110, 114, 116~
118, 120, 122, 127, 129~139, 141, 142, 146, 148~157, 160~165, 174, 176, 180,
187, 190, 195, 198~201, 203~205, 207, 208, 210~223, 228, 229, 231~233, 239,
254, 255, 259, 261, 263, 264~266, 270, 271, 276, 288, 293, 295

일상적인 자신 ― 162

ㅈ

자신감 ― 28, 67, 70, 102, 103, 105, 152, 207, 212, 217, 283

자연스러운 제스처 ― 74, 140, 145, 266

자유로움 ― 69~71, 84, 103, 204

자의식 ― 21, 212

작가 ― 91, 100, 103, 105, 113, 117, 119, 150, 204, 211, 212, 214, 215, 218, 223, 224,
230, 271, 285

잔 다르크 ― 213

장난tricks ― 164, 207, 243

장면separate scene ― 81~84, 94, 97, 109, 110, 113~116, 120, 122, 123, 125, 127,
139, 155, 170, 172, 176, 181, 197, 263, 270~274, 288

재능 ― 26, 32, 67, 105, 201, 206, 256~259

전체 ― 27, 81~84, 139, 169, 197, 257, 261, 268, 270

제스처 ― 27, 124, 129, 136, 140~145, 266~271, 275~276, 287

조형 ― 66, 71~73, 77, 78, 81, 98, 104, 126, 128, 129, 136, 140, 141, 148

조화 ― 64, 66, 67, 119, 121, 122, 127, 144, 145

존재감presence ― 19, 70, 83

주는 것giving ― 83

주저함 ― 259

주제 ― 77~80, 102, 108~110, 120, 289

준비 훈련 ― 68-71, 106

중심 ― 34, 43, 69~72, 76, 81, 83, 153~155, 157, 216, 217, 259, 262

즉흥 ― 99~111, 232~255

　가정교사 ― 252

　갇히다 ― 253

　갈등 ― 247

　감독 데뷔 ― 248

　그만 웃어! ― 250

　도둑들 ― 233

　바다 풍경 ― 246

　수술실 ― 237

　서커스의 삼각관계 ― 239

　일요일 오후 ― 242

　즉흥과 관련된 심리제스처 ― 211

지성 ― 137, 199

직관 ― 136, 137, 139, 180, 212, 229, 260, 270, 282, 286

진부함cliches ― 91, 258, 262, 276

진실 ― 22, 23, 26, 30, 35~37, 56, 65, 72, 74, 76, 80, 83, 92, 99, 114, 136, 149, 152,
　　156, 161, 163, 170, 195, 196, 204, 207, 213, 216, 255

진실감 ― 208

집중 ― 86, 90, 92, 93, 95, 97, 108~110, 205, 211, 268, 290

ㅊ

찰리 채플린 — 78

찰스 디킨스 — 87, 116

창의성 — 38, 91

창조적 개성 — 158, 159, 163, 165

초감각적인 힘 — 261

초목표 — 218, 220~225, 227~229

충동 — 26, 36, 38, 64, 66, 70, 102, 106, 111, 165, 169, 185, 192, 216

ㅋ

『카라마조프 가의 형제들』 — 51, 159

켄트 — 175, 177, 178, 181, 186, 192, 196

코델리아 — 52, 175, 177, 178, 180~186, 189~195, 197, 288

콘스탄틴 스타니슬랍스키 — 14, 21~28, 34, 37, 38, 40~45, 47, 159, 212, 217, 218, 220, 258, 262, 271

콘월 — 171, 183, 186, 198, 199

클라이맥스 — 176~186, 196, 197, 200, 239, 259, 286

ㅌ

태도 — 107, 109, 153, 174, 215, 216

테크닉 — 14, 16, 34~38, 45, 72, 96, 98, 119, 126, 205, 208, 256~259, 262~264, 274, 283, 287, 294, 295

템포 — 103, 110, 117, 120, 141, 142, 144~148, 205, 206, 209, 214, 215, 259, 289, 290

톨스토이 — 40, 48, 159

통합 — 81, 85~98, 125, 150, 166, 218, 257

ㅍ

『파우스트』 ― 10, 204

팔스타프 ― 139, 164, 205, 213

편안함 ― 74, 77, 78, 84, 124, 126, 174, 205, 209, 213, 222, 261

평행 이론 ― 191

표도르 도스토예프스키 ― 51, 159, 162

플롯 ― 103~105, 109, 169, 177, 232

ㅎ

해석 ― 42, 65, 91, 92, 94, 100, 109, 141, 160, 214, 224, 256

『햄릿』 ― 11, 54, 49, 114, 280, 285

헨릭 입센 ― 29, 31, 212

형태 ― 71~74, 77, 78, 80, 82, 84, 90, 109, 141, 261

호라시오 ― 280, 282~284

훈련

    신체와 심리 훈련 ― 64, 66~84

    이미지 통합과 상상 훈련 ― 89, 90, 92~98

    즉흥과 앙상블 훈련 ― 101, 103, 105~108, 111

    분위기와 개인의 느낌 훈련 ― 119, 121~123, 125~127

    심리 제스처 훈련 ― 139~142, 144~147, 289, 290, 294

환상적 사실주의 ― 265

획일화 ― 260

흐름 ― 77, 81, 104, 126, 140, 141

희극 ― 202, 204, 205, 207, 208

'상상력과 영감'은 언제든지 훈련으로 불러올 수 있다
—그 달고도 쓴 명제

기획 및 감수 **이은서**

2013년 '엠(M.)체홉 스튜디오'라는 이름으로 미하일 체홉을 함께 공부하고, 훈련하는 그룹을 한국에서 본격적으로 시작하였다(www.facebook.com/m.chekhovstudio). '상상력과 영감'은 훈련만 한다면 언제든지 원하는 때, 원하는 장소에서 불러올 수 있다는 미하일 체홉의 달콤한 말을 실제로 적용해보기 위한 첫걸음이었다.

하지만 늘 자료의 부족을 절감하였고, 원서의 훈련 내용만을 급하게 번역해서 적용하고 소비해버리고 마는 것이 굉장한 낭비라고 생각하였다. 그래서 엠.체홉 스튜디오의 이은서가 기획을 하고, 워크숍을 통해서 만난 배우 문혜인과 엠.체홉 스튜디오의 김선이 함께 의기투합하여 장장 6개월에 걸친 번역 작업을 진행하였다.

배우 '예술'이라는 것은, 연극 무대에 필수적으로 존재해야만 한다. 하지만 간혹 배우가 예술 하는 '창작자'라기보다는, 작가나 연출가의 욕망을 무대 위에 실현 시켜주기 위한 도구로 사용되는(!) 경우들을 목격한다.

우리는 본질로 돌아가, 배우에 대한 탐구를 계속해 왔다. 실험적이기만 한 방식과 연출예술이라는 이름 속에 잠식되어 버리는 배우에 대해 계속해서 탐구하고 주목하기 위한 방법으로, 주류인 스타니슬랍스키와는 또 다른 점에서 의미 있는 미하일 체홉을 탐구해 온 것이다.

　미하일 체홉은 상상력과 영감도 훈련을 통한다면, 언제든 불러 올 수 있다고 했다. 우리는 항상 '상상력의 부재'라는 악몽에 시달린다. 영감을 떠올리기 위해 기다리고 또 기다리지만, 너무 막연한 기다림 때문에 예술가는 늘 고통 받는다. 미하일 체홉은 오히려 '적극적 기다림'을 제안한다.

　상상력과 영감을 어떻게 불러일으킬 것인가. 우리의 머리는 논리적으로 생각하려 애쓴다. 단정적이고 깔끔하게, 직선적인 결론을 향해간다. 논리적인 머리는 세상을 기존의 범주 안에서만 이해한다. 이 머리의 영역은 우리가 생존하는 데에는 도움을 준다. 그러나 기존의 원리에 따라 움직이기 때문에 잘 모르는 것은 무조건 틀렸거나 위험한 것으로 여긴다. 반면에 창조적인 영감은 아이디어로 가득 차 있고, 살아서 움직인다. 문장에서 그림을 보고, 그림에서 음악을 듣는다. 그리고 음악에서 무용을 본다.

　예술의 분야 중에 음악은 잠들지 않은 상태에서 꾸는 꿈이라고 한다. 깨어 있는 상태에서 꾸는 꿈이 음악이다. 그것을 하는 동안 현실을 완전히 지배하기 때문에 꿈은 곧 현실이다. 이것을 연기에 적용해볼 수 있다. 예술작업을 하는 것은 꿈꾸는 것이다. 상상하는 것이다. 눈에 보이지 않는 현실을 넘어서는 것이다. 예술작업을 통해서 내가 전보다 더 상상력이 풍부해졌는가. 그리고 더 많은 책임을 가지고 일을 할 수 있는가. 그리고 자신이 더 아름다워지는가. 지적인 것을 받아들이는 것이 아니라 온몸으로 이것을 체험하면서 아름다워지는 것이다. "더 아름다워지는가." 그것이 굉장히 중요하다.

아름다운 배우가 되기 위한 시작으로 머리로 하는 번역 작업을 완료했으니, 이제 쓰디쓴 훈련의 시간만 남았다. 좋은 기회를 주신 도서출판 동인의 이성모 대표님께 감사의 말씀을 전한다. 미하일 체홉에 관하여 선 연구와 번역을 통해 많은 도움을 주신 이진아, 윤광진 선생님께도 이 자리를 통해 감사를 전한다.

김 선 한양대학교 연극영화학과 학부 졸업
California Institute of the Arts, Program in Film and Video, MFA(실무 석사) 졸업
Great Lakes Michael Chekhov Consortium 미하일 체홉 연기 테크닉 강사 자격증 수료
현재, 엠(M.)체홉 스튜디오 대표 강사
문혜인 서울대 고고미술사학과 졸업
한국예술종합학교 연극원 연기과 전문사 재학
이은서 베를린 미하일 체홉 연극학교 체홉 기본과정 졸업
현재, 엠(M.)체홉 스튜디오 대표

미하일 체홉의 배우에게

초판 2쇄 발행일 2020년 12월 10일

지은이 미하일 체홉
옮긴이 김선·문혜인
기 획 엠(M.)체홉 스튜디오
감 수 이은서
발행인 이성모
발행처 도서출판 동인
주 소 서울시 종로구 혜화로3길 5 118호
등 록 제1-1599호
TEL (02) 765-7145 / FAX (02) 765-7165
E-mail dongin60@chol.com
ISBN 978-89-5506-665-4
정 가 16,000원

※ 잘못 만들어진 책은 바꿔 드립니다.